2014年全国会计专业技术资格考试专业辅导教材

财务管理

全国会计专业技术资格考试研究组 编著

清華大學出版社
北京

内 容 提 要

　　本书是专为参加"全国会计技术资格考试"的人士编写的一本应试辅导书，严格依据财政部颁布的最新考试大纲和指定教材编写。

　　在本书的编写上，突出了功能性、实用性和及时性。所谓讲义，就是依据指定教材，归纳整理的考试要点，旨在考生迅速全面掌握考试内容的；所谓真题，就是将历次考试真题穿插于讲义、本章同步训练题之中，旨在帮助考生巩固所学知识，凸显考试要点；所谓预测，就是本书的所有练习题都是依据考试真题的特点、难度及形式编写，旨在帮助考生提升应试能力。

　　本书作为一本正式出版的"全国会计技术资格考试"应试辅导，内容新颖，形势活泼，功能实用，是帮助广大读者轻松通过考试的有效方式。

图书在版编目(CIP)数据

　　财务管理 / 全国会计专业技术资格考试研究组 编著.— 北京 ： 清华大学出版社，2014
　　（2014 年全国会计专业技术资格考试专业辅导教材）

　　ISBN 978-7-302-36239-5

　　Ⅰ．①财… Ⅱ．①全… Ⅲ．①财务管理—会计—资格考试—自学参考资料 Ⅳ.①F275

中国版本图书馆 CIP 数据核字（2014）第 076269 号

责任编辑：张立红
封面设计：张　韧
版式设计：方加青
责任校对：胡玉玲
责任印制：刘海龙

出版发行：清华大学出版社
　　　　　网　　　址：http://www.tup.com.cn，http://www.wqbook.com
　　　　　地　　　址：北京清华大学学研大厦 A 座　　　邮　　编：100084
　　　　　社 总 机：010-62770175　　　　　　　　　　　邮　　购：010-62786544
　　　　　投稿与读者服务：010-62776969，c-service@tup.tsinghua.edu.cn
　　　　　质 量 反 馈：010-62772015，zhiliang@tup.tsinghua.edu.cn
印 装 者：清华大学印刷厂
经　　销：全国新华书店
开　　本：185mm×260mm　　　印　张：18.75　　　字　数：415 千字
版　　次：2014 年 5 月第 1 版　　　　　　　　　　印　次：2014 年 5 月第 1 次印刷
印　　数：1～4000
定　　价：39.80 元

产品编号：055907-01

前　言

一、会计职业发展之路

凡事预则立，不预则废。对一名会计人员而言，科学地规划自己的职业生涯是事业成功的必需。

尽管求职越来越难，但会计人员依然是中国急需的十大类人才之一。会计人员是一个单位的核心人员，他们对于单位的经营决策和监督稽核起着不可替代的作用，这是会计人员工作稳定的重要原因之一。

我国目前针对会计人员的技术职称从低到高的排列依次是：会计员、助理会计师、会计师、高级会计师，而要获得以上职称，首要的条件就是要通过会计从业资格考试、会计专业技术资格考试（初级）、会计专业技术资格考试（中级）。

可以这样讲，如果会计人员要通过一步步升职来实现自己的职业规划，那么，通过会计专业技术资格考试则是铺就职业发展道路的一块基石。

二、会计考试方法谈

会计考试方法有很多，但是万变不离其宗，勤奋踏实才是唯一的制胜法宝。根据我们多年的辅导经验，三段学习法是一种行之有效的好方法，希望大家能够理解。看似最笨的方法往往是最有效的方法。下边我们对三段学习法进行简要介绍。

三段学习法要求大家按照看书、做题、模拟考试等三个阶段进行复习备考，整个复习备考的过程中，每个阶段都有着不同的任务，需要不折不扣地去完成。

第一阶段，认真地阅读考试指定教材。指定教材是最全面、最权威的资料，考试试题依据指定教材命制。尽管不少参考书都提供了诸如"考点解析"等内容，但是充其量只是能够帮助读者指明重点，帮助记忆等，无法代替教材，因此第一步就是踏踏实实地通读教材。

第二阶段，进行各章节的习题演练。阅读指定教材仅仅是初步掌握了知识，但这还不够，必须把知识转为解题的能力，这就需要进行大量的习题演练。建议大家购买一本附有章节练习题的参考书，最好有答案和答案解析。当我们学习完一章指定教材内容之后，应该马上进行本章的习题演练，在这个过程中，可以对学习效果进行检查，及时发现问题，这是一个不可缺少的信息反馈的过程。

第三阶段，在完成了以上两个阶段的任务后，还必须进行最少两次模拟考试，因为正式的考试是对在特定环境下，固定的时间内解题能力的考察，它要求必须达到一定的正确率和速度。我们可以专门找一个与考试环境近似的地方、按照规定的时间进行模拟考试。在模拟考试之后，需要重点总结哪些知识需要重新巩固，哪些属于会做但由于习惯性错误而做错的，以便在实际考试中发挥出最高的水平。

最后，需要特别强调的是，会计技术资格考试考查的内容多，系统性强，考生必须投入大量的精力认真学习，"临阵磨枪、依靠考前突击"的做法肯定是不可取的，基础略弱的考生要做好苦战半年甚至更长时间的准备。对于在职人士，更要善于抓紧一切时间，"拳不离手、曲不离口"地持续学习。

三、本书能带给你什么

为了帮助明年参加全国会计技术资格考试的广大读者复习备考，我们本着"精确把握考点""内容精准权威"的原则，编写了这套全国会计技术资格考试《全程应试辅导》丛书。在本书编写过程中，着力体现以下特点：

第一，内容充实、形式鲜活。本书是一本集重要考点讲解和习题练习为一体的应试辅导读物，内容非常充实，包括了2009年以来近五年的考试真题。在形式上，练习与讲解相结合，答案与解析相结合，非常适合考生一边掌握基础知识，一边提升解题的能力。

第二，科学的栏目设置。本书按照"读书、作题、模拟考试"三段学习法的科学思路相应设置了"考情分析与考点提示""考点精讲及真题解析"和"本章同步自测题"等三个栏目，以全程辅导的形式帮助大家复习备考。

第三，贴近实战，便于大家了解考试的难度和命题特点。不可否认，历年考试真题是最好的练习题。本书在例题的选取上，以历年真题为主，让读者在习题演练中，了解考试的重点，考题的难度等关键问题，这对于提高考生的实战能力起着非常重要的作用。

第四，详尽的答案解析，便于读者进行自学。大部分考生都是在职人士，主要依靠自学，很难有时间去上辅导班。除个别简单习题外，本书对每道习题都进行了详尽的解析，有问有答，非常便于读者自学。

本书由张金霞老师组织编写，同时参与编写的还有项宇峰、陈冠军、郭现杰、王凯迪、魏春、王晓玲、孟春燕、雷凤、张燕、鲍凯、杨锐丽、鲍洁、王小龙、李亚杰、张彦梅、刘媛媛、李亚伟、伍云辉、伍远明、吴琼、周颖、戴艳、杜友丽、袁小艳、赵红梅，再次一并表示感谢。在本书的编写中，尽管笔者已经是殚精竭虑，但由于时间紧迫，疏漏之处在所难免，希望大家谅解。

最后，对一贯支持我们的广大读者朋友，和对本书的成书作出努力的朋友一并表示感谢。

丛书编委会
2014年1月1日

目　录

第四章 ○ 筹资管理（上）· 66

第五章 ○ 筹资管理（下）· 91

第六章 ○ 投资管理 · 122

第一章

总　论

考情分析与考点提示

　　本章是一个概括性的章节，起到了总括、引言的作用，主要涉及财务管理目标、环节、体制以及环境等方面的内容。本章主要考查客观题，尽管如此，在看书的时候还是需要认真仔细，因为把握本章内容有助于更好地理解后面的章节。

　　从历年试题分布来看，主要考查客观题，主观题在近五年里未涉及。学习本章内容时，需要掌握财务管理的内容，财务管理目标理论的各种观点（尤其是企业价值最大化目标理论）；熟悉财务管理的环节，财务管理的技术、经济、金融和法律环境；了解财务管理体制。

最近五年考试题型、分值分布

年份	单选	多选	判断	计算分析	综合题	合计
2013	1	2	1			4
2012	2	2	1			5
2011	3	4	2			9
2010	3	4	1			8
2009	1					1

　　说明：综合题涉及两章或两章以上内容的，所涉及的每一章均统计一次分数。

重点突破及真题解析

第一节　企业与企业财务管理

考点1　企业及其组织形式

（一）企业的定义及功能

　　企业是一个契约性组织，它是从事生产、流通、服务等经济活动，以生产或服务满足社会需要，实行自主经营、独立核算、依法设立的一种营利性的经济组织。

当今社会，企业作为国民经济细胞，发挥着越来越重要的功能：

（1）企业是市场经济活动的主要参与者；

（2）企业是社会生产和服务的主要承担者；

（3）企业可以推动社会经济技术进步。

（二）企业的组织形式

典型的企业组织形式有三种：个人独资企业、合伙企业以及公司制企业。

1. 个人独资企业

个人独资企业是由一个自然人投资，全部资产为投资人个人所有，全部债务由投资者个人承担的经营实体。

优点：个人独资企业具有创立容易、经营管理灵活自由、不需要交纳企业所得税等优点。

缺点：但对于个人独资企业业主而言：①需要业主对企业债务承担无限责任，当企业的损失超过业主最初对企业的投资时，需要用业主个人的其他财产偿债；②难以从外部获得大量资金用于经营；③个人独资企业所有权的转移比较困难；④企业的生命有限，将随着业主的死亡而自动消亡。

2. 合伙企业

合伙企业是由两个或两个以上的自然人合伙经营的企业，通常由各合伙人订立合伙协议，共同出资，合伙经营，共享收益，共担风险，并对合伙债务承担无限连带责任的营利性组织。

除业主不止一人外，合伙企业的优点和缺点与个人独资企业类似。此外，合伙企业法规定每个合伙人对企业债务须承担无限连带责任。如果一个合伙人没有能力偿还其应分担的债务，其他合伙人须承担连带责任，即有责任替其偿还债务。法律还规定合伙人转让其所有权时需要取得其他合伙人的同意，有时甚至还需要修改合伙协议。

3. 公司制企业

公司（或称公司制企业）是指由两个以上投资人（自然人或法人）依法出资组建，有独立法人财产，自主经营，自负盈亏的法人企业。出资者按出资额对公司承担有限责任。

公司是经政府注册的营利性法人组织，并且独立于所有者和经营者。根据中国现行的公司法，其主要形式分为有限责任公司和股份有限公司两种。

有限责任公司简称"有限公司"，是指股东以其认缴的出资额为限对公司承担责任，公司以其全部资产为限对公司的债务承担责任的企业法人。根据中国公司法的规定，必须在公司名称中标明"有限责任公司"或者"有限公司"字样。

股份有限公司简称股份公司，是指其全部资本分为等额股份，股东以其所持股份为限对公司承担责任，公司以其全部资产对公司的债务承担责任的企业法人。

有限责任公司和股份有限公司的区别：①公司设立时对股东人数要求不同；②股东的股权表现形式不同；③股份转让限制不同。

公司制企业的优点：①容易转让所有权；②有限债务责任；③公司制企业可以无限存续，在最初的所有者和经营者退出后仍然可以继续存在；④公司制企业融资渠道较多，更容易筹集所需资金。

公司制企业的缺点：①组建公司的成本高；②存在代理问题；③双重课税。

以上三种形式的企业组织中，个人独资企业占企业总数的比重很大，但是绝大部分的商业资金是由公司制企业控制的。因此，财务管理通常把公司理财作为讨论的重点。

例1-1（2013年单选题）与普通合伙企业相比，下列各项中，属于股份有限公司缺点的是（　　）。

A. 筹资渠道少　　　　　　　　B. 承担无限责任

C. 企业组建成本高　　　　　　D. 所有权转移较困难

【参考答案】C

【解析】公司制企业的缺点有：①组建公司的成本高。公司法对于设立公司的要求比设立独资或合伙企业复杂，并且需要提交一系列法律文件，花费的时间较长。公司成立后，政府对其监管比较严格，需要定期提交各种报告。②存在代理问题。所有者和经营者分开以后，所有者成为委托人，经营者成为代理人，代理人可能为了自身利益而伤害委托人利益。③双重课税。公司作为独立的法人，其利润需缴纳企业所得税，企业利润分配给股东后，股东还需缴纳个人所得税。所以本题的答案为选项C。

考点2　企业财务管理的内容

公司的基本活动可以分为投资、筹资、运营和分配四个方面，对于生产企业而言，还需进行有关生产成本的管理与控制。从财务管理角度看，投资可以分为长期投资和短期投资，筹资也可以分为长期筹资和短期筹资。由于短期投资、短期筹资和营业现金流管理有着密切关系，通常合并在一起讨论，称为营运资金管理。因此把财务管理的内容分为投资、筹资、运营资金、成本、收入与分配管理五个部分。

第二节　财务管理目标

考点1　企业财务管理目标理论

（一）利润最大化

利润最大化就是假定企业财务管理以实现利润最大化为目标。

以利润最大化作为财务管理目标，其主要原因有三：一是人类从事生产经营活动的目的是为了创造更多的剩余产品，在市场经济条件下，剩余产品的多少可以用利润这个指标来衡量；二是在自由竞争的资本市场中，资本的使用权最终属于获利最多的企业；三是只有每个企业都最大限度地创造利润，整个社会的财富才可能实现最大化，从而带来社会的进步和发展。

利润最大化目标的主要优点是，企业追求利润最大化，就必须讲求经济核算，加强管理，改进技术，提高劳动生产率，降低产品成本。这些措施都有利于企业资源的合理配置，有利于企业整体经济效益的提高。

但是，以利润最大化作为财务管理目标存在以下缺陷：①没有考虑利润实现时间和资金时间价值；②没有考虑风险问题；③没有反映创造的利润与投入资本之间的关系；④可能导致企业短期财务决策倾向，影响企业长远发展。

（二）股东财富最大化

股东财富最大化是指企业财务管理以实现股东财富最大化为目标。

与利润最大化相比，股东财富最大化的主要优点是：①考虑了风险因素；②在一定程度上能避免企业短期行为；③对上市公司而言，股东财富最大化目标比较容易量化，便于考核和奖惩。

以股东财富最大化作为财务管理目标也存在以下缺点：①通常只适用于上市公司，非上市公司难于应用；②股价受众多因素影响，特别是企业外部的因素，有些还可能是非正常因素；③它强调得更多的是股东利益，而对其他相关者的利益重视不够。

例1-2（2011年判断题）就上市公司而言，将股东财富最大化作为财务管理目标的缺点之一是不容易被量化。（   ）

【参考答案】×

【解析】与利润最大化相比，股东财富最大化的主要优点是：①考虑了风险因素，因为通常股价会对风险作出较敏感的反应；②在一定程度上能避免企业追求短期行为，因为不仅目前的利润会影响股票价格，预期未来的利润同样会对股价产生重要影响；③对上市公司而言，股东财富最大化目标比较容易量化，便于考核和奖惩。

（三）企业价值最大化

企业价值最大化是指企业财务管理行为以实现企业的价值最大化为目标。

企业价值最大化要求企业通过采用最优的财务政策，充分考虑资金的时间价值和风险与报酬的关系，在保证企业长期稳定发展的基础上使企业总价值达到最大。

以企业价值最大化作为财务管理目标，具有以下优点：①考虑了取得报酬的时间，并用时间价值的原理进行了计量；②考虑了风险与报酬的关系；③将企业长期、稳定的发展和持续的获利能力放在首位，能克服企业在追求利润上的短期行为；④用价值代替价格，克服了过多受外界市场因素的干扰，有效地规避了企业的短期行为。

但是，以企业价值最大化作为财务管理目标也存在以下问题：①企业的价值过于理论化，不易操作；②对于非上市公司，只有对企业进行专门的评估才能确定其价值，而在评估企业的资产时，由于受评估标准和评估方式的影响，很难做到客观和准确。

（四）相关者利益最大化

企业的利益相关者不仅包括股东，还包括债权人、企业经营者、客户、供应商、员工、政府等。因此，在确定企业财务管理目标时，不能忽视这些相关利益群体的利益。

相关者利益最大化目标的具体内容包括如下几个方面：

（1）强调风险与报酬的均衡，将风险限制在企业可以承受的范围内。

（2）强调股东的首要地位，并强调企业与股东之间的协调关系。

（3）强调对代理人即企业经营者的监督和控制，建立有效的激励机制，以便企业战略目标的顺利实施。

（4）关心本企业普通职工的利益，创造优美和谐的工作环境和提供合理恰当的福利待遇，培养职工长期努力为企业工作。

（5）不断加强与债权人的关系，培养可靠的资金供应者。

（6）关心客户的长期利益，以便保持销售收入的长期稳定增长。

（7）加强与供应商的协作，共同面对市场竞争，并注重企业形象的宣传，遵守承诺，讲究信誉。

（8）保持与政府部门的良好关系。

以相关者利益最大化作为财务管理目标，具有以下优点：①有利于企业长期稳定发展；②体现了合作共赢的价值理念，有利于实现企业经济效益和社会效益的统一；③这一目标本身是一个多元化、多层次的目标体系，较好地兼顾了各利益主体的利益；④体现了前瞻性和现实性的统一。

例1-3（2012年单选题）根据相关者利益最大化的财务管理目标理论，承担最大风险并可能获得最大报酬的是（ 　 ）。

A.股东 　　　　　 B.债权人 　　　　　 C.经营者 　　　　　 D.供应商

【参考答案】A

【解析】相关利益者最大化的观点中，股东作为企业的所有者，在企业中承担着最大的权利、义务、风险和报酬。所以选项A正确。

（五）各种财务管理目标之间的关系

利润最大化、股东财富最大化、企业价值最大化以及相关者利益最大化等各种财务管理目标，都以股东财富最大化为基础。

当然，以股东财富最大化为核心和基础，还应该考虑利益相关者的利益。

在强调公司承担应尽的社会责任的前提下，应当允许企业以股东财富最大化为目标。

■ 考点2　利益冲突的协调

协调相关者的利益冲突，要把握的原则是：尽可能使企业相关者的利益分配在数量上和时间上达到动态协调平衡。而在所有的利益冲突协调中，所有者与经营者、所有者与债权人的利益冲突协调又至关重要。

（一）所有者与经营者利益冲突的协调

所有者期望经营者代表他们的利益工作，实现所有者财富最大化，而经营者则有其自身的利益考虑，二者的目标会经常不一致。通常而言，所有者支付给经营者报酬的多少，在于经营者能够为所有者创造多少财富。经营者和所有者的主要利益冲突，就是经营者希望在创造财富的同时，能够获取更多的报酬、更多的享受；而所有者则希望以较小的代价（支付较小的报酬）实现更多的财富。

为了协调这一利益冲突，通常可采取以下方式解决：

（1）解聘。这是一种通过所有者约束经营者的办法。

（2）接收。这是一种通过市场约束经营者的办法。

（3）激励。激励就是将经营者的报酬与其绩效直接挂钩，以使经营者自觉采取能提高所有者财富的措施。激励通常有两种方式：股票期权和绩效股。

（二）所有者与债权人的利益冲突协调

所有者的目标可能与债权人期望实现的目标发生矛盾。首先，所有者可能要经营者改变举债资金的原定用途，将其用于风险更高的项目，这会增大偿债风险，债权人的负债价值也必然会降低，造成债权人风险与收益的不对称。其次，所有者可能在未征得现有债权人同意的情况下，要求经营者举借新债，因为偿债风险相应增大，从而致使原有债权的价值降低。

所有者与债权人的上述利益冲突，可以通过以下方式解决：

（1）限制性借债：债权人通过事先规定借债用途限制、借债担保条款和借债信用条件，使所有者不能通过以上两种方式削弱债权人的债权价值。

（2）收回借款或停止借款：当债权人发现企业有侵蚀其债权价值的意图时，采取收回债权或不再给予新的借款的措施，从而保护自身权益。

■ 考点3 企业的社会责任

企业的社会责任是指企业在谋求所有者或股东权益最大化之外所负有的维护和增进社会利益的义务。具体来说，企业社会责任主要包括以下内容：

（1）对员工的责任。企业除了向员工支付报酬的法律责任外，还负有为员工提供安全工作环境、职业教育等保障员工利益的责任。

（2）对债权人的责任。债权人是企业的重要利益相关者，企业应依据合同的约定以及法律的规定对债权人承担相应的义务，保障债权人合法权益。这种义务既是公司的民事义务，也可视为公司应承担的社会责任。

（3）对消费者的责任。公司的价值实现，很大程度上取决于消费者的选择，企业理应重视对消费者承担的社会责任。

（4）对社会公益的责任。企业对社会公益的责任主要涉及慈善、社区等。

（5）对环境和资源的责任。企业对环境和资源的社会责任可以概括为两大方面：一是承担可持续发展与节约资源的责任；二是承担保护环境和维护自然和谐的责任。

此外，企业还有义务和责任遵从政府的管理、接受政府的监督。企业要在政府的指引下合法经营、自觉履行法律规定的义务，同时尽可能地为政府献计献策、分担社会压力、支持政府的各项事业。

第三节 财务管理环节

财务管理环节是企业财务管理的工作步骤与一般工作程序。一般而言，企业财务管理包括以下几个环节。

考点1 计划与预算

（一）财务预测

财务预测是根据企业财务活动的历史资料，考虑现实的要求和条件，对企业未来的财务活动作出较为具体的预计和测算的过程。财务预测可以测算各项生产经营方案的经济效益，为决策提供可靠的依据；可以预测财务收支的发展变化情况，以确定经营目标；可以测算各项定额和标准，为编制计划、分解计划指标服务。

财务预测的方法主要有定性预测和定量预测两种。定性预测法，主要是利用直观材料，依靠个人的主观判断和综合分析能力，对事物未来的状况和趋势作出预测的一种方法；定量预测法，主要是根据变量之间存在的数量关系建立数学模型来进行预测的方法。

（二）财务计划

财务计划是根据企业整体战略目标和规划，结合财务预测的结果，对财务活动进行规划，并以指标形式落实到每一计划期间的过程。财务计划主要通过指标和表格，以货币形式反映在一定的计划期内企业生产经营活动所需要的资金及其来源、财务收入和支出、财务成果及其分配的情况。确定财务计划指标的方法一般有平衡法、因素法、比例法和定额法等。

（三）财务预算

财务预算是根据财务战略、财务计划和各种预测信息，确定预算期内各种预算指标的过程。它是财务战略的具体化，是财务计划的分解和落实。财务预算的方法通常包括固定预算与弹性预算、增量预算与零基预算、定期预算和滚动预算等。

考点2 决策与控制

（一）财务决策

财务决策是指按照财务战略目标的总体要求，利用专门的方法对各种备选方案进行比较和分析，从中选出最佳方案的过程。财务决策是财务管理的核心，决策的成功与否直接关系到企业的兴衰成败。

财务决策的方法主要有两类：一类是经验判断法，是根据决策者的经验来判断选择，常用的方法有淘汰法、排队法、归类法等；另一类是定量分析方法，常用的方法有优选对比法、数学微分法、线性规划法、概率决策法等。

（二）财务控制

财务控制是指利用有关信息和特定手段，对企业的财务活动施加影响或调节，以便实现计划所规定的财务目标的过程。

财务控制的方法通常有前馈控制、过程控制、反馈控制三种。

■ 考点3　分析与考核

（一）财务分析

财务分析是指根据企业财务报表等信息资料，采用专门方法，系统分析和评价企业财务状况、经营成果以及未来趋势的过程。

财务分析的方法通常有比较分析、比率分析、综合分析等。

（二）财务考核

财务考核是指将报告期实际完成数与规定的考核指标进行对比，确定有关责任单位和个人完成任务的过程。财务考核与奖惩紧密联系，是贯彻责任制原则的要求，也是构建激励与约束机制的关键环节。

财务考核的形式多种多样，可以用绝对指标、相对指标、完成百分比考核，也可采用多种财务指标进行综合评价考核。

第四节　财务管理体制

企业财务管理体制是明确企业各财务层级财务权限、责任和利益的制度，其核心问题是如何配置财务管理权限，企业财务管理体制决定着企业财务管理的运行机制和实施模式。

■ 考点1　企业财务管理体制的一般模式

企业财务管理体制概括地说，可分为三种类型：

（一）集权型财务管理体制

集权型财务管理体制是指企业对各所属单位的所有财务管理决策都进行集中统一，各所属单位没有财务决策权，企业总部财务部门不但参与决策和执行决策，在特定情况下还直接参与各所属单位的执行过程。

集权型财务管理体制下企业内部的主要管理权限集中于企业总部，各所属单位执行企业总部的各项指令。它的优点在于：企业内部的各项决策均由企业总部制定和部署，企业内部可充分展现其一体化管理的优势，利用企业的人才、智力、信息资源，努力降低资金成本和风险损失，使决策的统一化、制度化得到有力的保障。采用集权型财务管理体制，有利于在整个企业内部优化配置资源，有利于实行内部调拨价格，有利于内部采取避税措施及防范汇率风险等等。它的缺点是：集权过度会使各所属单位缺乏主动性、积极性，丧失活力，也可能因为决策程序相对复杂而失去适应市场的弹性，丧失市场机会。

例1-4（2011年单选题）某企业集团经过多年的发展，已初步形成从原料供应、生产制造到物流服务上下游密切关联的产业集群，当前集团总部管理层的素质较高，集团内部信息化管理的基础较好。据此判断，该集团最适宜的财务管理体制类型是（　　　）。

A. 集权型

B. 分权型

C. 自主型

D. 集权与分权相结合型

【参考答案】A

【解析】本题考查企业财务管理体制的模式。集权型财务管理体制是指企业对各所属单位的所有财务管理决策都进行集中统一，各所属单位没有财务决策权，企业总部财务部门不但参与决策和执行决策，在特定情况下还直接参与各所属单位的执行过程。企业意欲采用集权型财务管理体制，除了企业管理高层必须具备高度的素质能力外，在企业内部还必须有一个能及时、准确地传递信息的网络系统，并通过信息传递过程的严格控制以保障信息的质量。如果这些要求能够达到的话，集权型财务管理体制的优势便有了充分发挥的可能性。本题中的公司符合上述要求，故最适宜采用集权型财务管理体制。因此，本题A选项正确。

（二）分权型财务管理体制

分权型财务管理体制是指企业将财务决策权与管理权完全下放到各所属单位，各所属单位只需对一些决策结果报请企业总部备案即可。

分权型财务管理体制下企业内部的管理权限分散于各所属单位，各所属单位在人、财、物、供、产、销等方面有决定权。它的优点是：由于各所属单位负责人有权对影响经营成果的因素进行控制，加之身在基层，了解情况，有利于针对本单位存在的问题及时作出有效决策，因地制宜地搞好各项业务，也有利于分散经营风险，促进所属单位管理人员和财务人员的成长。它的缺点是：各所属单位大都从本单位利益出发安排财务活动，缺乏全局观念和整体意识，从而可能导致资金管理分散、资金成本增大、费用失控、利润分配无序。

（三）集权与分权相结合型财务管理体制

集权与分权相结合型财务管理体制，其实质就是集权下的分权，企业对各所属单位在所有重大问题的决策与处理上实行高度集权，各所属单位则对日常经营活动具有较大的自主权。

集权与分权相结合型财务管理体制意在以企业发展战略和经营目标为核心，将企业内重大决策权集中于企业总部，而赋予各所属单位自主经营权。其主要特点是：

（1）在制度上，企业内应制定统一的内部管理制度，明确财务权限及收益分配方法，各所属单位应遵照执行，并根据自身的特点加以补充。

（2）在管理上，利用企业的各项优势，对部分权限集中管理。

（3）在经营上，充分调动各所属单位的生产经营积极性。

正因为具有以上特点，因此集权与分权相结合型的财务管理体制，吸收了集权型和分权型财务管理体制各自的优点，避免了二者各自的缺点，从而具有较大的优越性。

例1-5（2012年单选题）某集团公司有A、B两个控股子公司，采用集权与分权相结合的财务管理体制，下列各项中，集团总部应当分权给子公司的是（　　　）。

A. 担保权　　　　　　　　　　　B. 收益分配权

C. 投资权　　　　　　　　　　　D. 日常费用开支审批权

【参考答案】D

【解析】采用集权与分权相结合的财务管理体制时，具体应集中制度制定权，筹资、融资权，投资权，用资、担保权，固定资产购置权，财务机构设置权，收益分配权；分散经营自主权、人员管理权、业务定价权、费用开支审批权。

■ 考点2　集权与分权的选择

企业的财务特征决定了分权的必然性，而企业的规模效益、风险防范又要求集权。集权和分权的各有利弊和特点。

财务决策权的集中与分散没有固定的模式，同时选择的模式也不是一成不变的。财务管理体制的集权和分权，需要考虑企业与各所属单位之间的资本关系和业务关系的具体特征，以及集权与分权的"成本"和"利益"。作为实体的企业，各所属单位之间往往具有某种业务上的联系，特别是那些实施纵向一体化战略的企业，要求各所属单位保持密切的业务联系。各所属单位之间业务联系越密切，就越有必要采用相对集中的财务管理体制。反之，则相反。

事实上，考虑财务管理体制的集中与分散，除了受制于以上两点外，还取决于集中与分散的"成本"和"利益"差异。集中的"成本"主要是各所属单位积极性的损失和财务决策效率的下降，分散的"成本"主要是可能发生的各所属单位财务决策目标及财务行为与企业整体财务目标的背离以及财务资源利用效率的下降。集中的"利益"主要是容易使企业财务目标协调和提高财务资源的利用效率，分散的"利益"主要是提高财务决策效率和调动各所属单位的积极性。

此外，集权和分权应该考虑的因素还包括环境、规模和管理者的管理水平。由管理者的素质、管理方法和管理手段等因素所决定的企业及各所属单位的管理水平，对财权的集中和分散也具有重要影响。较高的管理水平，有助于企业更多地集中财权，否则，财权过于集中只会导致决策效率的低下。

■ 考点3　企业财务管理体制的设计原则

从企业的角度出发，企业财务管理体制的设定或变更应当遵循如下4项原则。

1. 与现代企业制度的要求相适应的原则

按照现代企业制度的要求，企业财务管理体制必须以产权管理为核心，以财务管理为主线，以财务制度为依据，体现现代企业制度特别是现代企业产权制度管理的思想。

2. 明确企业对各所属单位管理中的决策权、执行权与监督权三者分立原则

现代企业要做到管理科学，必须首先要求从决策与管理程序上做到科学、民主，因此决策权、执行权与监督权三权分立的制度必不可少。

3. 明确财务综合管理和分层管理思想的原则

现代企业制度要求管理是一种综合管理、战略管理，要求：①从企业整体角度对企业的财务战略进行定位；②对企业的财务管理行为进行统一规范，做到高层的决策结果能被低层战略经营单位完全执行；③以制度管理代替个人的行为管理，从而保证企业管理的连续性；④以现代企业财务分层管理思想指导具体的管理实践（股东大会、董事会、经理人员、财务经理及财务部门各自的管理内容与管理体系）。

4. 与企业组织体制相对应的原则

企业组织体制主要有U型组织、H型组织和M型组织等三种组织形式。U型结构直接从事各所属单位的日常管理，即实行管理层级的集中控制；H型结构实质上是企业集团的组织形式，子公司或分公司具有法人资格或是相对独立的利润中心；M型结构集权程度较高，突出整体优化，具有较强的战略研究、实施功能和内部交易协调能力。它是目前国际上大的企业管理体制的主流形式。M型的具体形式有事业部制、矩阵制、多维结构等。

例1-6（2013年判断题）由于控股公司组织（H型组织）的母、子公司均为独立的法人，是典型的侵权组织，因而不能进行集权管理。（　　　）

【参考答案】×

【解析】本题考核"企业财务管理体制的设计原则"知识点。H型组织即控股公司体制。集团总部下设若干子公司，每家子公司拥有独立的法人地位和比较完整的职能部门。集团总部即控股公司，利用股权关系以出资者身份行使对子公司的管理权。它的典型特征是过度分权，各子公司保持了较大的独立性，总部缺乏有效的监控约束力度。随着企业管理实践的深入，H型组织的财务管理体制也在不断深化。总部作为子公司的出资人对子公司的重大事项拥有最后的决定权，因此，也就拥有了对子公司"集权"的法律基础。现代意义上的H型组织既可以分权管理，也可以集权管理。

考点4　集权与分权相结合型财务管理体制的一般内容

总结中国企业的实践，集权与分权相结合型财务管理体制的核心内容是企业总部应做到制度统一、资金集中、信息集成和人员委派。具体应集中制度制定权，筹资、融资权，投资权，用资、担保权，固定资产购置权，财务机构设置权，收益分配权；分散经营自主权、人员管理权、业务定价权、费用开支审批权。

第五节　财务管理环境

考点1　技术环境

财务管理的技术环境，是指财务管理得以实现的技术手段和技术条件，它决定着财务管理的效率和效果。

例1-7（2011年单选题）2010年10月19日，我国发布了《XBRL（可扩展商业报告语言）技术规范系列国家标准和通用分类标准》。下列财务管理环境中，随之得到改善的是（　　　）。

A. 经济环境　　　　　B. 金融环境　　　　　C. 市场环境　　　　　D. 技术环境

【参考答案】D

【解析】本题考查财务管理环境的相关知识。财务管理的技术环境，是指财务管理得以实现的技术手段和技术条件，它决定着财务管理的效率和效果。可扩展商业报告语言（XBRL）分类标准属于会计信息化标准体系，它属于技术环境的内容。因此，本题D选项正确。

考点2　经济环境

在影响财务管理的各种外部环境中，经济环境是最为重要的。

经济环境内容十分广泛，包括经济体制、经济周期、经济发展水平、宏观经济政策及社会通货膨胀水平等。

（一）经济体制

在计划经济体制下，财务管理活动的内容比较单一，财务管理方法比较简单。在市场经济体制下，企业成为"自主经营、自负盈亏"的经济实体，有独立的经营权，同时也有独立的理财权，财务管理活动的内容比较丰富，方法也复杂多样。

（二）经济周期

市场经济条件下，经济发展与运行带有一定的波动性。大体上经历复苏、繁荣、衰退和萧条几个阶段的循环，这种循环叫做经济周期。

在不同的经济周期，企业应采用不同的财务管理战略。西方财务学者探讨了经济周期中的财务管理战略，现择其要点归纳如表1-1所示。

表1-1　经济周期中的财务管理战略

复苏	繁荣	衰退	萧条
1. 增加厂房设备	1. 扩充厂房设备	1. 停止扩张	1. 建立投资标准
2. 实行长期租赁	2. 继续建立存货	2. 出售多余设备	2. 保持市场份额
3. 建立存货	3. 提供产品价格	3. 停产不利产品	3. 压缩管理费用
4. 开发新产品	4. 开展营销规划	4. 停止长期采购	4. 放弃次要利益
5. 增加劳动力	5. 增加劳动力	5. 削减存货	5. 削减存货
		6. 停止扩招雇员	6. 裁减雇员

（三）经济发展水平

财务管理的发展水平是和经济发展水平密切相关的，经济发展水平越高，财务管理水平也越好。财务管理水平的提高，将推动企业降低成本，改进效率，提高效益，从而促进经济发展水平的提高；而经济发展水平的提高，将改变企业的财务战略、财务理念、财务管理模式和财务管理的方法手段，从而促进企业财务管理水平的提高。财务管理应当以经济发展水平为基础，以宏观经济发展目标为导向，从财务工作角度保证企业经营目标和经营战略的实现。

（四）宏观经济政策

我国经济体制改革的目标是建立社会主义市场经济体制，以进一步解放和发展生产力。在这个目标的指导下，我国已经并正在进行财税体制、金融体制、外汇体制、外贸体制、计划体制、价格体制、投资体制、社会保障制度等各项改革。所有这些改革措施，深刻地影响着我国的经济生活，也深刻地影响着我国企业的发展和财务活动的运行。

（五）通货膨胀水平

通货膨胀对企业财务活动的影响是多方面的，主要表现在：①引起资金占用的大量增加，从而增加企业的资金需求；②引起企业利润虚增，造成企业资金由于利润分配而流失；③引起利润上升，加大企业的权益资金成本；④引起有价证券价格下降，增加企业的筹资难度；⑤引起资金供应紧张，增加企业的筹资困难。

■ 考点3 金融环境

（一）金融机构、金融工具与金融市场

1. 金融机构

金融机构主要是指银行和非银行金融机构。银行是指经营存款、放款、汇兑、储蓄等金融业务，承担信用中介的金融机构，包括各种商业银行和政策性银行。非银行金融机构主要包括保险公司、信托投资公司、证券公司、财务公司、金融资产管理公司、金融租赁公司等机构。

2. 金融工具

金融工具是指融通资金双方在金融市场上进行资金交易、转让的工具，借助金融工具，资金从供给方转移到需求方。金融工具分为基本金融工具和衍生金融工具两大类。常见的基本金融工具有货币、票据、债券、期货等；衍生金融工具又称派生金融工具，是在基本金融工具的基础上通过特定技术设计形成的新的融资工具，如各种远期合约、互换、掉期、资产支持证券等，种类非常复杂、繁多，具有高风险、高杠杆效应的特点。

> **例1-8**（2013多选题）与资本性金融工具相比，下列各项中，属于货币性金融工具特点的有（　　）。
>
> A. 期限较长　　　　B. 流动性强　　　　C. 风险较小　　　　D. 价格平稳
>
> **【参考答案】**BCD
>
> **【解析】**货币市场的主要功能是调节短期资金融通。货币市场上的金融工具具有较强的"货币性"，具有流动性强、价格平稳、风险较小等特性。

3. 金融市场

金融市场是指资金供应者和资金需求者双方通过一定的金融工具进行交易而融通资金的场

所。金融市场的构成要素包括资金供应者和资金需求者、金融工具、交易价格、组织方式等。金融市场为企业融资和投资提供了场所，可以帮助企业实现长短期资金转换、引导资本流向和流量，提高资本效率。

（二）金融市场的分类

金融市场可以按照不同的标准进行分类。

1. 货币市场和资本市场

以期限为标准，金融市场可分为货币市场和资本市场。货币市场又称短期金融市场，是指以期限在一年以内的金融工具为媒介，进行短期资金融通的市场，包括同业拆借市场、票据市场、大额定期存单市场和短期债券市场；资本市场又称长期金融市场，是指以期限在一年以上的金融工具为媒介，进行长期资金交易活动的市场，包括股票市场和债券市场。

2. 发行市场和流通市场

以功能为标准，金融市场可分为发行市场和流通市场。发行市场又称为一级市场，它主要处理金融工具的发行与最初购买者之间的交易；流通市场又称为二级市场，它主要处理现有金融工具转让和变现的交易。

3. 资本市场、外汇市场和黄金市场

以融资对象为标准，金融市场可分为资本市场、外汇市场和黄金市场。资本市场以货币和资本为交易对象；外汇市场以各种外汇金融工具为交易对象；黄金市场则是集中进行黄金买卖和金币兑换的交易市场。

> **例1-9**（2011年判断题）以融资对象为划分标准，可将金融市场分为资本市场、外汇市场和黄金市场。（　　）
>
> 【参考答案】√
>
> 【解析】以融资对象为标准，金融市场可分为资本市场、外汇市场和黄金市场。资本市场以货币和资本为交易对象；外汇市场以各种外汇金融工具为交易对象；黄金市场则是集中进行黄金买卖和金币兑换的交易市场。

4. 基础性金融市场和金融衍生品市场

按所交易金融工具的属性，金融市场可分为基础性金融市场与金融衍生品市场。基础性金融市场是指以基础性金融产品为交易对象的金融市场，如商业票据、企业债券、企业股票的交易市场；金融衍生品市场是指以金融衍生品为交易对象的金融市场，如远期、期货、掉期（交换）、期权，以及具有远期、期货、掉期（交换）、期权中一种或多种特征的结构化金融工具的交易市场。

5. 地方性金融市场、全国性金融市场和国际性金融市场

以地理范围为标准，金融市场可分为地方性金融市场、全国性金融市场和国际性金融市场。

（三）货币市场

货币市场的主要功能是调节短期资金融通。其主要特点是：①期限短。一般为3~6个月，最长不超过一年。②交易目的是解决短期资金周转。它的资金来源主要是资金所有者暂时闲置的资金，融通资金的用途一般是弥补短期资金的不足。③金融工具有较强的"货币性"，具有流动性强、价格平稳、风险较小等特性。

货币市场主要有拆借市场、票据市场、大额定期存单市场和短期债券市场等。拆借市场是指银行（包括非银行金融机构）同业之间短期性资本的借贷活动。这种交易一般没有固定的场所，主要通过电讯手段成交，期限按日计算，一般不超过一个月。票据市场包括票据承兑市场和票据贴现市场。票据承兑市场是票据流通转让的基础；票据贴现市场是对未到期票据进行贴现，为客户提供短期资本融通，包括贴现、再贴现和转贴现。大额定期存单市场是一种买卖银行发行的可转让大额定期存单的市场。短期债券市场主要买卖一年期以内的短期企业债券和政府债券，尤其是政府的国库券交易。短期债券的转让可以通过贴现或买卖的方式进行。短期债券以其信誉好、期限短、利率优惠等优点，成为货币市场中的重要金融工具之一。

（四）资本市场

资本市场的主要功能是实现长期资本融通。其主要特点是：①融资期限长，至少一年以上，最长可达10年甚至10年以上；②融资目的是解决长期投资性资本的需要，用于补充长期资本，扩大生产能力；③资本借贷量大；④收益较高但风险也较大。

资本市场主要包括债券市场、股票市场和融资租赁市场等。

债券市场和股票市场由证券（债券和股票）发行和证券流通构成。有价证券的发行是一项复杂的金融活动，一般要经过以下几个重要环节：①证券种类的选择；②偿还期限的确定；③发售方式的选择。在证券流通中，参与者除了买卖双方外，中介非常活跃。这些中介主要有证券经纪人、证券商，他们在流通市场中起着不同的作用。

融资租赁市场是通过资产租赁实现长期资金融通的市场，它具有融资与融物相结合的特点，融资期限一般与资产租赁期限一致。

考点4　法律环境

（一）法律环境的范畴

市场经济是法制经济，企业的一些经济活动总是在一定法律规范内进行的。法律既约束企业的非法经济行为，也为企业从事各种合法经济活动提供保护。

国家相关法律法规按照对财务管理内容的影响情况可以分如下几类：

（1）影响企业筹资的各种法规主要有：公司法、证券法、金融法、证券交易法、合同法等。这些法规可以从不同方面规范或制约企业的筹资活动。

（2）影响企业投资的各种法规主要有：证券交易法、公司法、企业财务通则等。这些法规从不同角度规范企业的投资活动。

（3）影响企业收益分配的各种法规主要有：税法、公司法、企业财务通则等。这些法规从不同方面对企业收益分配进行了规范。

（二）法律环境对企业财务管理的影响

法律环境对企业的影响力是多方面的，影响范围包括企业组织形式、公司治理结构、投融资活动、日常经营、收益分配等。《公司法》规定，企业可以采用独资、合伙、公司制等企业组织形式。企业组织形式不同，业主（股东）权利责任、企业投融资、收益分配、纳税、信息披露等不同，公司治理结构也不同。上述不同种类的法律，分别从不同方面约束企业的经济行为，对企业财务管理产生影响。

本章同步训练

一、单项选择题

1. 每股收益最大化与利润最大化目标相比的优点是（　　　）。

A. 考虑资金的时间价值　　　　　　　　　B. 考虑投入和产出的对比

C. 避免企业的短期行为　　　　　　　　　D. 不会导致与企业战略目标相背离

2. 在企业财务管理目标理论中，属于现代企业财务管理理想目标的是（　　　）。

A. 相关者利益最大化　　　　　　　　　　B. 企业价值最大化

C. 股东财富最大化　　　　　　　　　　　D. 利润最大化

3. 协调经营者和所有者的利益冲突的方式是解聘、接收、股票期权和绩效股，其中，解聘是通过（　　　）约束经营者的办法。

A. 债务人　　　　　B. 监督者　　　　　C. 所有者　　　　　D. 市场

4. 下列不属于财务管理环节的是（　　　）。

A. 财务预算　　　　　B. 财务报告　　　　　C. 财务决策　　　　　D. 财务考核

5. 下列关于财务管理体制说法不正确的是（　　　）。

A. 按照现代企业制度的要求，企业财务管理体制以财务制度为核心，以财务管理为主线

B. 集权与分权相结合型财务管理体制的实质是集权下的分权

C. 财务管理体制的核心问题是如何配置财务管理权限

D. 分散的利益主要是提高财务决策效率和调动各所属单位的积极性

6. 集权与分权相结合型财务管理体制的核心内容是企业总部应做到制度统一，资金集中，信息集成和人员委派。具体应集中的权利不包括（　　　）。

A. 筹资、融资权　　　　　　　　　　　　B. 业务定价权

C. 财务机构设置权　　　　　　　　　　　D. 收益分配权

7. 当企业的高层素质较高且企业自身拥有良好的传递信息的网络系统时，其更适合采用（　　　）财务管理体制。

A. 集权和分权结合　　　　　　　　　　　B. 分权制

C. 集权制   D. 以上体制都可以使用

8. 下列各项中，（ ）属于企业处于萧条的经济周期阶段时所采取的财务管理战略。

A. 扩充厂房设备   B. 停止扩招雇员

C. 建立存货   D. 压缩管理费用

9. 在下列各项中，不属于企业财务管理的金融环境内容的是（ ）。

A. 金融市场   B. 金融机构   C. 金融工具   D. 企业财务通则

10. 下列说法不正确的是（ ）。

A. 金融工具一般包括基本金融工具和派生金融工具

B. 金融市场按期限分为短期金融市场和长期金融市场，即货币市场和资本市场

C. 金融市场按功能分为发行市场和流通市场

D. 资本市场所交易的金融工具具有较强的货币性

二、多项选择题

1. 利润最大化目标的缺陷有（ ）。

A. 不能反映资本的获利水平

B. 没有考虑创造的利润与投入的资本之间的关系

C. 可能会导致企业的短期行为

D. 没有考虑风险因素和资金时间价值

2. 下列关于股东财富最大化目标的说法中，正确的有（ ）。

A. 强调更多的是股东权益   B. 考虑了风险因素

C. 一定程度上能避免企业的短期行为   D. 容易导致短期行为

3. 下列各财务管理目标中，考虑了风险因素的有（ ）。

A. 利润最大化   B. 股东财富最大化

C. 企业价值最大化   D. 相关者利益最大化

4. 协调所有者与经营者的矛盾方法包括（ ）。

A. 解聘   B. 接收

C. 给予经营者绩效股   D. 给予经营者股票期权

5. 债权人与所有者的利益冲突表现之一是未经债权人同意，所有者要求经营者（ ）。

A. 向低风险企业投资   B. 改善经营环境

C. 改变资金的原定用途   D. 举借新债

6. 以下属于财务决策中经验判断法的有（ ）。

A. 淘汰法   B. 排队法   C. 数学微分法   D. 归类法

7. 下列关于财务管理环节说法错误的有（ ）。

A. 企业财务管理的工作步骤就是财务管理环节

B. 根据变量之间存在的数量关系建立模型来预测的方法是定性预测法

C. 企业财务管理环节包括计划与预算、决策与控制、分析与考核

D. 财务决策是财务计划的分解和落实，定量分析法是财务决策的方法之一

8. 企业财务管理体制的设计应遵循（ 　　 ）。

A. 企业财务管理体制要与现代企业制度的要求相适应

B. 企业财务管理体制要与企业组织体制相对应

C. 企业财务管理体制要求明确财务的综合管理和分层管理思想

D. 企业财务管理体制要求明确对各所属单位管理中的决策权、执行权与监督权三者分立

9. 财务管理体制的集权与分权选择过程中，需要考虑的因素包括（ 　　 ）。

A. 集权与分权的成本和利益   B. 环境

C. 规模   D. 管理者的管理水平

10. 下列各项不属于货币市场特点的是（ 　　 ）。

A. 资本借贷量大   B. 融资期限短

C. 风险较小   D. 流动性弱

三、判断题

1. 企业价值最大化体现了合作共赢的价值理念，有利于实现企业经济效益和社会效益的统一。 （ 　　 ）

2. 经营者和所有者的主要利益冲突，是经营者希望在创造财富的同时，能够获取更多的报酬；而所有者希望以较小的代价实现更多的财富。协调这一利益冲突的方式是解聘、股票期权和绩效股。 （ 　　 ）

3. 所有者的目标可能会与债权人期望实现的目标发生矛盾，此时可以采取事先规定借债担保条款来协调所有者和债权人之间的利益冲突。 （ 　　 ）

4. 财务考核是指将报告期实际完成数与规定的考核指标进行对比。通常只能使用绝对指标和完成百分比来考核。 （ 　　 ）

5. 企业对外投资必须遵守的原则有：效益性、时效性和合理性。 （ 　　 ）

6. 企业能否采取相对集中的财务管理体制的基本条件是各所属单位之间业务联系的必要程度。 （ 　　 ）

本章同步训练答案与解析

一、单项选择题

1.【参考答案】B

【答案解析】每股收益反映净利润与出资额或股份数（普通股）的对比关系，与利润最大化目标一样，每股收益最大化指标仍然没有考虑资金时间价值和风险因素，也不能避免企业的短期行为，可能会导致与企业的战略目标相背离。因此，选项A、C、D错误。

2.【参考答案】A

【答案解析】相关者利益最大化是现代企业财务管理的理想目标，企业应在相关者利益最大化的基础上确立财务管理的理论体系和方法体系。

3.【参考答案】C

【答案解析】经营者和所有者的主要利益冲突，是经营者希望在创造财富的同时，能够获取更多的报酬；而所有者希望以较小的代价实现更多的财富。协调这一利益冲突的方式是解聘、接收、股票期权和绩效股，其中解聘是一种通过所有者约束经营者的方法，接收是一种通过市场约束经营者的方法。

4.【参考答案】B

【答案解析】一般而言，企业财务管理的环节包括：财务预测、财务计划、财务预算、财务决策、财务控制、财务分析、财务考核。

5.【参考答案】A

【答案解析】按照现代企业制度的要求，企业财务管理体制必须以产权管理为核心，以财务管理为主线，以财务制度为依据。所以，选项A的说法不正确。

6.【参考答案】B

【答案解析】集权与分权相结合型财务管理体制的核心内容是企业总部应做到制度统一，资金集中，信息集成和人员委派。具体应集中制度制定权，筹资、融资权，投资权，用资、担保权，固定资产购置权，财务机构设置权，收益分配权；分散经营自主权，人员管理权，业务定价权，费用开支的审批权。

7.【参考答案】C

【答案解析】当企业的高层领导具备高素质的能力且企业拥有一个良好高效的信息传递网络系统时，企业更适合采用集权制的财务管理体制。

8.【参考答案】D

【答案解析】选项A，扩充厂房设备属于复苏和繁荣阶段的战略；选项B，停止扩招雇员属于衰退阶段的战略；选项C，建立存货属于复苏和繁荣阶段的战备。

9.【参考答案】D

【答案解析】影响财务管理的主要金融环境因素有金融机构、金融工具、金融市场。企业财务通则属于企业财务管理环境中法律环境的内容。

10.【参考答案】D

【答案解析】货币市场所交易的金融工具具有较强的货币性，具有流动性强、价格平稳、风险较小等特性。

二、多项选择题

1.【参考答案】BCD

【答案解析】利润最大化目标的缺陷：没有考虑利润实现时间和资金时间价值；没有考虑创造的利润与投入资本的关系；没有考虑风险因素；可能会导致企业的短期行为。

2.【参考答案】ABC

【答案解析】股东财富最大化目标考虑了风险因素，在一定程度上能避免企业追求短期行为，强调更多的是股东权益，而对其他相关者的利益重视不够。所以正确答案是A、B、C。

3.【参考答案】BCD

【答案解析】利润最大化的缺点是：①没有考虑利润实现时间和资金时间价值；②没有考虑风险问题；③没有反映创造的利润与投入资本之间的关系；④可能会导致企业短期财务决策倾向，影响企业长远发展。选项B、C、D都考虑了风险因素。

4.【参考答案】ABCD

【答案解析】协调所有者与经营者的矛盾方法包括解聘、接收、激励，激励通常有两种方式：①股票期权；②绩效股。

5.【参考答案】CD

【答案解析】债权人与所有者的利益冲突表现在，所有者要求经营者：①改变举债资金的原定用途，投资于风险更高的项目；②未经债权人同意，举借新债使原有债权的价值降低。

6.【参考答案】ABD

【答案解析】财务决策的方法主要有两类：一类是经验判断法，另一类是定量分析法。经验判断法是根据决策者的经验来判断选择，常用的有淘汰法、排队法、归类法等。所以A、B、D选项是正确的，选项C属于定量分析法。

7.【参考答案】ABD

【答案解析】财务管理环节是指企业财务管理的工作步骤与一般工作程序，所以选项A不正确；定性预测法主要是利用直观材料，依靠个人的主观判断和综合分析能力，对事物未来状况和趋势作出预测的一种方法，而定量预测法主要是根据变量之间存在的数量关系建立数学模型来进行预测的方法，所以选项B不正确；企业财务管理环节包括计划与预算、决策与控制、分析与考核，所以选项C正确；财务预算是财务战略的具体化，是财务计划的分解和落实，所以选项D不正确。

8.【参考答案】ABCD

【答案解析】财务管理体制设计的原则包括：①与现代企业制度的要求相适应的原则；②明确企业对各所属单位管理中的决策权、执行权与监督权三者分立原则；③明确财务管理的综合管理和分层管理思想的原则；④与企业组织体制相对应的原则。

9.【参考答案】ABCD

【答案解析】财务管理体制的集权和分权，需要考虑企业与各所属单位之间的资本关系和业务关系的具体特征，以及集权与分权的"成本"和"利益"。此外，集权和分权应该考虑的因素还包括环境、规模和管理者的管理水平。

10.【参考答案】AD

【答案解析】货币市场的特点：①期限短；②交易目的是解决短期资金周转；③金融工具有较强的"货币性"，具有流动性强、价格平稳、风险较小等特性。资本市场的特点：①融资期限长；②融资目的是解决长期投资性资本的需要；③资本借贷量大；④收益较高但风险也较大。

三、判断题

1.【参考答案】×

【答案解析】相关者利益最大化体现了合作共赢的价值理念，有利于实现企业经济效益和社会效益的统一。

2.【参考答案】×

【答案解析】经营者和所有者的主要利益冲突，是经营者希望在创造财富的同时，能够获取更多的报酬；而所有者希望以较小的代价实现更多的财富。协调这一利益冲突的方式是解聘、接收、股票期权和绩效股。

3.【参考答案】√

【答案解析】所有者与债权人之间的利益冲突，可以通过以下方式解决：①限制性借债，债权人通过事先规定借债用途限制、借债担保条款和借债信用条件，使所有者不能削弱债权价值；②收回借款或停止借款，债权人发现企业有侵蚀其债权价值的意图时，采取收回债权或不再给予新的借款的措施来保护自身权益。

4.【参考答案】×

【答案解析】财务考核是指将报告期实际完成数与规定的考核指标进行对比。财务考核形式是多种多样的，可以用绝对指标、相对指标、完成百分比考核，或是采用多种财务指标进行综合评价考核。

5.【参考答案】×

【答案解析】企业对外投资必须遵守的原则为：效益性、分散风险性、安全性、整体性及合理性。

6.【参考答案】×

【答案解析】各所属单位之间业务联系的必要程度是企业有无必要实施相对集中的财务管理体制的一个基本因素，那么，企业与各所属单位之间的资本关系特征则是企业能否采取相对集中的财务管理体制的一个基本条件。

第二章
财务管理基础

考情分析与考点提示

本章节为近几年最新考点，真题主要为2011、2012和2013年真题，在仔细复习主要内容的基础上借鉴真题复习。

最近五年考试题型、分值分布

年份	单选	多选	判断	计算分析	综合题	合计
2013	3		1			4
2012	1		1			2
2011		2				2
2010						
2009						

重点突破及真题解析

第一节 货币时间价值

考点1 货币时间价值的含义

货币时间价值，是指一定量货币资本在不同时点上的价值量差额。货币的时间价值来源于货币进入社会再生产过程后的价值增值。通常情况下，它是指没有风险也没有通货膨胀情况下的社会平均利润率，是利润平均化规律发生作用的结果。根据货币具有时间价值的理论，可以将某一时点的货币价值金额折算为其他时点的价值金额。

考点2 终值和现值的计算

终值又称将来值，是现在一定量的货币折算到未来某一时点所对应的金额，通常记作F。现值，是指未来某一时点上一定量的货币折算到现在所对应的金额，通常记作P。现值和终值是一定量货币在前后两个不同时点上对应的价值，其差额即为货币的时间价值。

单利和复利是计息的两种不同方式。单利是指按照固定的本金计算利息的一种计息方式。复利是指不仅对本金计算利息，还对利息计算利息的一种计息方式。

根据经济人假设，人们都是理性的，会用赚取的收益进行再投资，企业的资金使用也是如此。因此，财务估值中一般都按照复利方式计算货币的时间价值。

（一）复利的终值和现值

复利计算方法是指每经过一个计息期，要将该期所派生的利息加入本金再计算利息，逐期滚动计算，俗称"利滚利"。这里所说的计息期，是指相邻两次计息的间隔，如年、月、日等。除非特别说明，计息期一般为一年。

1. 复利终值

复利终值指一定量的货币，按复利计算的若干期后的本利总和。复利终值的计算公式如下：

$$F=P(1+i)^n$$

式中，$(1+i)^n$为复利终值系数（参见附表一），记作$(F/P, i, n)$；n为计息期。

2. 复利现值

复利现值是指未来某期的一定量的货币，按复利计算的现在价值。复利现值的计算公式如下：

$$P=\frac{F}{(1+i)^n}$$

式中，$1/(1+i)^n$为复利现值系数（参见附表二），记作$(P/F, i, n)$；n为计息期。

（二）年金终值和年金现值

年金（annuity）是指间隔期相等的系列等额收付款。年金包括普通年金（后付年金）、预付年金（先付年金）、递延年金、永续年金等形式。

普通年金是年金的最基本形式，它是指从第一期起，在一定时期内每期期末等额收付的系列款项，又称为后付年金。

预付年金是指从第一期起，在一定时期内每期期初等额收付的系列款项，又称先付年金或即付本金。预付年金与普通年金的区别仅在于收付款时间的不同，普通年金发生在期末，而预付年金发生在期初。

递延年金是指隔若干期后才开始发生的系列等额收付款项。

永续年金是指无限期收付的年金，即一系列没有到期日的现金流。

在年金中，系列等额收付的间隔期间只需要满足"相等"的条件即可，间隔期间可以不是一年，例如每季末等额支付的债务利息也是年金。

1. 年金终值

（1）普通年金终值。普通年金终值是指普通年金最后一次收付时的本利和，它是每次收付款项的复利终值之和。普通年金终值的计算实际上就是已知年金A，求终值F_A。

根据复利终值的方法，计算年金终值的公式为：

$$F_A=A+A(1+i)+A(1+i)^2+A(1+i)^3+\cdots+A(1+i)^{n-1}$$

$$F_A = A \times \frac{(1+i)^n - 1}{i} = A \times (F/A, i, n)$$

式中，$\frac{(1+i)^n - 1}{i}$ 称为"年金终值系数"，记作 $(F/A, i, n)$，可直接查阅"年金终值系数表"。

（2）预付年金终值的计算。预付年金终值是指一定时期内每期期初等额收付的系列款项的终值。预付年金终值的计算公式为：

$$F_A = A(1+i) + A(1+i)^2 + A(1+i)^3 + A(1+i)^4 + \cdots\cdots + A(1+i)^n$$

$$F_A = A \times \frac{(1+i)^n - 1}{i} \times (1+i) = A(F/A, i, n) \times (1+i)$$

或者：$F_A = A[(F/A, i, n+1) - 1]$

（3）递延年金终值。递延年金的终值计算与普通年金的终值计算一样，计算公式如下：

$$F_A = A(F/A, i, n)$$

注意式中 "n" 表示的是 A 的个数，与递延期无关。

2. 年金现值

（1）普通年金现值。普通年金现值是指将在一定时期内按相同时间间隔在每期期末收入或支付的相等金额折算到第一期初的现值之和。根据复利现值的方法计算年金现值的公式为：

$$P_A = A(1+i)^{-1} + A(1+i)^{-2} + A(1+i)^{-3} + \cdots\cdots + A(1+i)^{-n}$$

$$P_A = A \times \frac{1 - (1+i)^{-n}}{i} = A(P/A, i, n)$$

式中，$\frac{1 - (1+i)^{-n}}{i}$ 称为"年金现值系数"，记作 $(P/A, i, n)$，可直接查阅"年金现值系数表"。

（2）预付年金现值。预付年金现值是指将在一定时期内按相同时间间隔在每期期初收付的相等金额折算到第一期初的现值之和。预付年金现值的计算公式如下：

$$P_A = A + A(1+i)^{-1} + A(1+i)^{-2} + A(1+i)^{-3} + \cdots\cdots + A(1+i)^{-(n-1)}$$

$$P_A = A \times \frac{1 - (1+i)^{-n}}{i} \times (1+i) = A \times (P/A, i, n)(1+i) = A \times [P/A, i, n-1) + 1]$$

（3）递延年金现值。递延年金现值是指间隔一定时期后每期期末或期初收入或付出的系列等额款项，按照复利计息方式折算的现时价值，即间隔一定时期后每期期末或期初等额收付资金的复利现值之和。递延年金的计算方法有三种。

计算方法一：先将递延年金视为 n 期普通年金，求出在递延期期末的普通年金现值，然后再折算到现在，即第0期价值：

$$P_A = A \times (P/A, i, n) \times (P/F, i, m)$$

式中，m 为递延期，n 为连续收支期数，即年金期。

计算方法二：先计算 $m+n$ 期年金现值，再减去 m 期年金现值：

$$P_A = A \times [(P/A, i, m+n) - (P/A, i, m)]$$

计算方法三：先求递延年金终值再折现为现值：

$$P_A = A \times (F/A, i, n) \times (P/F, i, m+n)$$

（4）永续年金的现值。永续年金的现值可以看成是一个n无穷大时普通年金的现值，永续年金现值计算如下：

$$P_A(n \to \infty) = A \frac{1-(1+i)^{-n}}{i} = A/i$$

当n趋向无穷大时，由于A、i都是有界量，$(1+i)^{-n}$趋向无穷小，因此$P_A(n \to \infty)$ $= A\frac{1-(1+i)^{-n}}{i}$趋向$A/i$。

3. 年偿债基金的计算

年偿债基金是指为了在约定的未来某一时点清偿某笔债务或积聚一定数额的资金而必须分次等额形成的存款准备金。也就是为使年金终值达到既定金额的年金数额（即已知终值F_A，求年金A）。在普通年金终值公式中解出A，这个A就是年偿债基金。

$$A = F_A \times \frac{i}{(1+i)^n - 1}$$

式中，$\frac{i}{(1+i)^n-1}$称为"偿债基金系数"，记作$(A/F, i, n)$。

4. 年资本回收额的计算

年资本回收额是指在约定年限内等额回收初始投入资本的金额。年资本回收额的计算实际上是已知普通年金现值P_A，求年金A。

$$A = F_A \times \frac{i}{1-(1+i)^{-n}}$$

式中，$\frac{i}{1-(1+i)^{-n}}$称为"资本回收系数"，记作$(A/P, i, n)$。

例2-1（2013年单选题）已知$(P/A, 8\%, 5) = 3.9927$，$(P/A, 8\%, 6) = 4.6229$，$(P/A, 8\%, 7) = 5.2064$，则6年期、折现率为8%的预付年金现值系数是（　　）。

A. 2.9927　　　　B. 4.2064　　　　C. 4.9927　　　　D. 6.2064

【参考答案】C

【解析】本题主要考核"第二章"的"终值和现值的计算"知识点。预付年金现值是指将在一定时期内按相同时间间隔在每期期初收付的相等金额折算到第一期初的现值之和。预付年金现值的计算公式如下：

$$P_A = A + A(1+i)^{-1} + A(1+i)^{-2} + A(1+i)^{-3} + \cdots\cdots + A(1+i)^{-(n-1)}$$

$$P_A = A \times \frac{1-(1+i)^{-n}}{i}$$

$$= A \times (P/A, i, n)(1+i)$$

$= A \times [P/A, i, n-1) + 1]$，6年期折现率为8%的预付年金现值系数$= [(P/F, 8\%, 6-1) + 1] = 3.9927 + 1 = 4.9927$，故本题答案为C。

考点3 利率的计算

（一）插值法

复利计息方式下，利率与现值（或者终值）系数之间存在一定的数量关系。已知现值（或者终值）系数，则可以通过插值法计算对应的利率。

$$i=i_1+\frac{B-B_1}{B_2-B_1}\times(i_2-i_1)$$

式中，所求利率为i，i对应的现值（或者终值）系数为B，B_1、B_2为现值（或者终值）系数表中B相邻的系数，i_1、i_2为B_1、B_2对应的利率。

（1）若已知复利现值（或者终值）系数B以及期数n，可以查"复利现值（或者终值）系数表"，找出与已知复利现值（或者终值）系数最接近的两个系数及其对应的利率，按插值法公式计算利率。

（2）若已知年金现值（或者终值）系数B以及期数n，可以查"年金现值（或者终值）系数表"，找出与已知年金现值（或者终值）系数最接近的两个系数及其对应的利率，按插值法公式计算利率。

（3）永续年金的利率可以通过公式$i=A/P$计算。

（二）名义利率与实际利率

名义利率是指票面利率，实际利率是指投资者得到利息回报的真实利率。

1. 一年多次计息时的名义利率与实际利率

如果以"年"作为基本计息期，每年计算一次复利，这种情况下的实际利率等于名义利率。如果按照短于一年的计息期计算复利，这种情况下的实际利率高于名义利率。名义利率与实际利率的换算关系如下：

$$l=\left(1+\frac{r}{m}\right)^m-1$$

式中，l为实际利率，r为名义利率，m为每年复利计息次数。

2.通货膨胀情况下的名义利率与实际利率

名义利率，是央行或其他提供资金借贷的机构所公布的未调整通货膨胀因素的利率，即利息（报酬）的货币额与本金的货币额的比率，即指包括补偿通货膨胀（包括通货紧缩）风险的利率。实际利率是指剔除通货膨胀率后储户或投资者得到利息回报的真实利率。

名义利率与实际利率之间的关系为：

$$1+名义利率=（1+实际利率）\times（1+通货膨胀率）$$

第二节 风险与收益

考点1 资产的收益与收益率

（一）资产收益的含义与计算

资产的收益是指资产的价值在一定时期的增值。一般情况下，有两种表述资产收益的方式。

第一种方式是以金额表示的，称为资产的收益额，通常以资产价值在一定期限内的增值量来表示，该增值量来源于两部分：一是期限内资产的现金净收入；二是期末资产的价值（或市场价格）相对于期初价值（价格）的升值。前者多为利息、红利或股息收益，后者称为资本利得。

第二种方式是以百分比表示的，称为资产的收益率或报酬率，是资产增值量与期初资产价值（价格）的比值，该收益率也包括两部分：一是利息（股息）的收益率，二是资本利得的收益率。通常情况下，我们都是用收益率的方式来表示资产的收益。

为了便于比较和分析，对于计算期限短于或长于一年的资产，在计算收益率时一般要将不同期限的收益率转化成年收益率。因此，如果不作特殊说明的话，资产的收益指的就是资产的年收益率，又称资产的报酬率。

单期收益率的计算方法如下：

单期资产的收益率=资产价值（价格）的增值÷期初资产价值（价格）

=[利息（股息）收益+资本利得]÷期初资产价值（价格）

=利息（股息）收益率+资本利得收益率

（二）资产收益率的类型

在实际的财务工作中，由于工作角度和出发点不同，收益率可以有以下类型。

1. 实际收益率

实际收益率表示已经实现或者确定可以实现的资产收益率，表述为已实现或确定可以实现的利息（股息）率与资本利得收益率之和。当然，当存在通货膨胀时，还应当扣除通货膨胀率的影响，才是真实的收益率。

2. 预期收益率

预期收益率也称为期望收益率，是指在不确定的条件下，预测的某资产未来可能实现的收益率。对期望收益率的直接估算，可参考以下三种方法。

第一种计算预期收益率的方法是：首先描述影响收益率的各种可能情况，然后预测各种可能发生的概率，以及在各种可能情况下收益率的大小，那么预期收益率就是各种情况下收益率的加权平均，权数是各种可能情况发生的概率。其计算公式为：

$$预期收益率 E(R) = \sum P_i \times R_i$$

式中，$E(R)$ 为预期收益率；P_i 表示情况 i 可能出现的概率；R_i 表示情况 i 出现时的收益率。

第二种计算预期收益率的方法是：首先收集事后收益率（即历史数据），将这些历史数据按照不同的经济状况分类，并计算发生在各类经济状况下的收益率观测值的百分比，将所得百分比作为各类经济情况可能出现的概率，然后计算各类经济情况下所有收益率观测值的平均值作为该类情况下的收益率，最后计算各类情况下收益率的加权平均数就得到预期收益率。

第三种计算预期收益率的方法是：首先收集能够代表预测期收益率分布的历史收益率的样本，假定所有历史收益率的观察值出现的概率相等，那么预期收益率就是所有数据的简单算术平均值。

3. 必要收益率

必要收益率也称最低必要报酬率或最低要求的收益率，表示投资者对某资产合理要求的最低收益率。这里所说的投资者可以是每个个体，但如果不作特殊说明的话，通常指全体投资者。

必要收益率与认识到的风险有关，人们对资产的安全性有不同的看法。因此，必要收益率由两部分构成：

（1）无风险收益率。无风险收益率也称无风险利率，它是指无风险资产的收益率，它的大小由纯粹利率（资金的时间价值）和通货膨胀补贴两部分组成。一般用国债的利率表示无风险利率，该国债应该与所分析的资产的现金流量有相同的期限。一般情况下，为了方便起见，通常用短期国债的利率近似地代替无风险收益率。

（2）风险收益率。风险收益率是指某资产持有者因承担该资产的风险而要求的超过无风险利率的额外收益。风险收益率衡量了投资者将资金从无风险资产转移到风险资产而要求得到的"额外补偿"，它的大小取决于以下两个因素：一是风险的大小，二是投资者对风险的偏好。

考点2　资产的风险及其衡量

（一）风险的概念

风险是指收益的不确定性。虽然风险的存在可能意味着收益的增加，但人们考虑更多的则是损失发生的可能性。从财务管理的角度看，风险就是企业在各项财务活动过程中，由于各种难以预料或无法控制的因素作用，使企业的实际收益与预计收益发生背离，从而蒙受经济损失的可能性。

（二）风险衡量

资产的风险是资产收益率的不确定性，其大小可用资产收益率的离散程度来衡量。离散程度是指资产收益率的各种可能结果与预期收益率的偏差。衡量风险的指标主要有收益率的方差、标准差和标准离差率等。

1. 概率分布

概率就是用百分数或小数来表示随机事件发生可能性及出现某种结果可能性大小的数值。用 X 表示随机事件，X_i 表示随机事件的第 i 种结果，P_i 为出现该种结果的相应概率。若 X_i 出现，则 $P_i=1$。若不出现，则 $P_i=0$，同时，所有可能结果出现的概率之和必定为1。因此，概率必须符合下列两个要求：

（1）$0 \leqslant P_i \leqslant 1$；

（2）$\sum_{i=1}^{n} P_i = 1$。

2. 期望值

期望值是一个概率分布中的所有可能结果，以各自相应的概率为权数计算的加权平均值，是加权平均的中心值，通常用符号$\overline{E}$表示。期望收益反映预计收益的平均化，在各种不确定性因素影响下，它代表着投资者的合理预期。期望值可以按预期收益率的计算方法计算，常用计算公式如下：

$$\overline{E} = \sum_{i=1}^{n} X_i P_i$$

3. 离散程度

离散程度是用以衡量风险大小的统计指标。一般说来，离散程度越大，风险越大；离散程度越小，风险越小。反映随机变量离散程度的指标包括平均差、方差、标准离差、标准离差率和全距等。本书主要介绍方差、标准离差和标准离差率三项指标。

（1）方差。方差是用来表示随机变量与期望值之间的离散程度的一个数值。其计算公式为：

$$\sigma^2 = \sum_{i=1}^{n} (X_i - \overline{E})^2 \cdot P_i$$

（2）标准离差。标准离差也叫均方差，是方差的平方根。其计算公式为：

$$\sigma = \sqrt{\sum_{i=1}^{n} (X_i - \overline{E})^2 \cdot P_i}$$

标准离差以绝对数衡量决策方案的风险，在期望值相同的情况下，标准离差越大，风险越大；反之，标准离差越小，则风险越小。

（3）标准离差率。标准离差率是标准离差同期望值之比，通常用符号V表示。其计算公式为：

$$V = \frac{\sigma}{\overline{E}} \times 100\%$$

标准离差率是一个相对指标，它以相对数反映决策方案的风险程度。方差和标准离差作为绝对数，只适用于期望值相同的决策方案风险程度的比较。对于期望值不同的决策方案，评价和比较其各自的风险程度只能借助于标准离差率这一相对数值。在期望值不同的情况下，标准离差率越大，风险越大；反之，标准离差率越小，风险越小。

通过上述方法将决策方案的风险加以量化后，决策者便可据此作出决策。对于单个方案，决策者可根据其标准离差（率）的大小，并将其同设定的可接受的此项指标最高限值对比，看前者是否低于后者，然后作出取舍。对于多方案择优，决策者的行动准则应是选择低风险高收益的方案，即选择标准离差率最低、期望收益最高的方案。

（三）风险对策

1. 规避风险

当风险所造成的损失不能由该项目可能获得的利润予以抵消时，避免风险是最可行的简单方法。避免风险的例子包括：拒绝与不守信用的厂商业务往来；放弃可能明显导致亏损的投资项目；新产品在试制阶段发现诸多问题而果断停止试制。

2. 减少风险

减少风险主要有两方面意思：一是控制风险因素，减少风险的发生；二是控制风险发生的频率和降低风险损害程度。减少风险的常用方法有：进行准确的预测，如对汇率预测、利率预测、债务人信用评估等；对决策进行多方案优选和相机替代；及时与政府部门沟通获取政策信息；在发展新产品前，充分进行市场调研；实行设备预防检修制度以减少设备事故；选择有弹性的、抗风险能力强的技术方案，进行预先的技术模拟试验，采用可靠的保护和安全措施；采用多领域、多地域、多项目、多品种的投资以分散风险。

3. 转移风险

企业以一定代价（如保险费、赢利机会、担保费和利息等），采取某种方式（如参加保险、信用担保、租赁经营、套期交易、票据贴现等），将风险损失转嫁给他人承担，以避免可能给企业带来灾难性损失。如向专业性保险公司投保；采取合资、联营、增发新股、发行债券、联合开发等措施实现风险共担；通过技术转让、特许经营、战略联盟、租赁经营和业务外包等实现风险转移。

4. 接受风险

接受风险包括风险自担和风险自保两种。风险自担是指风险损失发生时，直接将损失摊入成本或费用，或冲减利润；风险自保是指企业预留一笔风险金或随着生产经营的进行，有计划地计提资产减值准备等。

（四）风险偏好

风险偏好是指为了实现目标，企业或个体投资者在承担风险的种类、大小等方面的基本态度。风险就是一种不确定性，投资者面对这种不确定性所表现出的态度、倾向便是其风险偏好的具体体现。根据人们的效用函数的不同，可以按照其对风险的偏好分为风险回避者、风险追求者和风险中立者。

1. 风险回避者

当预期收益率相同时，风险回避者都会偏好于具有低风险的资产；而对于同样风险的资产，他们则都会钟情于具有高预期收益的资产。

2. 风险追求者

与风险回避者恰恰相反，风险追求者主动追求风险，喜欢收益的波动胜于喜欢收益的稳定。他们选择资产的原则是：当预期收益相同时，选择风险大的，因为这会给他们带来更大的效用。

3. 风险中立者

风险中立者既不回避风险，也不主动追求风险。他们选择资产的唯一标准是预期收益的大小，而不管风险状况如何，这是因为所有预期收益相同的资产将给他们带来同样的效用。

考点3　证券资产组合的风险与收益

两个或两个以上资产所构成的集合，称为资产组合。如果资产组合中的资产均为有价证券，则该资产组合也称为证券资产组合或证券组合。证券资产组合的风险与收益具有与单个资产不同的特征。尽管方差、标准离差、标准离差率是衡量风险的有效工具，但当某项资产或证券成为投资组合的一部分时，这些指标就可能不再是衡量风险的有效工具。以下首先讨论证券资产组合的预期收益率的计算，再进一步讨论组合风险及其衡量。

（一）证券资产组合的预期收益率

证券资产组合的预期收益率就是组成证券资产组合的各种资产收益率的加权平均数，其权数为各种资产在组合中的价值比例。即：

证券资产组合的预期收益率$E(R_P)=\sum \omega_i \times E(R_i)$

式中，$E(R_P)$表示证券资产组合的预期收益率；$E(R_i)$表示组合内第i项资产的预期收益率；W_i表示第i项资产在整个组合中所占的价值比例。

（二）证券资产组合的风险及其衡量

1. 证券资产组合的风险分散功能

两项证券资产组合的收益率的方差满足以下关系式：

$$\sigma_p^2=\omega_1^2\sigma_1^2+\omega_2^2\sigma_2^2+2\omega_1\omega_1\rho_{1,2}\sigma_1\sigma_2$$

式中，ρ_p表示证券资产组合的标准差，它衡量的是组合的风险；ρ_1和ρ_2分别表示组合中两项资产的标准差；ω_1和ω_2分别表示组合中两项资产分别所占的价值比例；$\rho_{1,2}$反映两项资产收益率的相关程度，即两项资产收益率之间的相对运动状态，称为相关系数。理论上，相关系数介于区间[-1, 1]内。

当$\rho_{1,2}$等于1时，表明两项资产的收益率具有完全正相关的关系，即它们的收益率变化方向和变化幅度完全相同。这时，$\sigma_p^2=(\omega_1\rho_1+\omega_2\rho_2)^2$，即$\sigma_p^2$达到最大。由此表明，组合的风险等于组合中各项资产风险的加权平均值。换句话说，当两项资产的收益率完全正相关时，两项资产的风险完全不能相互抵消，所以这样的组合不能降低任何风险。

当$\rho_{1,2}$等于-1时，表明两项资产的收益率具有完全负相关的关系，即它们的收益率变化方向和变化幅度完全相反。这时，$\sigma_p^2=(\omega_1\rho_1-\omega_2\rho_2)^2$，即$\sigma_p^2$达到最小，甚至可能是零。因此，当两项资产的收益率完全负相关时，两项资产的风险可以充分地相互抵消，甚至完全消除。因而，这样的组合能够最大程度地降低风险。

在实务中，绝大多数资产两两之间都具有不完全的相关关系，即相关系数小于1大于-1（大多数情况下大于零）。因此，会有$0<\sigma_p<(\omega_1\sigma_1+\omega_2\sigma_2)$，即：证券资产组合收益率的标准差小于组合中各资产收益率标准差的加权平均值，也即证券资产组合的风险小于组合中各项资产风险之加权平均值。因此，大多数情况，证券资产组合能够分散风险，但不能完全消除风险。

一般来讲，随着证券资产组合中资产个数的增加，证券资产组合的风险会逐渐降低，当资产的个数增加到一定程度时，证券资产组合的风险程度将趋于平稳，这时组合风险的降低将非常缓慢直到不再降低。

2. 非系统性风险

非系统风险又被称为公司风险或可分散风险，是可以通过证券资产组合而分散掉的风险。它是指由于某种特定原因对某特定资产收益率造成影响的可能性。它是特定企业或特定行业所持有的，与政治、经济和其他影响所有资产的市场因素无关。对于特定企业而言，公司风险可进一步分为经营风险和财务风险。

经营风险是指因生产经营方面的原因而给企业目标带来不利影响的可能性，如由于原材料供应地的政治经济情况变动、新材料的出现等因素带来的供应方面的风险；由于生产组织不合理而带来的生产方面的风险；由于销售决策失误带来的销售方面的风险。

财务风险又称筹资风险，是指由于举债而给企业目标带来的可能影响。企业举债经营，全部资金中除自有资金外还有一部分借入资金，这会对自有资金的获利能力造成影响；同时，借入资金需还本付息，一旦无力偿付到期债务，企业便会陷入财务困境甚至破产。若企业息税前资金利润率低于借入资金利息率时，使用借入资金获得的利润还不够支付利息，需动用自有资金的一部分来支付利息；若企业亏损严重，财务状况恶化，丧失支付能力，就会出现无法还本付息甚至招致破产的危险。

在风险分散的过程中，当证券资产组合中资产数目较低时，增加资产的个数，分散风险的效应会比较明显，但资产数目增加到一定程度时，风险分散的效应就会逐渐减弱。

3. 系统风险及其衡量

系统风险又被称为市场风险或不可分散风险，是影响所有资产的、不能通过资产组合而消除的风险。这部分风险是由那些影响整个市场的风险因素所引起的。这些因素包括宏观经济形势的变动、国家经济政策的变化、税制改革、企业会计准则改革、世界能源状况、政治因素等等。单项资产或证券资产组合受系统风险影响的程度，可以通过系统风险系数（β系数）来衡量。

（1）单项资产的系统风险系数（β系数）。单项资产的β系数是指可以反映单项资产收益率与市场平均收益率之间变动关系的一个量化指标，它表示单项资产收益率的变动受市场平均收益率变动的影响程度。

系统风险系数或β系数的定义式如下：

$$\beta_i = \frac{COV(R_i, R_m)}{\sigma_m^2} = \frac{\rho_{i,m}\sigma_1\sigma_m}{\sigma_m^2} = \rho_{i,m} \times \frac{\sigma_i}{\sigma_m}$$

式中，ρ_i, m表示第i项资产的收益率与市场组合收益率的相关系数；σ_i是该项资产收益率的标准差，反映该资产的风险大小；σ_m是市场组合收益率的标准差，反映市场组合的风险；三个指标的乘积表示该资产收益率与市场组合收益率的协方差。

（2）市场组合。市场组合是指由市场上所有资产组成的组合。它的收益率就是市场平均收益率，实务中通常用股票价格指数的收益率来代替。而市场组合收益率的方差则代表了市场整体的风险。由于包含了所有的资产，因此，市场组合中的非系统风险已经被消除，所以市场组合的风险就是市场风险或系统风险。

根据上述β系数的定义可知，当某资产的β系数等于1时，说明该资产的收益率与市场平均收益率呈同方向、同比例的变化，即如果市场平均收益率增加（或减少）1%，那么该资产的收益率也相应地增加（或减少）1%；当某资产的β系数小于1时，该资产收益率的变动幅度小于市场组合收益率的变动幅度，因此其所含的系统风险小于市场组合的风险；当某资产的β系数大于1时，该资产收益率的变动幅度大于市场组合收益率的变动幅度，因此其所含的系统风险大于市场组合风险。

在实际中，要想利用定义式去计算β系数，是非常困难的。β系数的计算常常利用收益率的历史数据，采用线性回归的方法取得。其实，在实务中，并不需要企业财务人员或投资者自己去计算证券的β系数，一些证券咨询机构会定期公布大量交易过的证券的β系数。

（3）证券资产组合的系统风险系数。对于证券资产组合来说，其所含的系统风险的大小可以用组合β系数来衡量。证券资产组合的β系数是所有单项资产β系数的加权平均数，权数为各种资产在证券资产组合中所占的价值比例。其计算公式为：

$$\beta_p = \sum \omega_i \times \beta_i$$

式中，β_p是证券资产组合的风险系数；ω_i为第i项资产在组合中所占的价值比重；β_i表示第i项资产的β系数。

由于单项资产的β系数不尽相同，因此通过替换资产组合中的资产或改变不同资产在组合中的价值比例，可以改变组合的风险特性。

考点4 资本资产定价模型

（一）资本资产定价模型的基本原理

资本资产定价模型中，所谓资本资产主要指的是股票资产，而定价则试图解释资本市场如何决定股票收益率，进而决定股票价格。

根据风险与收益的一般关系，某资产的必要收益率是由无风险收益率和资产的风险收益率决定的。即：

必要收益率=无风险收益率+风险收益率

资本资产定价模型的一个主要贡献就是解释了风险收益率的决定因素和度量方法，并且给出了下面的一个简单易用的表达形式：

$$R = R_f + \beta \times (R_m - R_f)$$

式中，R表示某资产的必要收益率；β表示该资产的系统风险系数；R_f表示无风险收益率，通常以短期国债的利率来近似替代；R_m表示市场组合收益率，通常用股票价格指数收益率的平均值或所有股票的平均收益率来代替。

公式中（$R_m - R_f$）称为市场风险溢酬。它是附加在无风险收益率之上的，由于承担了市场平均风险所要求获得的补偿，它反映的是市场作为整体对风险的平均"容忍"程度，也就是市场整体对风险的厌恶程度，对风险越是厌恶和回避，要求的补偿就越高，因此，市场风险溢酬的数值就越大。反之，如果市场的抗风险能力强，则对风险的厌恶和回避就不是很强烈，因此，要求的补偿就越低，所以市场风险溢酬的数值就越小。不难看出：某项资产的风险收益率是该资产系统风险系数与市场风险溢酬的乘积，即：

风险收益率=$\beta \times (R_m - R_f)$

（二）证券市场线（SML）

如果把资本资产定价模型公式中的β看作自变量（横坐标），必要收益率R作为因变量（纵坐标），无风险利率（R_f）和市场风险溢酬（R_m-R_f）作为已知系数，那么这个关系式在数学上就是一个直线方程，叫做证券市场线，简称SML，即以下关系式所代表的直线：

$$R=R_f+\beta\times(R_m-R_f)$$

证券市场线对任何公司、任何资产都是适合的。只要将该公司或资产的β系数代入到上述直线方程中，就能得到该公司或资产的必要收益率。

证券市场线上每个点的横、纵坐标值分别代表每一项资产（或证券资产组合）的系统风险系数和必要收益率。因此，证券市场上任意一项资产或证券资产组合的系统风险系数和必要收益率都可以在证券市场线上找到对应的一点。

在证券市场线关系式的右侧，唯一与单项资产相关的就是β系数，而β系数正是对该资产所有的系统风险的度量，因此，证券市场线一个重要的暗示就是"只有系统风险才有资格要求补偿"。该公式中并没有引入非系统风险即公司风险，也就是说，投资者要求的补偿只是因为他们"忍受"了市场风险的缘故，而不包括公司风险，因为公司风险可以通过证券资产组合被消除掉。

（三）证券资产组合的必要收益率

证券资产组合的必要收益率也可以通过证券市场线来描述：

$$证券资产组合的必要收益率=R_f+\beta_p\times(R_m-R_f)$$

此公式与前面的资产资本定价模型公式非常相似，它们的右侧唯一不同的是β系数的主体，前面的β系数是单项资产或个别公司的β系数；而这里的β_p则是证券资产组合的β系数。

（四）资本资产定价模型的有效性和局限性

资本资产定价模型和证券市场线最大的贡献在于其提供了对风险和收益之间的一种实质性的表述，CAPM和SML首次将"高收益伴随着高风险"这样一种直观认识，用这样简单的关系式表达出来。到目前为止，CAPM和SML是对现实中风险与收益关系的最为贴切的表述，因此长期以来，被财务人员、金融从业者以及经济学家作为处理风险问题的主要工具。

尽管CAPM已经到了广泛的认可，但在实际运用中，仍存在着一些明显的局限，主要表现在：①某些资产或企业的β值难以估计，特别是对一些缺乏历史数据的新兴行业。②由于经济环境的不确定性和不断变化，使得依据历史数据估算出来的β值对未来的指导作用必然要打折扣。③CAPM是建立在一系列假设之上的，其中一些假设与实际情况有较大偏差，使得CAPM的有效性受到质疑。这些假设包括：市场是均衡的，市场不存在摩擦，市场参与者都是理性的、不存在交易费用、税收不影响资产的选择和交易等。

由于以上局限，资本资产定价模型只能大体描绘出证券市场运动的基本情况，而不能完全确切地揭示证券市场的一切。因此，在运用这一模型时，应该更注重它所揭示的规律。

第三节　成本性态

成本性态，又称成本习性，是指成本的变动与业务量（产量或销售量）之间的依存关系。

成本性态分析就是对成本与业务量之间的依存关系进行分析，从而在数量上具体掌握成本与业务量之间关系的规律性，以便为企业正确地进行最优管理决策和改善经营管理提供有价值的资料。成本性态分析对短期经营决策、长期投资决策、预算编制、业绩考评，以及成本控制等，具有重要意义。按照成本性态，通常可以把成本区分为固定成本、变动成本和混合成本三类。

考点1 固定成本

（一）固定成本的基本特征

固定成本是指其总额在一定时期及一定业务量范围内，不直接受业务量变动的影响而保持固定不变的成本。例如，固定折旧费用、房屋租金、行政管理人员工资、财产保险费、广告费、职工培训费、办公费、产品研究与开发费用等。其基本特征是：固定成本总额不因业务量的变动而变动，但单位固定成本（单位业务量负担的固定成本）会与业务量的增减呈反向变动。固定成本习性模型如图2-1所示。

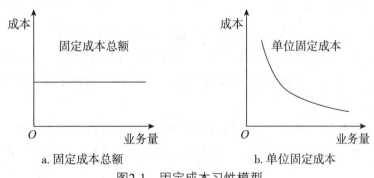

图2-1 固定成本习性模型

（二）固定成本的分类

固定成本按其支出额是否可以在一定期间内改变而分为约束性固定成本和酌量性固定成本。

约束性固定成本是指管理当局的短期（经营）决策行动不能改变其具体数额的固定成本。例如保险费、房屋租金、设备折旧管理人员的基本工资等，这些固定成本是企业的生产能力一经形成就必然要发生的最低支出。降低约束性固定成本的基本途径，只能是合理利用企业现有的生产能力，提高生产效率，以取得更大的经济效益。

酌量性固定成本是指管理当局的短期经营决策行动能改变其数额的固定成本。例如广告费、职工培训费、新产品研究开发费用等，这些费用发生额的大小取决于管理当局的决策行动。要想降低酌量性固定成本，只有厉行节约、精打细算，编制出积极可行的费用预算并严格执行，防止浪费和过度投资等。

考点2 变动成本

（一）变动成本的基本特征

变动成本是指在特定的业务量范围内，其总额会随业务量的变动而成正比例变动的成本。

如直接材料、直接人工、按销售量支付的推销员佣金、装运费、包装费，以及按产量计提的固定设备折旧等都是和单位产品的生产直接联系的，其总额会随着产量的增减成正比例的增减。其基本特征是：变动成本总额因业务量的变动而成正比例变动，但单位变动成本（单位业务量负担的变动成本）不变。变动成本习性模型如图2-2所示。

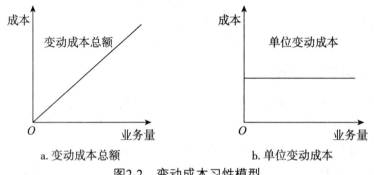

图2-2　变动成本习性模型

（二）变动成本的分类

变动成本也可以区分为两大类：技术性变动成本和酌量性变动成本。

技术性变动成本是指与产量有明确的技术或实物关系的变动成本。如生产一台汽车需要耗用一台引擎、一个底盘和若干轮胎等，这种成本只要生产就必然会发生，若不生产，其技术变动成本便为零。

酌量性变动成本是指通过管理当局的决策行动可以改变的变动成本。如按销售收入的一定百分比支付的销售佣金、技术转让费等。这类成本的特点是其单位变动成本的发生额可由企业最高管理层决定。

考点3　混合成本

（一）混合成本的基本特征

从成本习性来看，固定成本和变动成本只是两种极端的类型。在现实经济生活中，大多数成本与业务量之间的关系处于两者之间，即混合成本。顾名思义，混合成本就是"混合"了固定成本和变动成本两种不同性质的成本。一方面，它们要随业务量的变化而变化；另一方面，它们的变化又不能与业务量的变化保持着纯粹的正比例关系。

（二）混合成本的分类

混合成本兼有固定与变动两种性质，可进一步将其细分为半变动成本、半固定成本、延期变动成本和曲线变动成本。

1. 半变动成本

半变动成本是指在有一定初始量基础上，随着产量的变化而呈正比例变动的成本。如固定电话座机费、水费、煤气费等，均属于半变动成本。其成本习性模型如图2-3所示。

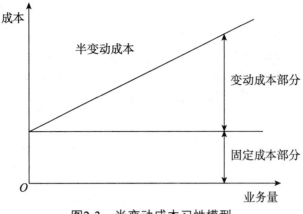

图2-3 半变动成本习性模型

2. 半固定成本

半固定成本也称阶梯式变动成本，这类成本在一定业务量范围内的发生额是固定的，但当业务量增长到一定限度，其发生额就突然跳跃到一个新的水平，然后在业务量增长的一定限度内，发生额又保持不变，直到另一个新的跳跃。例如，企业的管理员、运货员、检验员的工资等成本项目就属于这一类。其成本习性模型如图2-4所示。

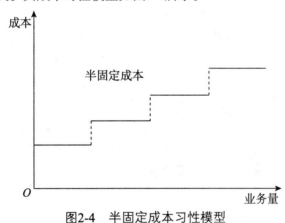

图2-4 半固定成本习性模型

3. 延期变动成本

延期变动成本在一定的业务量范围内有一个固定不变的基数，当业务量增长超出了这个范围，它就与业务量的增长成正比例变动。例如，职工的基本工资，在正常工作时间情况下是不变的；但当工作时间超出正常标准，则需按加班时间的长短成比例地支付加班薪金。其成本习性模型如图2-5所示。

4. 曲线变动成本

曲线变动成本通常有一个不变的初始量，相当于固定成本，在这个初始量的基础上，随

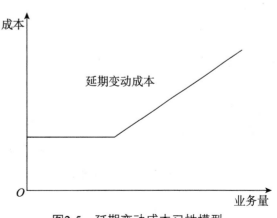

图2-5 延期变动成本习性模型

着业务量的增加，成本也逐步变化，但它与业务量的关系是非线性的。这种曲线成本又可以分为以下两种类型：一是递增曲线成本，如累进计件工资、违约金等，随着业务量的增加，成本逐步增加，并且增加幅度是递增的，其成本习性模型如图2-6（a）所示。二是递减曲线成本，如有价格折扣或优惠条件下的水、电消费成本、"费用封顶"的通信服务费等，其曲线达到高峰后就会下降或持平。其成本习性模型如图2-6（b）所示。

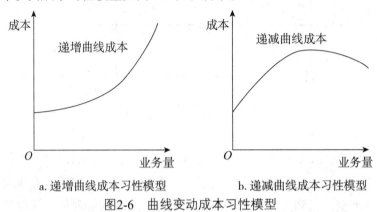

a. 递增曲线成本习性模型　　　　b. 递减曲线成本习性模型

图2-6　曲线变动成本习性模型

（三）混合成本的分解

在实际经济生活中，企业大量的费用项目属于混合成本，为了经营管理的需要，必须把混合成本分为固定与变动两个部分。混合成本的分解主要有以下几种方法。

（1）高低点法。它是以过去某一会计期间的总成本和业务量资料为依据，从中选取业务量最高点和业务量最低点，将总成本进行分解，得出成本性态的模型。其计算公式为：

$$单位变动成本=\frac{最高点业务量成本-最低点业务量成本}{最高点业务量-最低点业务量}$$

$$固定成本总额=最高点业务量成本-单位变动成本×最高点业务量$$

或：

$$固定成本总额=最低点业务量成本-单位变动成本×最低点业务量$$

采用高低点法计算较简单，但它只采用了历史成本资料中的高点和低点两组数据，故代表性较差。

（2）回归分析法。这是一种较为精确的方法。它根据过去一定期间的业务量和混合成本的历史资料，应用最小二乘法原理，算出最能代表业务量与混合成本关系的回归直线，借以确定混合成本中固定成本和变动成本的方法。这种方法假设混合成本符合总成本模型，即：

$$Y=a+bX$$

式中，a 为固定成本部分；b 为单位变动成本。

可见，只要求出 a 和 b，就可以将混合成本分解成变动成本和固定成本两部分。在回归分析法下，a 和 b 可用回归直线方程求出，计算公式如下：

$$a=\frac{\sum X_i^2\sum Y_i-\sum X_i\sum X_iY_i}{n\sum X_i^2-\left(\sum X_i\right)^2}$$

$$b = \frac{n\sum X_i Y_i - \sum X_i \sum Y_i}{n\sum X_i^2 - (\sum X_i)^2}$$

（3）账户分析法。又称会计分析法，它是根据有关成本账户及其明细账的内容，结合其与产量的依存关系，判断其比较接近哪一类成本，就视其为哪一类成本。这种方法简便易行，但比较粗糙且带有主观判断。

（4）技术测定法。又称工业工程法，它是根据生产过程中各种材料和人工成本消耗量的技术测定来划分固定成本和变动成本的方法。该方法通常只适用于投入成本与产出数量之间有规律性联系的成本分解。

（5）合同确认法。它是根据企业订立的经济合同或协议中关于支付费用的规定，来确认并估算哪些项目属于变动成本，哪些项目属于固定成本的方法。合同确认法要配合账户分析法使用。

考点4 总成本模型

将混合成本按照一定的方法区分为固定成本和变动成本之后，根据成本性态，企业的总成本公式就可以表示为：

总成本=固定成本总额+变动成本总额

=固定成本总额+单位变动成本×业务量

这个公式在变动成本计算、本量利分析、正确制定经营决策和评价各部门工作业绩等方面具有不可或缺的重要作用。

本章同步训练

一、单项选择题

1. 某人年初存入银行1 000元，假设银行按每年10%的复利计息，每年末取出200元，则最后一次能够足额（200元）提款的时间是（　　）。

A. 5年　　　　　　　　B. 8年末　　　　　　　　C. 7年　　　　　　　　D. 9年末

2. 甲方案在三年中每年年初付款500元，乙方案在三年中每年年末付款500元，若利率为10%，则两个方案第三年年末时的终值相差（　　）。

A. 105元　　　　　　　B. 165.50元　　　　　　C. 665.50元　　　　　　D. 505元

3. 投资者由于冒风险进行投资而获得的超过资金价值的额外收益，称为投资的（　　）。

A. 时间价值率　　　　　　　　　　B. 期望收益率

C. 风险收益率　　　　　　　　　　D. 必要收益率

4. 有甲、乙两台设备可供选用，甲设备的年使用费比乙设备低2 000元，但价格高于乙设备8 000元。若资本成本（利率）为10%，甲设备的使用期应长于（　　）年，选用甲设备才是有利的。

A. 4 　　　　　　　B. 5 　　　　　　　C. 4.6 　　　　　　　D. 5.4

5. 某企业拟进行一项存在一定风险的完整工业项目投资，有甲、乙两个方案可供选择。已知甲方案净现值的期望值为1 000万元，标准差为300万元；乙方案净现值的期望值为1 200万元，标准差为330万元。下列结论中正确的是（　　）。

A. 甲方案优于乙方案

B. 甲方案的风险大于乙方案

C. 甲方案的风险小于乙方案

D. 无法评价甲乙方案的风险大小

6. 下列说法不正确的有（　　）。

A. 相关系数为1时，不能分散任何风险

B. 相关系数在0~1之间时，相关系数越低风险分散效果越大

C. 相关系数在-1~0之间时，相关系数越低风险分散效果越大

D. 相关系数为-1时，可以分散所有风险

7. 某种股票的期望收益率为10%，其标准差为0.04，风险价值系数为30%，则该股票的风险收益率为（　　）。

A. 40% 　　　　　　　B. 12% 　　　　　　　C. 6% 　　　　　　　D. 3%

8. 某人半年前以10 000元投资购买A公司股票。一直持有至今未卖出，持有期曾经获得股利100元，预计未来半年A公司不会发股利，预计未来半年市值为12 000元的可能性为50%，市价为13 000元的可能性为30%，市值为9 000元的可能性为20%，该投资人预期收益率为（　　）。

A. 1% 　　　　　　　B. 17% 　　　　　　　C. 18% 　　　　　　　D. 20%

9. 证券市场线反映了个别资产或投资组合（　　）与其所承担的系统风险β系数之间的线性关系。

A. 风险收益率　　　B. 无风险收益率　　　C. 实际收益率　　　D. 必要收益率

10. 如果组合中包括了全部股票，则投资人（　　）。

A. 只承担市场风险 　　　　　　　B. 只承担特有风险

C. 只承担非系统风险 　　　　　　　D. 不承担系统风险

二、多项选择题

1. 下列属于导致企业经营风险的因素包括（　　）。

A. 市场销售带来的风险

B. 生产成本因素产生的风险

C. 原材料供应地的政治经济情况变动带来的风险

D. 生产组织不合理带来的风险

2. 对于资金时间价值概念的理解，下列表述正确的有（　　）。

A. 货币只有经过投资和再投资才会增值，不投入生产经营过程的货币不会增值

B. 一般情况下，资金的时间价值应按复利方式来计算

C. 资金时间价值不是时间的产物，而是劳动的产物

D. 不同时期的收支不宜直接进行比较，只有把它们换算到相同的时间基础上，才能进行大小的比较和比率的计算

3. 下列说法不正确的有（   ）。

A. 风险越大，投资人获得的投资收益就越高

B. 风险越大，意味着损失越大

C. 风险是客观存在的，投资人是无法选择是否承受风险

D. 由于通货膨胀会导致市场利息率变动，企业筹资成本就会加大，所以由于通货膨胀而给企业带来的风险是财务风险即筹资风险

4. 下列因素引起的风险中，投资者不能通过证券投资组合予以消减的是（   ）。

A. 宏观经济状况变化　　　　　　　　　B. 世界能源状况变化

C. 发生经济危机　　　　　　　　　　　D. 被投资企业出现经营失误

5. 下列属于企业利用接受风险对策的是（   ）。

A. 拒绝与不守信用的厂商业务来往

B. 放弃可能明显导致亏损的投资项目

C. 在发生风险损失时，直接将损失摊入成本费用或冲减利润

D. 计提坏账准备金和存货跌价准备金

6. 市场组合承担的风险包括（   ）。

A. 只承担市场风险　　　　　　　　　　B. 只承担特有风险

C. 只承担非系统风险　　　　　　　　　D. 只承担系统风险

三、判断题

1. 所有的货币都具有时间价值。（   ）

2. 当年利率为12%时，每月复利一次，即12%为名义利率，1%为实际利率。（   ）

3. 永续年金既有终值又有现值。（   ）

4. 从财务角度讲，风险主要是指达到预期收益的可能性。（   ）

5. 在终值和计息期一定的情况下，贴现率越低，则复利现值越小。（   ）

6. 经营风险是指因生产经营方面的原因而给企业目标带来的不利影响的可能性，它是来源于企业生产经营内部的诸多因素的影响。（   ）

7. 投资组合的收益率都不会低于组合中所有单个资产中的最低收益率。（   ）

8. 证券市场线用来反映个别资产或组合资产的预期收益率与其所承担的系统风险β系数之间的线性关系。（   ）

9. 风险中立者选择资产的态度是当预期收益率相同时，偏好于具有低风险的资产；而对于具有同样风险的资产，则钟情于具有高预期收益率的资产。（   ）

10. 两种完全正相关的股票组成的证券组合不能抵消任何风险。（   ）

本章同步训练答案与解析

一、单项选择题

1.【参考答案】C

【答案解析】已知：$P=1\,000$，$i=10\%$，$A=200$，$P=A\times（P/A，10\%，n）$，$1\,000=200\times（P/A，10\%，n）$，$（P/A，10\%，n）=5$，查表$n=7$。

2.【参考答案】B

【答案解析】A方案即付年金终值$F=500\times[（F/A，10\%，3+1）-1]=500\times（4.641-1）=1\,820.50$，B方案后付年金终值$F=500\times（F/A，10\%，3）=500\times3.310=1\,655$，A、B两个方案相差165.50元（$1\,820.50-1\,655$）。

3.【参考答案】C

【答案解析】投资者进行风险性投资可得到额外收益，即风险收益率。而期望投资收益率=资金时间价值（或无风险收益率）+风险收益率。

4.【参考答案】D

【答案解析】已知：$P=8\,000$，$A=2\,000$，$i=10\%$，$P=2\,000\times（P/A，10\%，n）$，$8\,000=2\,000\times（P/A，10\%，n）$，$（P/A，10\%，n）=8\,000\div2\,000=4$，查普通年金现值表，利用插补法可知：$n=5.4$。

5.【参考答案】B

【答案解析】因为期望值不同，衡量风险应该使用标准离差率，甲的标准离差率=$300\div1\,000=0.3$，乙的标准离差率=$330\div1\,200=0.275$，所以乙方案的风险较小。

6.【参考答案】D

【答案解析】相关系数越大，风险分散效果越小，相关系数越小，风险分散效果越大。相关系数为1时，不能分散任何风险，当相关系数为-1时，可以充分分散掉非系统风险。

7.【参考答案】B

【答案解析】标准离差率=标准差÷期望值=$0.04\div10\%=0.4$，风险收益率=风险价值系数×标准离差率=$0.4\times30\%=12\%$。

8.【参考答案】B

【答案解析】资本利得预期收益率=$[（12\,000-10\,000）\times50\%+（13\,000-10\,000）\times30\%+（9\,000-10\,000）\times20\%]\div10\,000=17\%$，所以，资产的预期收益率=$17\%$。

9.【参考答案】D

【答案解析】本题考核的是证券市场线的含义。证券市场线能够清晰地反映个别资产或投资组合的预期收益率（必要收益率）与其所承担的系统风险β系数之间的线性关系。

10.【参考答案】A

【答案解析】组合中的证券种类越多风险越小，若组合中包括全部股票，则只承担市场风险而不承担公司特有风险。

二、多项选择题

1.【参考答案】ABCD

【答案解析】经营风险是指因生产经营方面的原因给企业盈利带来的不确定性。企业生产经营的很多方面都会受到来源于企业外部和内部的诸多因素的影响。

2.【参考答案】ABCD

【答案解析】本题的考点是资金的含义以及资金时间价值的含义。资金的实质是再生产过程中运动着的价值。资金不能离开再生产过程，离开了再生产过程，即不存在价值的转移也不存在价值的增值。在当今利息不断资本化的条件下，资金时间价值的计算基础应采用复利。

3.【参考答案】ABCD

【答案解析】风险越大，投资人期望的投资收益越高，但期望并不一定都能实现，所以实际获得的收益不一定就越高，所以A不对；风险的不确定性，可能给投资人带来超出预期的损失，也可能给投资人带来超出预期的收益，所以B也不对；风险是客观存在的，但投资人是否冒风险是可以选择的，比如股票投资有风险，我们可以选择投资国债来回避风险，所以C也不对；由于通货膨胀而给企业带来的风险属于市场风险，所以D也不对。

4.【参考答案】ABC

【答案解析】被投资企业出现经营失误属于公司经营风险，属于非系统风险，是可分散风险。

5.【参考答案】CD

【答案解析】接受风险对策包括风险自担和风险自保。选项C属于风险自担；选项D属于风险自保。选项A、B属于规避风险的对策。

6.【参考答案】AD

【答案解析】市场组合是指由市场上所有资产组成的组合。它的收益率就是市场平均收益率，市场组合包含了所有的资产，因此，市场组合中的非系统风险已被消除，所以市场组合的风险就是市场风险或系统风险。

三、判断题

1.【参考答案】×

【答案解析】货币的时间价值是货币在周转使用中产生的，若货币不经过投资和再投资，就不会产生时间价值。

2.【参考答案】×

【答案解析】当年利率为12%时，每月复利一次，则年名义利率为12%，年实际利率=（1+12%÷12）^{12}−1=12.68%。

3.【参考答案】×

【答案解析】永续年金是持续期无限，没有终止的时间，因此没有终值，只有现值。

4.【参考答案】×

【答案解析】从财务的角度来说，风险主要指无法达到预期收益的可能性。

5.【参考答案】×

【答案解析】$P=F/(1+i)n$。当F，n一定时，P随着i的降低而增大。

6.【参考答案】×

【答案解析】经营风险的导致因素不仅包括企业内部的，还包括企业外部的因素，如原料供应地的政治经济情况变动、设备供应方面、劳动力市场供应等等。

7.【参考答案】√

【答案解析】因为投资组合收益率是加权平均收益率，当投资比重100%投资于最低收益率资产时，此时组合收益率即为最低收益率，只要投资于最低收益率资产的投资比重小于100%，投资组合的收益率就会高于最低收益率。

8.【参考答案】√

【答案解析】证券市场线是资本资产定价模型用图示形式表示的结果，它是以β系数为横轴，以个别资产或组合资产的预期收益率为纵轴的一条直线，用来反映个别资产或组合资产的预期收益率与其所承担的系统风险β系数之间的线性关系

9.【参考答案】×

【答案解析】这是风险回避者选择资产的态度，风险中立者通常既不回避风险也不主动追求风险，他们选择资产的唯一标准是预期收益的大小，而不管风险状况如何。

10.【参考答案】√

【答案解析】当两种股票完全正相关（相关系数=1）时，从降低风险的角度看，分散持有股票没有好处。

第三章

预算管理

考情分析与考点提示

　　本章主要对预算管理进行了介绍，涉及预算的编制方法与程序，具体的预算编制以及预算的执行与考核。本章考查的内容主观题、客观题均有涉及，因此，在看书的时候需要全面掌握，既要能解决经常出现的客观题，也要能应付偶尔考查的主观题。

　　从历年试题分布来看，主要考查还是以客观题为主，主观题只是偶尔涉及，近五年来，仅2009年和2013年出现了计算分析题。学习本章内容时，需要掌握各种业务预算和财务预算的编制；熟悉预算编制的各种方法，预算的执行与考核；了解预算的概念、作用、预算体系。

最近五年考试题型、分值分布

年份	单选	多选	判断	计算分析	综合题	合计
2013	3	2	1	5		11
2012	3	4	1			8
2011	3	2	1			6
2010	2	2	1			5
2009	2	2	1	5		10

　　说明：综合题涉及两章或两章以上内容的，所涉及的每一章均统计一次分数。

重点突破及真题解析

第一节　预算管理的主要内容

考点1　预算的特征与作用

（一）预算的特征

　　预算是企业在预测、决策的基础上，以数量和金额的形式反映企业未来一定时期内经营、投资、财务等活动的具体计划，是为实现企业目标而对各种资源和企业活动的详细安排。

　　预算具有两个特征：首先，预算与企业的战略或目标保持一致；其次，预算是数量化的并具有可执行性。因此，数量化和可执行性是预算最主要的特征。

（二）预算的作用

预算的作用主要表现在以下几个方面：①预算通过引导和控制经济活动，使企业经营达到预期目标；②预算可以实现企业内部各个部门之间的协调；③预算可以作为业绩考核的标准。

考点2 预算的分类

企业预算可以按不同标准进行多种分类。

1. 根据预算内容不同，可以分为业务预算（即经营预算）、专门决策预算和财务预算

业务预算是指与企业日常经营活动直接相关的经营业务的各种预算。它主要包括销售预算、生产预算、材料采购预算、直接材料消耗预算、直接人工预算、制造费用预算、产品生产成本预算、经营费用和管理费用预算等。

专门决策预算是指企业不经常发生的、一次性的重要决策预算。专门决策预算直接反映相关决策的结果，是实际中选方案的进一步规划。

财务预算是指企业在计划期内反映有关预计现金收支、财务状况和经营成果的预算。财务预算作为全面预算体系的最后环节，它是从价值方面总括地反映企业业务预算与专门决策预算的结果，在全面预算中占有举足轻重的地位。

> 例3-1（2011年判断题）财务预算能够综合反映各项业务预算和各项专门决策预算，因此称为总预算。（　　　）
>
> 【参考答案】√
>
> 【解析】财务预算作为全面预算体系的最后环节，它是从价值方面总括地反映企业业务预算与专门决策预算的结果，财务预算就成为了各项业务预算和专门决策预算的整体计划，故亦称为总预算。

2. 从预算指标覆盖的时间长短划分，企业预算可分为长期预算和短期预算

通常将预算期在一年以内（含一年）的预算称为短期预算，预算期在一年以上的预算则称为长期预算。在预算编制过程中，往往应结合各项预算的特点，将长期预算和短期预算结合使用。一般情况下，企业的业务预算和财务预算多为一年期的短期预算，年内再按季或月细分，而且预算期间往往与会计期间保持一致。

考点3 预算体系

各种预算是一个有机联系的整体。一般将由业务预算、专门决策预算和财务预算组成的预算体系，称为全面预算体系。

考点4 预算工作的组织

预算工作的组织包括决策层、管理层、执行层和考核层，具体如下：

（1）企业董事会或类似机构应当对企业预算的管理工作负总责。企业董事会或者经理办公会

可以根据情况设立预算委员会或指定财务管理部门负责预算管理事宜，并对企业法人代表负责。

（2）预算委员会或财务管理部门主要拟订预算的目标、政策，制定预算管理的具体措施和办法，审议、平衡预算方案，组织下达预算，协调解决预算编制和执行中的问题，组织审计、考核预算的执行情况，督促企业完成预算目标。

（3）企业财务管理部门具体负责企业预算的跟踪管理，监督预算的执行情况，分析预算与实际执行的差异及原因，提出改进管理的意见与建议。

例3-2（2013年单选题）下列各项中，对企业预算管理工作负总责的组织是（　　　）。

　A. 财务部　　　　　　B. 董事会　　　　　　C. 监事会　　　　　　D. 股东会

【参考答案】B

【解析】预算工作的组织包括决策层、管理层、执行层和考核层。企业董事会或类似机构应当对企业预算的管理工作负总责。故本题选B。

（4）企业内部生产、投资、物资、人力资源、市场营销等职能部门具体负责本部门业务涉及的预算编制、执行、分析等工作，并配合预算委员会或财务管理部门做好企业总预算的综合平衡、协调、分析、控制与考核等工作。其主要负责人参与企业预算委员会的工作，并对本部门预算执行结果承担责任。

（5）企业所属基层单位是企业预算的基本单位，在企业财务管理部门的指导下，负责本单位现金流量、经营成果和各项成本费用预算的编制、控制、分析工作，接受企业的检查、考核。其主要负责人对本单位财务预算的执行结果承担责任。

第二节　预算的编制方法与程序

考点1　预算的编制方法

企业全面预算的构成内容比较复杂，编制预算需要采用适当的方法。常见的预算方法主要包括增量预算法与零基预算法、固定预算法与弹性预算法、定期预算法与滚动预算法，这些方法广泛应用于营业活动有关预算的编制。

（一）增量预算法与零基预算法

按其出发点的特征不同，编制预算的方法可分为增量预算法和零基预算法两大类。

1.增量预算法

增量预算法是指以基期成本费用水平为基础，结合预算期业务量水平及有关降低成本的措施，通过调整有关费用项目而编制预算的方法。增量预算法以过去的费用发生水平为基础，主张不需在预算内容上作较大的调整，它的编制遵循如下假定：

（1）企业现有业务活动是合理的，不需要进行调整。

（2）企业现有各项业务的开支水平是合理的，在预算期予以保持。

（3）以现有业务活动和各项活动的开支水平，确定预算期各项活动的预算数。

增量预算法的缺陷是可能导致无效费用开支项目无法得到有效控制，因为不加分析地保留或接受原有的成本费用项目，可能使原来不合理的费用继续开支而得不到控制，形成不必要开支合理化，造成预算上的浪费。

2. 零基预算法

零基预算法的全称为"以零为基础的编制计划和预算的方法"，它不考虑以往会计期间所发生的费用项目或费用数额，而是一切以零为出发点，根据实际需要逐项审议预算期内各项费用的内容及开支标准是否合理，在综合平衡的基础上编制费用预算。

零基预算法的程序如下：

（1）企业内部各级部门的员工，根据企业的生产经营目标，详细讨论计划期内应该发生的费用项目，并对每一费用项目编写一套方案，提出费用开支的目的以及需要开支的费用数额。

（2）划分不可避免费用项目和可避免费用项目。在编制预算时，对不可避免费用项目必须保证资金供应；对可避免费用项目，则需要逐项进行成本与效益分析，尽量控制可避免项目纳入预算当中。

（3）划分不可延缓费用项目和可延缓费用项目。在编制预算时，应把预算期内可供支配的资金在各费用项目之间分配。应优先安排不可延缓费用项目的支出，然后再根据需要按照费用项目的轻重缓急确定可延缓项目的开支。

零基预算的优点表现在：①不受现有费用项目的限制；②不受现行预算的束缚；③能够调动各方面节约费用的积极性；④有利于促使各基层单位精打细算，合理使用资金。其缺点是编制工作量大。

例3-3（2013年单选题）下列各项中，不属于零基预算法优点的是（　　　）。

A. 编制工作量小　　　　　　　　B. 不受现有预算的约束

C. 不受现有费用项目的限制　　　D. 能够调动各方节约费用的积极性

【参考答案】A

【解析】本题主要考核"第三章"的"预算的编制方法"知识点。零基预算的优点表现在：①不受现有费用项目的限制；②不受现行预算的束缚；③能够调动各方面节约费用的积极性；④有利于促进各基层单位精打细算，合理使用资金。其缺点是编制工作量大。

（二）固定预算法与弹性预算法

编制预算的方法按其业务量基础的数量特征不同，可分为固定预算法和弹性预算法。

1. 固定预算法

固定预算法又称静态预算法，是指在编制预算时，只根据预算期内正常、可实现的某一固定的业务量（如生产量、销售量等）水平作为唯一基础来编制预算的方法。

固定预算法的缺点表现在两个方面：

（1）适应性差。因为编制预算的业务量基础是事先假定的某个业务量。在这种方法下，不论预算期内业务量水平实际可能发生哪些变动，都只按事先确定的某一个业务量水平作为编制预算的基础。

（2）可比性差。当实际的业务量与编制预算所依据的业务量发生较大差异时，有关预算指标的实际数与预算数就会因业务量基础不同而失去可比性。

2. 弹性预算法

弹性预算法又称动态预算法，是在成本性态分析的基础上，依据业务量、成本和利润之间的联动关系，按照预算期内可能的一系列业务量（如生产量、销售量、工时等）水平编制系列预算的方法。理论上，弹性预算法适用于编制全面预算中所有与业务量有关的预算，但实务中主要用于编制成本费用预算和利润预算，尤其是成本费用预算。

编制弹性预算，要选用一个最能代表生产经营活动水平的业务量计量单位。例如，以手工操作为主的车间，就应选用人工工时；制造单一产品或零件的部门，可以选用实物数量；修理部门可以选用直接修理工时等。

弹性预算法所采用的业务量范围，视企业或部门的业务量变化情况而定，务必使实际业务量不至于超出相关的业务量范围。一般来说，可定在正常生产能力的70%～110%之间，或以历史上最高业务量和最低业务量为其上下限。弹性预算法编制预算的准确性，在很大程度上取决于成本性态分析的可靠性。

与按特定业务量水平编制的固定预算法相比，弹性预算法有两个显著特点：

（1）弹性预算是按一系列业务量水平编制的，从而扩大了预算的适用范围；

（2）弹性预算是按成本性态分类列示的，在预算执行中可以计算一定实际业务量的预算成本，以便于预算执行的评价和考核。

运用弹性预算法编制预算的基本步骤是：

第一步：选择业务量的计量单位；

第二步：确定适用的业务量范围；

第三步：逐项研究并确定各项成本和业务量之间的数量关系；

第四步：计算各项预算成本，并用一定的方式来表达。

弹性预算的编制，可以采用公式法，也可以采用列表法。

（1）公式法。公式法是运用总成本性态模型，测算预算期的成本费用数额，并编制成本费用预算的方法。根据成本性态，成本与业务量之间的数量关系可用公式表示为：

$$y=a+bx$$

其中，y表示某项预算成本总额，a表示该项成本中的预算固定成本额，b表示该项成本中的预算单位变动成本额，x表示预计业务量。

公式法的优点是便于在一定范围内计算任何业务量的预算成本，可比性和适应性强，编制预算的工作量相对较小；缺点是按公式进行成本分解比较麻烦，对每个费用子项目甚至细目逐一进行成本分解，工作量很大。另外，对于阶梯成本和曲线成本只能先用数学方法修正为直线，才能应用公式法。必要时，还需在"备注"中说明适用不同业务量范围的固定费用和单位变动费用。

（2）列表法。列表法是在预计的业务量范围内将业务量分为若干个水平，然后按不同的业务量水平编制预算。应用列表法编制预算，首先要在确定的业务量范围内，划分出若干个不同水平，然后分别计算各项预算值，汇总列入一个预算表格。

列表法的优点是：不管实际业务量多少，不必经过计算即可找到与业务量相近的预算成本；混合成本中的阶梯成本和曲线成本，可按总成本性态模型计算填列，不必用数学方法修正为近似的直线成本。缺点是：运用列表法编制预算，在评价和考核实际成本时，往往需要使用插值法来计算"实际业务量的预算成本"，比较麻烦。

（三）定期预算法与滚动预算法

编制预算的方法按其预算期的时间特征不同，可分为定期预算法和滚动预算法两大类。

1.定期预算法

定期预算是指在编制预算时，以不变的会计期间（如日历年度）作为预算期的一种编制预算的方法。这种方法的优点是能够使预算期间与会计期间相对应，便于将实际数与预算数进行对比，也有利于对预算执行情况进行分析和评价。但这种方法固定以一年为预算期，在执行一段时期之后，往往使管理人员只考虑剩下来的几个月的业务量，缺乏长远打算，导致一些短期行为的出现。

2. 滚动预算法

滚动预算法又称连续预算法或永续预算法，是指在编制预算时，将预算期与会计期间脱离开，随着预算的执行不断地补充预算，逐期向后滚动，使预算期始终保持为一个固定长度（一般为12个月）的一种预算方法。滚动预算的基本做法是使预算期始终保持12个月，每过一个月或一个季度，立即在期末增列一个月或一个季度的预算，逐期往后滚动，因而在任何一个时期都使预算保持为12个月的时间长度。这种预算能使企业各级管理人员对未来始终保持整整12个月时间的考虑和规划，从而保证企业的经营管理工作能够稳定而有序地进行。采用滚动预算法编制预算，按照滚动的时间单位不同可分为逐月滚动、逐季滚动和混合滚动。

（1）逐月滚动。逐月滚动是指在预算编制过程中，以月份为预算的编制和滚动单位，每个月调整一次预算的方法。如在2011年1月至12月的预算执行过程中，需要在1月末根据当月预算的执行情况修订2月至12月的预算，同时补充下一年1月份的预算；到2月末可根据当月预算的执行情况，修订3月至2012年1月的预算，同时补充2012年2月份的预算；以此类推。

（2）逐季滚动。逐季滚动是指在预算编制过程中，以季度为预算的编制和滚动单位，每个季度调整一次预算的方法。逐季滚动编制的预算比逐月滚动的工作量小，但精确度较差。

（3）混合滚动。混合滚动是指在预算编制过程中，同时以月份和季度作为预算的编制和滚动单位的方法。这种预算方法的理论依据是：人们对未来的了解程度具有对近期把握较大，对远期的预计把握较小的特征。

■ 考点2　预算的编制程序

企业编制预算，一般应按照"上下结合、分级编制、逐级汇总"的程序进行。

（一）下达目标

企业董事会或经理办公会根据企业发展战略和预算期经济形势的初步预测，在决策的基础上，提出下一年度企业预算目标，并确定预算编制的政策，由预算委员会下达各预算执行单位。

（二）编制上报

各预算执行单位按照企业预算委员会下达的预算目标和政策，结合自身特点以及预测的执行条件，提出详细的本单位预算方案，上报企业财务管理部门。

（三）审查平衡

企业财务管理部门对各预算执行单位上报的财务预算方案进行审查、汇总，提出综合平衡的建议。

（四）审议批准

企业预算委员会应当责成有关预算执行单位进一步修订、调整。在讨论、调整的基础上，企业财务管理部门正式编制企业年度预算草案，提交董事会或经理办公会审议批准。

（五）下达执行

企业财务管理部门对董事会或经理办公会审议批准的年度总预算，一般在次年3月底以前，分解成一系列的指标体系，由预算委员会逐级下达各预算执行单位执行。

第三节 预算编制

考点1 业务预算的编制

（一）销售预算

销售预算指在销售预测的基础上编制的，用于规划预算期销售活动的一种业务预算。销售预算是整个预算的编制起点，其他预算的编制都以销售预算作为基础。

销售预算的主要内容是销量、单价和销售收入。销量是根据市场预测或销货合同并结合企业生产能力确定的，单价是通过价格决策确定的，销售收入是两者的乘积，在销售预算中计算得出。销售预算通常要分品种、分月份、分销售区域、分推销员来编制。销售预算中通常还包括预计现金收入的计算，其目的是为编制现金预算提供必要的资料。

（二）生产预算

生产预算是为规划预算期生产规模而编制的一种业务预算，它是在销售预算的基础上编制的，并可以作为编制直接材料预算和产品成本预算的依据。其主要内容有销售量、期初和期末产成品存货、生产量。在生产预算中，只涉及实物量指标，不涉及价值量指标。

预计期末产成品存货=下季度销售量×10%

预计期初产成品存货=上季度期末产成品存货

预计生产量=预计销售量+预计期末产成品存货-预计期初产成品存货

（三）直接材料预算

直接材料预算是为了规划预算期直接材料采购金额的一种业务预算。直接材料预算以生产预算为基础编制，同时要考虑原材料存货水平。

$$预计采购量=生产需用量+期末存量-期初存量$$

（四）直接人工预算

直接人工预算是一种既反映预算期内人工工时消耗水平，又规划人工成本开支的业务预算。直接人工预算也是以生产预算为基础编制的。其主要内容有预计产量、单位产品工时、人工总工时、每小时人工成本和人工总成本。

$$某种产品直接人工总工时＝单位产品定额工时×该产品预计生产量$$

（五）制造费用预算

制造费用预算通常分为变动制造费用预算和固定制造费用预算两部分。变动制造费用预算以生产预算为基础来编制。如果有完善的标准成本资料，用单位产品的标准成本与产量相乘，即可得到相应的预算金额。如果没有标准成本资料，就需要逐项预计计划产量需要的各项制造费用。固定制造费用需要逐项进行预计，通常与本期产量无关，按每季度实际需要的支付额预计，然后求出全年数。

（六）产品成本预算

产品成本预算，是销售预算、生产预算、直接材料预算、直接人工预算、制造费用预算的汇总。其主要内容是产品的单位成本和总成本。

（七）销售及管理费用预算

销售费用预算，是指为了实现销售预算所需支付的费用预算。它以销售预算为基础，分析销售收入、销售利润和销售费用的关系，力求实现销售费用的最有效使用。在安排销售费用时，要利用本量利分析方法，费用的支出应能获取更多的收益。在草拟销售费用预算时，要对过去的销售费用进行分析，考察过去销售费用支出的必要性和效果。销售费用预算应和销售预算相配合，应有按品种、按地区、按用途的具体预算数额。

管理费用是搞好一般管理业务所必需的费用。随着企业规模的扩大，一般管理职能日益重要，其费用也相应增加。在编制管理费用预算时，要分析企业的业务成绩和一般经济状况，务必做到费用合理化。管理费用多属于固定成本，所以，一般是以过去的实际开支为基础，按算期的可预见变化来调整。重要的是，必须充分考察每种费用是否必要，以便提高费用效率。

例3-4〔2013年单选题〕下列关于生产预算的表述中，错误的是（　　　）。

A. 生产预算是一种业务预算　　　　　　　B. 生产预算不涉及实物量指标

C. 生产预算以销售预算为基础编制　　　　D. 生产预算是直接材料预算的编制依据

【参考答案】B

【解析】本题主要考核"第三章"的"业务预算的编制"知识点。生产预算是为规划预算期生产规模而编制的一种业务预算，它是在销售预算的基础上编制的，并可以作为编制直接材料预算和产品成本预算的依据。其主要内容有销售量、期初和期末产成品存货、生产量。在生产预算中，只涉及实物量指标，不涉及价值量指标，所以选项B的说法不正确。

■ 考点2 专门决策预算的编制

专门决策预算主要是长期投资预算，又称资本支出预算，通常是指与项目投资决策相关的专门预算，它往往涉及长期建设项目的资金投放与筹集，并经常跨越多个年度。编制专门决策预算的依据，是项目财务可行性分析资料，以及企业筹资决策资料。

专门决策预算的要点是准确反映项目资金投资支出与筹资计划，它同时也是编制现金预算和预计资产负债表的依据。

例3-5（2013年判断题）专门决策预算主要反映项目投资与筹资计划，是编制现金预算和预计资产负债表的依据之一。（　　　）

【参考答案】√

【解析】本题主要考核"第三章"的"专门决策预算的编制"知识点。专门决策预算是指企业不经常发生的、一次性的重要决策预算。专门决策预算直接反映相关决策的结果，是实际中选方案的进一步规划。如资本支出预算，其编制依据可以追溯到决策之前搜集到的有关资料，只不过预算比决策估算更细致、更精确一些。专门决策预算的要点是准确反映项目资金投资支出与筹资计划，它同时也是编制现金预算和预计资产负债表的依据。

■ 考点3 财务预算的编制

（一）现金预算

现金预算是以业务预算和专门决策预算为依据编制的，专门反映预算期内预计现金收入与现金支出，以及为满足理想现金余额而进行筹资或归还借款等的预算。现金预算由可供使用现金、现金支出、现金余缺、现金筹措与运用四部分构成。

财务管理部门应根据现金余缺与期末现金余额的比较，来确定预算期现金投放或筹措。当现金余缺大于期末现金余额时，应将超过期末余额以上的多余现金进行投资；当现金余缺小于现金余额时，应筹措现金，直到现金总额达到要求的期末现金余额。

$$可供使用现金=期初现金余额+现金收入$$

$$可供使用现金-现金支出=现金余缺$$

$$现金余缺+现金筹措-现金运用=期末现金余额$$

（二）预计利润表

预计利润表用来综合反映企业在计划期的预计经营成果，是企业最主要的财务预算表之一。编制预计利润表的依据是各业务预算、专门决策预算和现金预算。

（三）资产负债表预算的编制

资产负债表用来反映企业在计划期末预计的财务状况。它的编制需以计划期开始日的资产负债表为基础，结合计划期间各项业务预算、专门决策预算、现金预算和预计利润表进行编制。它是编制全面预算的终点。

第四节 预算的执行与考核

考点1 预算的执行

企业预算一经批复下达，各预算执行单位就必须认真组织实施，将预算指标层层分解，从横向到纵向落实到内部各部门、各单位、各环节和各岗位，形成全方位的预算执行责任体系。

企业应当将预算作为预期内组织、协调各项经营活动的基本依据，将年度预算细分为月份和季度预算，通过分期预算控制，确保年度预算目标的实现。

企业应当强化现金流量的预算管理，按时组织预算资金的收入，严格控制预算资金的支付，调节资金收付平衡，控制支付风险。

对于预算内的资金拨付，按照授权审批程序执行。

企业应当严格执行销售、生产和成本费用预算，努力完成利润指标。

企业应当建立预算报告制度，要求各预算执行单位定期报告预算的执行情况。

企业财务管理部门应当利用财务报表监控预算的执行情况，及时向预算执行单位、企业预算委员会以至董事会或经理办公会提供财务预算的执行进度、执行差异及其对企业预算目标的影响等财务信息，促进企业完成预算目标。

考点2 预算的调整

企业正式下达执行的预算，一般不予调整。预算执行单位在执行中由于市场环境、经营条件、政策法规等发生重大变化，致使预算的编制基础不成立，或者将导致预算执行结果产生重大偏差的，可以调整预算。

企业应当建立内部弹性预算机制，对于不影响预算目标的业务预算、资本预算、筹资预算之间的调整，企业可以按照内部授权批准制度执行，鼓励预算执行单位及时采取有效的经营管理对策，保证预算目标的实现。

企业调整预算，应当由预算执行单位逐级向企业预算委员会提出书面报告，阐述预算执行的具体情况、客观因素变化情况及其对预算执行造成的影响程度，提出预算指标的调整幅度。

企业财务管理部门应当对预算执行单位的预算调整报告进行审核分析，集中编制企业年度预算调整方案，提交预算委员会以至企业董事会或经理办公会审议批准，然后下达执行。

对于预算执行单位提出的预算调整事项，企业进行决策时，一般应当遵循以下要求：

（1）预算调整事项不能偏离企业发展战略；

（2）预算调整方案应当在经济上能够实现最优化；

（3）预算调整重点应当放在预算执行中出现的重要的、非正常的、不符合常规的关键性差异方面。

考点3 预算的分析与考核

企业应当建立预算分析制度，由预算委员会定期召开财务预算执行分析会议，全面掌握预算的执行情况，研究、解决预算执行中存在的问题，纠正预算的执行偏差。

开展预算执行分析，企业管理部门及各预算执行单位应当充分收集有关财务、业务、市场、技术、政策、法律等方面的有关信息资料，根据不同情况分别采用比率分析、比较分析、因素分析、平衡分析等方法，针对预算的执行偏差，企业财务管理部门及各预算执行单位应当充分、客观地分析产生的原因，提出相应的解决措施或建议，提交董事会或经理办公会研究决定。

企业预算委员会应当定期组织预算审计，纠正预算执行中存在的问题，充分发挥内部审计的监督作用，维护预算管理的严肃性。预算审计可以采用全面审计或者抽样审计。预算年度终了，预算委员会应当向董事会或者经理办公会报告预算执行情况，并依据预算完成情况和预算审计情况对预算执行单位进行考核。应当结合年度内部经济责任制进行考核，与预算执行单位负责人的奖惩挂钩，并作为企业内部人力资源管理的参考。

本章同步训练

一、单项选择题

1. 下列关于预算说法不正确的是（　　）。

A. 预算是为实现企业目标而对各种资源和企业活动的详细安排

B. 编制预算的目的是促成企业以最经济有效的方式实现预定目标

C. 预算不必与企业的战略或目标保持一致

D. 预算是未来经营活动的依据

2. 资本支出预算属于（　　）。

A. 业务预算　　　　　　B. 经营预算　　　　　　C. 财务预算　　　　　　D. 专门决策预算

3. 下列哪项属于专门决策预算（　　）。

A. 材料采购预算　　　　　　　　　　B. 直接材料消耗预算

C. 产品生产成本预算　　　　　　　　D. 资本支出预算

4. 下列关于弹性成本预算编制方法中的公式法，说法不正确的是（　　）。

A. 在一定范围内不受业务量波动的影响　　B. 工作量较小

C. 按细目分解成本比较麻烦　　　　　　　D. 计算结果比较精确

5. 下列关于零基预算的说法，错误的是（　　　）。

A. 零基预算有可能使不必要的开支合理化

B. 零基预算能够调动各方面节约费用的积极性

C. 零基预算不考虑以往发生的费用项目或费用数额

D. 采用零基预算，要逐项审议预算期内各种费用的内容及开支标准是否合理

6. 某公司生产甲产品，一季度至四季度的预计销售量分别为1 000件、800件、900件和850件，生产每件甲产品需要2千克A材料。公司的政策是每一季度末的产成品存货数量等于下一季度销售量的10%，每一季度末的材料等于下一季度生产需要量的20%。该公司二季度的预计材料采购量为（　　　）千克。

A. 1 600　　　　　　　B. 1 620　　　　　　　C. 1 654　　　　　　　D. 1 668

7. 全面预算体系的各种预算，是以企业决策确定的经营目标为出发点，根据以销定产的原则，按照（　　　）的顺序编制的。

A. 先经营预算，后财务预算　　　　　　　B. 先财务预算，后经营预算

C. 先经营预算，后现金预算　　　　　　　D. 先现金预算，后财务预算

8. 下列预算中只使用实物量作为计量单位的是（　　　）。

A. 现金预算　　　　　　　　　　　　　　B. 预计资产负债表

C. 生产预算　　　　　　　　　　　　　　D. 销售预算

9. 某企业编制"现金预算"，预计6月初短期借款为100万元，月利率为1%，该企业不存在长期负债，预计6月现金余缺为-55万元。现金不足时，通过银行借款解决（利率不变），借款额为1万元的倍数，6月末现金余额要求不低于20万元。假设企业每月支付一次利息，借款在期初，还款在期末，则应向银行借款的最低金额为（　　　）万元。

A. 77　　　　　　　　　B. 76　　　　　　　　　C. 55　　　　　　　　　D. 75

10. 某公司预算年度计划新增留存收益为150万元，目标股利分配额为600万元，适用的所得税税率为25%，则目标利润总额是（　　　）万元。

A. 337.5　　　　　　　B. 562.5　　　　　　　C. 750　　　　　　　　D. 1 000

二、多项选择题

1. 与企业日常经营活动直接相关的预算包括（　　　）。

A. 销售预算　　　　　　　　　　　　　　B. 产品生产成本预算

C. 现金预算　　　　　　　　　　　　　　D. 专门决策预算

2. 下列各项中属于财务预算的有（　　　）。

A. 现金预算　　　　　　　　　　　　　　B. 财务费用预算

C. 预计资产负债表　　　　　　　　　　　D. 预计利润表

3. 下列哪些可以作为弹性预算所依据的业务量（　　　）。

A. 产量　　　　　　　B. 销售量　　　　　　　C. 直接人工工时　　　　D. 材料消耗量

4. 企业未来预算期间的目标利润预算通常可用下列方法进行（　　　）。

A. 量本利分析法　　　　B. 比例预算法　　　　　C. 上加法　　　　　　　D. 利润预测法

5. 下列预算是在生产预算的基础上编制的有（　　　　）。

A. 直接材料预算　　　　　　　　　　　　B. 销售预算

C. 产品成本预算　　　　　　　　　　　　D. 变动制造费用预算

6. 现金预算的构成项目包括（　　　　）。

A. 现金收入　　　　　B. 现金支出　　　　　C. 现金余缺　　　　　D. 现金投放与筹措

7. 某期现金预算中假定出现了正值的现金余缺数，且超过额定的期末现金余额，单纯从财务预算调剂现金余缺的角度看，该期可以采用的措施有（　　　　）。

A. 偿还部分借款利息　　　　　　　　　　B. 偿还部分借款本金

C. 出售短期投资　　　　　　　　　　　　D. 进行短期投资

8. 在编制现金预算的过程中，可作为其编制依据的有（　　　　）。

A. 业务预算　　　　　B. 预计利润表　　　　　C. 预计资产负债表　　　　　D. 决策预算

9. 下列哪几项是编制预计利润表的依据（　　　　）。

A. 各业务预算表　　　　　　　　　　　　B. 决策预算表

C. 现金预算表　　　　　　　　　　　　　D. 预计资产负债表

10. 下列关于预算的分析与考核的说法正确的有（　　　　）。

A. 企业应当建立预算分析制度，全面掌握预算的执行情况

B. 企业预算委员会应当定期组织预算审计，纠正预算执行中存在的问题

C. 预算审计可以采用全面审计或者抽样审计

D. 预算年度终了，预算委员会视情况向董事会或者经理办公会报告预算执行情况

三、判断题

1. 定期预算编制方法一般只适用于数额比较稳定的预算项目。（　　　　）

2. 由于能够使预算期间与会计期间相对应，定期预算有利于企业长远打算，有利于企业长期稳定发展。（　　　　）

3. 增量预算是指以基础成本费用水平为基础，结合预算业务量水平及有关降低成本的措施，通过调整有关费用项目而编制预算的方法，因此增量预算可以有效地控制无效费用开支项目。（　　　　）

4. 连续预算能够使预算期间与会计年度相配合。（　　　　）

5. 全面预算的编制应以现金预算为起点，根据各种预算之间的勾稽关系，按顺序从前往后逐步进行，直至编制出预计财务报表。（　　　　）

6. 编制预计利润表的依据是各业务预算、专门决策预算和现金预算。（　　　　）

7. 企业正式下达执行的财务预算，不允许进行调整。（　　　　）

四、计算分析题

已知甲公司2009年度设定的每季末预算现金余额的额定范围为50万～60万元，其中，年末余额已预定为60万元。假定当前银行约定的单笔短期借款必须为10万元的倍数，年利息率为6%，借款发生在相关季度的期初，每季末计算并支付借款利息，还款发生在相关季度的期末。2009年该公司无其他融资计划。甲

公司编制的2009年度现金预算的部分数据如下表所示：

表3-1　甲公司2009年度现金预算

项　目	第一季度	第二季度	第三季度	第四季度	全年
①期初现金余额	40	*	*	*	（G）
②经营现金收入	1 010	*	*	*	5 536.6
③可运用现金合计	*	1 396.30	1 549	*	（H）
④经营现金支出	800	*	*	1 302	4 353.7
⑤资本性现金支出	*	300	400	300	0
⑥现金支出合计	1 000	1 365	*	1 602	*
⑦现金余缺	（A）	31.3	−37.7	132.3	*
加：短期借款	0	（C）	0	−20	*
减：支付短期借款利息	0	（D）	0.3	0.3	
购买有价证券	0	0	−90	（F）	
⑧期末现金余额	（B）	（E）	*	60	（I）

说明：表中用"*"表示省略的数据，假设可运用现金合计=期初现金余额+经营现金收入。要求：计算上表中用字母"A～I"表示的基础上数值（除"G"和"I"项外，其余各项必须列出计算过程）。

五、综合题

某公司2010年的有关资料如下：

（1）一至四季度的销售预算如下：

表3-2　某公司2010年销售预算　　　　　　　　　　　　　　金额单位：元

项　目	一季度	二季度	三季度	四季度	全年合计
预计销量（件）	2 600	2 400	2 200	2 800	10 000
销售单价	150	150	150	150	150
销售收入	390 000	360 000	330 000	420 000	1500 000

收账政策：每季度销售收入中70%在当季收现，其余30%在下季度收现。年初现金余额为30 000元，已知2009年年末应收账款为100 000元。

（2）假设该公司只生产一种产品，每季度末产品存货占下季度销售量的10%，年初产品存货预计为200件，年末产品存货预计为250件。

（3）假设单位产品甲材料的耗用量为5公斤，每公斤单价10元，预计季度末的材料存货占下季度生产耗用量的10%，年初材料存货1 200公斤，年末材料存货预计为1 400公斤。付账政策：直接材料采购中当季度付现60%，另40%在下季度付清，不享受现金折扣。已知2009年年末应付账款为45 160元。

（4）生产单位产品需用直接人工工时为8小时，每小时的直接人工成本为2.5元。

（5）制造费用和期间费用预算和预计现金支出如下：

单位：元

项　目	变动费用	固定费用
制造费用	160 800	160 000
其中：折旧		40 000
销售及管理费用	108 540	72 000
其中：折旧		20 000

假设制造费用、销售及管理费用中除了折旧其余均需付现，固定费用每季度平均分摊。单位变动性制造费用16元/件，单位变动性销售及管理费用10.8元/件（假设按产量分配）。

（6）一季度预计购买设备需支出150 000元。预计每季度预交所得税24 000元。三季度支付股利17 000元，四季度支付股利60 000元。

（7）假设该公司与银行商定于季初借入借款，并分期于季度末还本付息，借款年利率为10%。假设借款或还款本金必须为10 000元的整数倍，利随本清。同时要求每个季度现金余额不低于30 000元。

要求：（1）完成以下生产预算表。

表3-3　生产预算表　　　　　　　　　　　　　　　　　　　　　　单位：件

项　目	一季度	二季度	三季度	四季度	全年合计
预计销售量					
加：期末存货					
减：期初存货					
预计产量					

（2）完成材料采购预算表。

数量单位：公斤

表3-4　材料采购预算表　　　　　　　　　　　　　　　　　　　　金额单位：元

项　目	一季度	二季度	三季度	四季度	全年合计
预计产量					
单位产品材料耗用量	5	5	5	5	5
生产耗用材料总量					
加：期末材料存货					
材料需要量合计					
减：期初材料存货					
预计采购量					
采购单价	10	10	10	10	10
材料采购金额					

（3）完成直接人工预算表。

表3-5　直接人工预算表

项　目	一季度	二季度	三季度	四季度	全年合计
预计产量（件）					
单位产品直接人工工时（工时）	8	8	8	8	8
需用直接人工总工时（工时）					
每小时直接人工成本（元）	2.5	2.5	2.5	2.5	2.5
耗用直接人工总成本（元）					

（4）完成现金预算表。

表3-6　现金预算表　　　　　　　　　　　　　　　　　　　　　　　单位：元

项　目	一季度	二季度	三季度	四季度	全年合计
期初现金余额	30 000				
加：销售现金收入					

（续表）

项　目	一季度	二季度	三季度	四季度	全年合计
减：现金支出					
直接材料					
直接人工					
制造费用					
销售及管理费用					
所得税费用					
购买设备					
支付股利					
支出合计					
现金收支差额					
银行借款					
归还借款					
归还利息					
期末现金余额					

本章同步训练答案与解析

一、单项选择题

1.【参考答案】C

【答案解析】编制预算的目的是促成企业以最经济有效的方式实现预定目标，因此，预算必须与企业的战略或目标保持一致。

2.【参考答案】D

【答案解析】根据预算内容不同，可以分为业务预算（经营预算）、专门决策预算和财务预算。资本支出预算属于专门决策预算。

3.【参考答案】D

【答案解析】专门决策预算指企业不经常发生的，一次性的重要决策预算，如资本支出预算。所以，D选项正确。A、B、C属于业务预算。

4.【参考答案】D

【答案解析】公式法的优点是在一定范围内不受业务量波动影响，编制预算的工作量较小，因此A、B正确；缺点是在进行预算控制和考核时，不能直接查出特定业务量下的总成本预算额，而且按细目分解成本比较麻烦，同时又有一定的误差，因此C正确，D不正确。

5.【参考答案】A

【答案解析】零基预算，是指在编制费用预算时，不考虑以往会计期间发生的费用项目或费用数额，而是一切以零为出发点，从实际需要逐项审议预算期内各项费用的内容及开支标准是否合理，在综合平衡的基础上编制费用预算，所以不会存在不必要的开支，选项A不正确。

6.【参考答案】C

【答案解析】二季度产量=800+900×10%−800×10%=810（件）；三季度产量=900+850×10%−900×10%=895（件）；二季度材料采购量=810×2+895×20%×2−810×2×20%=1 654（千克）。

7.【参考答案】A

【答案解析】全面预算体系的各种预算，按照先经营预算，后财务预算的顺序编制的。

8.【参考答案】C

【答案解析】生产预算是在销售预算的基础上编制的，其主要内容有销售量、生产量、期初期末存货量，它是不含价值量指标的预算；销售预算中既包括实物量指标也包括价值量指标；现金预算、预计资产负债表只包含价值量指标，而不包含实物量指标。

9.【参考答案】A

【答案解析】假设借入X万元，则6月份支付的利息=（100+X）×1%，X−55−（100+X）×1%≥20，解得：X≥76.77（万元），根据X为1万元的倍数可得，X最小值为77万元，即应向银行借款的金额为77万元。

10.【参考答案】D

【答案解析】本题考查目标利润预算方法的知识。目标利润总额=（本年新增留存收益+股利分配额）÷（1−企业所得税税率）=（150+600）÷（1−25%）=1 000（万元）。因此，本题D选项正确。

二、多项选择题

1.【参考答案】AB

【答案解析】业务预算是指与企业日常经营活动直接相关的预算，包括销售预算、生产预算、材料采购预算、直接材料消耗预算、直接人工预算、制造费用预算、产品生产成本预算、经营费用和管理费用预算等。

2.【参考答案】ACD

【答案解析】财务预算包括现金预算和预计财务报表预算，预计财务报表预算又分为预计利润表预算和预计资产负债表预算。

3.【参考答案】ABCD

【答案解析】编制弹性预算所依据的业务量可能是产量、销售量、直接人工工时、机器工时和材料消耗量等。

4.【参考答案】ABC

【答案解析】企业未来预算期间的目标利润预算通常可用量本利分析法、比例预算法和上加法进行。其中，比例预测法又分为销售收入利润率法、成本利润率法、投资资本回报率法和利润增长百分比法。

5.【参考答案】ACD

【答案解析】直接材料预算、产品成本预算、变动制造费用预算的编制均需要以预计生产量为基础，而预计生产量是生产预算的结果，因此直接材料预算、产品成本预算、变动制造费用预算的编制均需要以生产预算为基础。而生产预算是以销售预算为基础编制的，因此选项B不正确。

6.【参考答案】ABCD

【答案解析】现金预算由现金收入、现金支出、现金余缺、现金投放与筹措四部分构成。现金收入-现金支出+现金筹措（现金不足时）=期末现金余额，现金收入-现金支出-现金投放（现金多余时）=期末现金余额。

7.【参考答案】ABD

【答案解析】现金预算中如果出现了正值的现金余缺额，且超过额定的期末现金余额，说明企业有现金的剩余，应当采取一定的措施降低现金持有量，选项A、B、D均可以减少企业的现金余额，而选项C会增加企业的现金余额，所以不应采用选项C的措施。

8.【参考答案】AD

【答案解析】现金预算，是将业务预算各表中反映的现金收支额和决策预算的现金投资额汇总列出现金收入总额、现金支出总额、现金余缺数及投资、融资数额的预算。

9.【参考答案】ABC

【答案解析】编制预计利润表的依据是各业务预算表、决策预算表和现金预算表。

10.【参考答案】ABC

【答案解析】预算年度终了，预算委员会应当向董事会或者经理办公会报告预算执行情况，并依据预算完成情况和预算审计情况对预算执行单位进行考核。

三、判断题

1.【参考答案】×

【答案解析】固定预算方法一般适用于固定费用或者数额比较稳定的预算项目。

2.【参考答案】×

【答案解析】由于定期预算固定以一年为预算期，在执行一段时间后，往往使管理人员只考虑剩下来的几个月的业务量，缺乏长远打算，导致一些短期行为的出现。

3.【参考答案】×

【答案解析】增量预算编制方法的缺陷是可能导致无效费用开支项目无法得到有效控制。

4.【参考答案】×

【答案解析】连续预算即滚动预算，在编制预算时将预算期与会计期间相脱离。它只是始终保持一个固定长度。

5.【参考答案】×

【答案解析】全面预算的编制应以销售预算为起点，根据各种预算之间的勾稽关系，按顺序从前往后逐步进行，直至编制出预计财务报表。

6.【参考答案】√

【答案解析】预计利润表用来综合反映企业在计划期的预计经营成果，是企业最主要的财务预算表之一。编制预计利润表的依据是各业务预算、专门决策预算和现金预算。

7.【参考答案】×

【答案解析】企业正式下达执行的财务预算，一般不予调整。预算执行单位在执行中由于市场环境、经营条件、政策法规等发生重大变化，致使预算的编制基础不成立，或者将导致预算执行结果产生重大偏差的，可以调整预算。

四、计算分析题

【参考答案】

A=40+1 010−1 000=50（万元），B=50+0=50（万元），D=C×6%×3/12

又31.3+C−D介于50～60万元之间，C为10万元的倍数

解得C=20（万元）

所以D=20×6%×3/12=0.3（万元）

E=31.3+19.7=51（万元），F=132.3−60−20−0.3=52（万元），G=40（万元）H=40+5 536.6=5 576.6（万元），I=60（万元）

五、综合题

【参考答案】

（1）

生产预算表　　　　　　　　　单位：件

项　　目	一季度	二季度	三季度	四季度	全年合计
预计销售量	2 600	2 400	2 200	2 800	10 000
加：期末存货	240	220	280	250	250
减：期初存货	200	240	220	280	200
预计产量	2 640	2 380	2 260	2 770	10 050

（2）

数量单位：公斤

材料采购预算表　　　　　　　金额单位：元

项　　目	一季度	二季度	三季度	四季度	全年合计
预计产量	2 640	2 380	2 260	2 770	10 050
单位产品材料耗用量	5	5	5	5	5
生产耗用材料总量	13 200	11 900	11 300	13 850	50 250
加：期末材料存货	1 190	1 130	1 385	1 400	1 400
材料需要量合计	14 390	13 030	12 685	15 250	
减：期初材料存货	1 200	1 190	1 130	1 385	1 200
预计采购量	13 190	11 840	11 555	13 865	50 450
采购单价	10	10	10	10	10
材料采购金额	131 900	118 400	115 550	138 650	504 500

（3）

直接人工预算表

项　　目	一季度	二季度	三季度	四季度	全年合计
预计产量（件）	2 640	2 380	2 260	2 770	10 050

（续表）

项　　目	一季度	二季度	三季度	四季度	全年合计
单位产品直接人工工时（工时）	8	8	8	8	8
需用直接人工总工时（工时）	21 120	19 040	18 080	22 160	80 400
每小时直接人工成本（元）	2.5	2.5	2.5	2.5	2.5
耗用直接人工总成本（元）	52 800	47 600	45 200	55 400	201 000

（4）①计算销售现金收入：

一季度：100 000+390 000×70%=373 000　　二季度：390 000×30%+360 000×70%=369 000

三季度：360 000×30%+330 000×70%=339 000　　四季度：330 000×30%+420 000×70%=369 000

全年合计：373 000+369 000+339 000+393 000=1 474 000

②计算直接材料：

一季度：45 160+131 900×60%=124 300　　二季度：131 900×40%+118 400×60%=123 800

三季度：118 400×40%+115 550×60%=116 690　　四季度：115 550×40%+138 650×60%=129 410

全年合计：124 300+123 800+116 690+129 410=494 200

③计算制造费用：

由于制造费用的固定费用（160 000-40 000=120 000）每季平均分摊，即每季分摊30 000，因此，每季度的制造费用分别为：

一季度：2 640×16+30 000=72 240　　二季度：2 380×16+30 000=68 080

三季度：2 260×16+30 000=66 160　　四季度：2 770×16+30 000=74 320

全年合计：72 240+68 080+66 160+74 320=280 800

④计算销售及管理费用：

由于销售及管理费用的固定费用（72 000-20 000=52 000）每季平均分摊，即每季分摊13 000，因此，每季度的销售及管理费用分别为：

一季度：2 640×10.8+13 000=41 512　　二季度：2 380×10.8+13 000=38 704

三季度：2 260×10.8+13 000=37 408　　四季度：2 770×10.8+13 000=42 916

全年合计：41 512+38 704+37 408+42 916=160 540

⑤计算银行借款、归还借款、归还利息以及期末现金余额：

题目要求：假设该公司与银行商定于季初借入借款，并分期于季度末还本付息，借款年利率为10%。假设借款或还款本金必须为10 000元的整数倍，利随本清。同时要求每个季度现金余额不低于30 000元。

而一季度如果不借款的话，现金收支差额为：-61 852，要使其大于等于30 000元，同时借款须为10 000的整数倍，则一季度应借入10 0000元，则一季度的期末现金余额为38 148。

由此，二季度的现金收支差额为104 964，考虑到现金余额不得低于30 000元，且还款时利随本清，因而本季度可归还的最大的借款额度为70 000元（本金），利息为：70 000×2×10%÷4=3 500元，因此，二季度的期末现金余额为31 464元。

由此，三季度的现金收支差额为64 006元，考虑到现金余额不得低于30 000元，且还款时利随本清，因而本季度可归还的最大的借款额度为30 000元（本金），利息为：30 000×3×10%÷4=2 250元，因此，三季度的期末现金余额为31 756元。

　　由此，四季度的现金收支差额为38 710元。

现金预算表　　　　　　　　　　　　单位：元

项　　目	一季度	二季度	三季度	四季度	全年合计
期初现金余额	30 000	38 148	31 464	31 756	38 710
加：销售现金收入	373 000	369 000	339 000	369 000	1 474 000
可供使用现金	403 000	407 148	370 464	400 756	1 512 710
减：现金支出					
直接材料	124 300	123 800	116 690	129 410	494 200
直接人工	52 800	47 600	45 200	55 400	201 000
制造费用	72 240	68 080	66 160	74 320	280 800
销售及管理费用	41 512	38 704	37 408	42 916	160 540
所得税费用	24 000	24 000	24 000	24 000	96 000
购买设备	150 000				150 000
支付股利			17 000	60 000	77 000
支出合计	464 852	302 184	306 458	386 046	1 459 540
现金收支差额	−61 852	104 964	64 006	38 710	44 460
银行借款	100 000				100 000
归还借款		70 000	30 000		100 000
归还利息		3 500	2 250		5 750
期末现金余额	38 148	31 464	31 756	38 710	38 710

第四章

筹资管理（上）

考情分析与考点提示

　　本章内容是考查重点，每年所占的分数比例都相当大，需要引起重视。本章主要是讲述筹资管理的相关内容，涉及股权筹资、债务筹资、衍生工具筹资、资金需要量预测以及资本成本与资本结构。本章考查的内容主观题、客观题均有涉及，因此，在看书的时候，需要全面掌握，尤其要注意本章与其他章节结合的知识点，是极易出现综合题的地方。

　　从历年试题分布来看，考查内容主观题和客观题所占的比重都较大（不低于20分）。主观题每年都会出现，而且还会出现在综合题中，其中2010年的两道综合题都涉及到了本章的知识点，因此，对本章的学习需要引起重视。在学习本章内容时，需要掌握股权筹资、债务筹资和衍生金融工具筹资；熟悉资金需要量预测的方法，资本成本计算和资本结构决策方法；了解筹资的概念、分类。

最近五年考试题型、分值分布

年份	单选	多选	判断	计算分析	综合题	合计
2013	4	2				6
2012	2	2				4
2011	3	2	1	1		7
2010	4	4	1	5	15	29
2009	2	4		5	10	21

　　说明：综合题涉及两章或两章以上内容的，所涉及的每一章均统计一次分数。

重点突破及真题解析

第一节　筹资管理的主要内容

■ 考点1　企业筹资的动机

　　企业筹资，是指企业为了满足经营活动、投资活动、资本结构管理和其他需要，运用一定的筹资方式，通过一定的筹资渠道，筹措和获取所需资金的一种财务行为。

企业筹资最基本的目的，是为了企业经营的维持和发展，为企业的经营活动提供资金保障，但每次具体的筹资行为，往往受特定动机的驱动。如为提高技术水平购置新设备而筹资，为对外投资活动而筹资，为产品研发而筹资，为解决资金周转临时需要而筹资，等等。各种具体的筹资原因，归纳起来表现为四类筹资动机：创立性筹资动机、支付性筹资动机、扩张性筹资动机和调整性筹资动机。

1.创立性筹资动机

创立性筹资动机，是指企业设立时，为取得资本金并形成开展经营活动的基本条件而产生的筹资动机。

2.支付性筹资动机

支付性筹资动机，是指为了满足经营业务活动的正常波动所形成的支付需要而产生的筹资动机。企业在开展经营活动过程中，经常会出现超出维持正常经营活动资金需求的季节性、临时性的交易支付需要，如原材料购买的大额支付、员工工资的集中发放、银行借款的提前偿还、股东股利的发放等。

3.扩张性筹资动机

扩张性筹资动机，是指企业因扩大经营规模或对外投资需要而产生的筹资动机。企业维持简单再生产所需要的资金是稳定的，通常不需要或很少追加筹资。一旦企业扩大再生产，经营规模扩张、开展对外投资，就需要大量追加筹资。具有良好发展前景、处于成长期的企业，往往会产生扩张性的筹资动机。

4.调整性筹资动机

调整性筹资动机，是指企业因调整资本结构而产生的筹资动机。资本结构调整的目的在于降低资本成本，控制财务风险，提升企业价值。企业产生调整性筹资动机的具体原因大致有二：一是优化资本结构，合理利用财务杠杆效应；二是偿还到期债务，债务结构内部调整。如流动负债比例过大，使得企业近期偿还债务的压力较大，可以举借长期债务来偿还部分短期债务。

在实务中，企业筹资的目的可能不是单纯和唯一的，通过追加筹资，既满足了经营活动、投资活动的资金需要，又达到了调整资本结构的目的。这类情况很多，可以归纳称之为混合性的筹资动机。

■ 考点2　筹资管理的内容

筹资活动是企业资金流转运动的起点，筹资管理要求解决企业为什么要筹资、需要筹集多少资金、从什么渠道以什么方式筹集，以及如何协调财务风险和资本成本，合理安排资本结构等问题。

（一）科学预计资金需要量

企业创立时，要按照规划的生产经营规模，核定长期资本需要量和流动资金需要量；企业正常营运时，要根据年度经营计划和资金周转水平，核定维持营业活动的日常资金需求量；企业扩张发展时，要根据生产经营扩张规模或对外投资对大额资金的需求，安排专项的资金。

（二）合理安排筹资渠道、选择筹资方式

一般来说，企业最基本的筹资渠道是直接筹资和间接筹资。直接筹资，是企业直接从社会取得资金；间接筹资，是企业通过银行等金融机构从社会取得资金。内部筹资主要依靠企业的利润留存积累。外部筹资主要有两种方式：股权筹资和债务筹资。

（三）降低资本成本、控制财务风险

资本成本是企业筹集和使用资金所付出的代价，包括资金筹集费用和使用费用。一般来说，债务资金比股权资金的资本成本要低。即使同是债务资金，由于借款、债券和租赁的性质不同，其资本成本也有差异。企业在筹资管理中，要合理利用资本成本较低的资金，努力降低企业的资本成本率。

财务风险，是企业无法如期足额地偿付到期债务的本金和利息的风险。企业筹集资金在降低资本成本的同时，要充分考虑财务风险。

■ 考点3 筹资的方式

筹资方式，是指企业筹集资金所采取的具体形式，它受到法律环境、经济体制、融资市场等筹资环境的制约，特别是受国家对金融市场和融资行为方面的法律法规制约。

筹资方式主要包括：吸收直接投资、发行股票、发行债券、向金融机构借款、融资租赁、商业信用以及留存收益。

一般来说，企业最基本的筹资方式就是两种：股权筹资和债务筹资。股权筹资形成企业的股权资金，通过吸收直接投资、公开发行股票等方式取得；债务筹资形成企业的债务资金，通过向银行借款、发行公司债券、利用商业信用等方式取得。至于发行可转换债券等筹集资金的方式，属于兼有股权筹资和债务筹资性质的混合筹资方式。

> 例4-1（2011年单选题）下列各项中，属于商业信用筹资方式的是（　　　）。
>
> A. 发行短期融资券　　　B. 应付账款筹资　　　C. 短期借款　　　D. 融资租赁
>
> 【参考答案】B
>
> 【解析】本题考查商业信用的形式。商业信用的形式一般包括应付账款、应计未付款和预收账款。因此，本题B选项正确。

■ 考点4 筹资的分类

企业筹资可以按不同的标准进行分类。

（一）股权筹资、债务筹资及混合筹资

按企业所取得资金的权益特性不同，企业筹资分为股权筹资、债务筹资及混合筹资三类。

股权资本，是股东投入的、企业依法长期拥有、能够自主调配运用的资本。股权资本，包括实收资本（股本）、资本公积、盈余公积和未分配利润。股权资本在企业持续经营期间内，投资者不得抽回，因而也称之为企业的自有资本、主权资本或权益资本。股权资本是企业从事生产经营活动和偿还债务的基本保证，是代表企业基本资信状况的一个主要指标。企业的股权资本通过吸收直接投资、发行股票、内部积累等方式取得。股权资本由于一般不用偿还本金，形成了企业的永久性资本，因而财务风险小，但付出的资本成本相对较高。

债务资本，是企业按合同向债权人取得的，在规定期限内需要清偿的债务。企业通过债务筹资形成债务资，债务资金通过向金融机构借款、发行债券、融资租赁等方式取得。由于债务资金到期要归还本金和支付利息，债权人对企业的经营状况不承担责任，因而债务资金具有较大的财务风险，但付出的资本成本相对较低。从经济意义上来说，债务资金是债权人对企业的一种投资，债权人依法享有企业使用债务资金所取得的经济利益，因而债务资金形成了企业的债权人权益。

混合筹资，兼具股权与债务筹资性质。我国上市公司目前最常见的混合筹资方式是发行可转换债券和发行认股权证。

（二）直接筹资与间接筹资

按是否借助于金融机构为媒介来获取社会资金，企业筹资分为直接筹资和间接筹资两种类型。

直接筹资，是企业直接与资金供应者协商融通资金的筹资活动。直接筹资不需要通过金融机构来筹措资金，是企业直接从社会取得资金的方式。直接筹资方式主要有发行股票、发行债券、吸收直接投资等。直接筹资方式既可以筹集股权资金，也可以筹集债务资金。相对来说，直接筹资的筹资手续比较复杂，筹资费用较高；但筹资领域广阔，能够直接利用社会资金，有利于提高企业的知名度和资信度。

间接筹资，是企业借助于银行和非银行金融机构而筹集资金。在间接筹资方式下，银行等金融机构发挥中介作用，预先集聚资金，然后提供给企业。间接筹资的基本方式是银行借款，此外还有融资租赁等方式。间接筹资，形成的主要是债务资金，主要用于满足企业资金周转的需要。间接筹资手续相对比较简便，筹资效率高，筹资费用较低，但容易受金融政策的制约和影响。

（三）内部筹资与外部筹资

按资金的来源范围不同，企业筹资分为内部筹资和外部筹资两种类型。

内部筹资是指企业通过利润留存而形成的筹资来源。内部筹资数额的大小主要取决于企业可分配利润的多少和利润分配政策（股利政策），一般无需花费筹资费用，从而降低了资本成本。

外部筹资是指企业向外部筹措资金而形成的筹资来源。处于初创期的企业，内部筹资的可能性是有限的；处于成长期的企业，内部筹资往往难以满足需要。这就需要企业广泛地开展外部筹资，如发行股票、债券，取得商业信用、向银行借款等。企业向外部筹资大多需要花费一定的筹资费用，从而提高了筹资成本。

（四）长期筹资与短期筹资

按所筹集资金的使用期限不同，企业筹资分为长期筹资和短期筹资两种类型。

长期筹资，是指企业筹集使用期限在一年以上的资金筹集活动。长期筹资的目的主要在于形成和更新企业的生产和经营能力，或扩大企业的生产经营规模，或为对外投资筹集资金。长期筹资通常采取吸收直接投资、发行股票、发行债券、取得长期借款、融资租赁等方式，所形成的长期资金主要用于购建固定资产、形成无形资产、进行对外长期投资、垫支流动资金、产品和技术研发等。从资金权益性质来看，长期资金可以是股权资金，也可以是债务资金。

短期筹资，是指企业筹集使用期限在一年以内的资金筹集活动。短期资金主要用于企业的流动资产和日常资金周转，一般在短期内需要偿还。短期筹资经常利用商业信用、短期借款、保理业务等方式来筹集。

■ 考点5　筹资管理的原则

企业筹资管理的基本要求，是在严格遵守国家法律法规的基础上，分析影响筹资的各种因素，权衡资金的性质、数量、成本和风险，合理选择筹资方式，提高筹集效果。

筹资管理的原则是：筹措合法、规模适当、取得及时、来源经济、结构合理

例4-2（2012年多选题）下列各项中，属于企业筹资管理应当遵循的原则有（　　　）。

A. 依法筹资原则　　　　B. 负债最低原则　　　　C. 规模适度原则　　　　D. 结构合理原则

【参考答案】 ACD

【解析】 筹资管理的原则：①遵循国家法律法规，合法筹措资金；②分析生产经营情况，正确预测资金需要量；③合理安排筹资时间，适时取得资金；④了解各种筹资渠道，选择资金来源；⑤研究各种筹资成本，优化资本结构。

■ 考点6　企业资本金制度

资本金制度是国家就企业资本金的筹集、管理以及所有者的责权利等方面所作的法律规范。

（一）资本金的概念

设立企业必须有法定的资本金。资本金，是指企业在工商行政管理部门登记的注册资金，是投资者用以进行企业生产经营、承担民事责任而投入的资金。

从性质上看，资本金是投资者创建企业所投入的资本，是原始启动资金；从功能上看，资本金是投资者用以享有权益和承担责任的资金；从法律地位来看，投资者只能按所投入的资本金而不是所投入的实际资本数额享有权益和承担责任；从时效来看，投资者不得随意从企业收回资本金，企业可以无限期地占用投资者的出资。

（二）资本金的筹集

1. 资本金的最低限额

国家的相关法律规定了各类企业资本金的最低限额，我国《公司法》规定，股份有限公司

注册资本的最低限额为人民币500万元，上市的股份有限公司股本总额不少于人民币3 000万元；有限责任公司注册资本的最低限额为人民币3万元，一人有限责任公司的注册资本最低限额为人民币10万元。

2. 资本金的出资方式

根据我国《公司法》等法律法规的规定，投资者可以采取货币资产和非货币资产两种形式出资。

3. 资本金缴纳的期限

资本金缴纳的期限，通常有三种办法：一是实收资本制，二是授权资本制，三是折中资本制。我国《公司法》规定，资本金的缴纳采用折中资本制，资本金可以分期缴纳，但首次出资额不得低于法定的注册资本最低限额。股份有限公司和有限责任公司的股东首次出资额不得低于注册资本的20%，其余部分由股东自公司成立之日起两年内缴足，投资公司可以在5年内缴足。而对于一人有限责任公司，股东应当一次足额缴纳公司章程规定的注册资本额。

4. 资本金的评估

吸收实物、无形资产等非货币资产筹集资本金的，应按照评估确认的金额或者按合同、协议约定的金额计价。其中，为了避免虚假出资或通过出资转移财产，导致国有资产流失，国有及国有控股企业以非货币资产出资或者接受其他企业的非货币资产出资，需要委托有资格的资产评估机构进行资产评估，并以资产评估机构评估确认的资产价值作为投资作价的基础。经国务院、省政府批准实施的重大经济事项涉及的资产评估项目，分别由本级政府国有资产监管部门或者财政部门负责核准，其余资产评估项目一律实施备案制度。

（三）资本金的管理原则

1. 资本确定原则

资本确定，是指企业设立时资本金数额的确定。企业设立时，必须明确规定企业的资本总额以及各投资者认缴的数额。为了强化资本确定的原则，法律规定由工商行政管理机构进行企业注册资本的登记管理。这是保护债权人利益、明晰企业产权的根本需要。根据《公司法》等法律法规的规定，一方面，投资者以认缴的资本为限对公司承担责任；另一方面，投资者以实际缴纳的资本为依据行使表决权和分取红利。

2. 资本充实原则

资本充实，是指资本金的筹集应当及时、足额。企业筹集资本金的数额、方式、期限均要在投资合同或协议中约定，并在企业章程中加以规定，以确保企业能够及时、足额筹得资本金。

对企业登记注册的资本金，投资者应在法律法规和财务制度规定的期限内缴足。企业筹集的注册资本，必须进行验资，以保证出资的真实可信。

3. 资本维持原则

资本维持，指企业在持续经营期间有义务保持资本金的完整性。企业除由股东大会或投资者会议作出增减资本决议并按法定程序办理者外，不得任意增减资本总额。

企业筹集的实收资本，在持续经营期间可以由投资者依照相关法律法规以及企业章程的规定转让或者减少，投资者不得抽逃或者变相抽回出资。在下列四种情况下，股份公司可以回购本公司股份：减少公司注册资本；与持有本公司股份的其他公司合并；将股份奖励给本公司职工；股东因对股东大会作出的公司合并、分立决议持有异议而要求公司收购其股份。

股份公司依法回购股份，应当符合法定要求和条件，并经股东大会决议。用于将股份奖励给本公司职工而回购本公司股份的，不得超过本公司已发行股份总额的5%；用于收购的资金应当从公司的税后利润中支出；所收购的股份应当在一年内转让给职工。

第二节　债务筹资

债务筹资形成企业的债务资金，债务资金是企业通过银行借款、向社会发行公司债券、融资租赁等方式筹集和取得的资金。银行借款、发行债券和融资租赁，是债务筹资的三种基本形式。商业信用也是一种债务资金，但它是企业间的商品或劳务交易形成的，故在营运资金管理一章中予以介绍。

考点1　银行借款

银行借款是指企业向银行或其他非银行金融机构借入的、需要还本付息的款项，包括偿还期限超过一年的长期借款和不足一年的短期借款，主要用于企业购建固定资产和满足流动资金周转的需要。

（一）银行借款的种类

1. 按提供贷款的机构，分为政策性银行贷款、商业银行贷款和其他金融机构贷款

政策性银行贷款是指执行国家政策性贷款业务的银行向企业发放的贷款，通常为长期贷款。

商业性银行贷款是指由各商业银行向工商企业提供的贷款，用以满足企业生产经营的资金需要，包括短期贷款和长期贷款。

其他金融机构贷款，如从信托投资公司取得实物或货币形式的信托投资贷款，从财务公司取得的各种中长期贷款，从保险公司取得的贷款等。其他金融机构的贷款一般较商业银行贷款的期限要长，要求的利率较高，对借款企业的信用要求和担保的选择比较严格。

2. 按机构对贷款有无担保要求，分为信用贷款和担保贷款

信用贷款是指以借款人的信誉或保证人的信用为依据而获得的贷款。企业取得这种贷款，无需以财产作抵押。对于这种贷款，由于风险较高，银行通常要收取较高的利息，往往还附加一定的限制条件。

担保贷款是指由借款人或第三方依法提供担保而获得的贷款。担保包括保证责任、财务抵押、财产质押，由此，担保贷款包括保证贷款、抵押贷款和质押贷款。

保证贷款是指按《担保法》规定的保证方式，以第三人作为保证人承诺在借款人不能偿还借款时，按约定承担一定保证责任或连带责任而取得的贷款。

抵押贷款是指按《担保法》规定的抵押方式，以借款人或第三人的财产作为抵押物而取得的贷款。抵押是指债务人或第三人不转移财产的占有，将该财产作为债权的担保，债务人不履

行债务时，债权人有权将该财产折价或者以拍卖、变卖的价款优先受偿。作为贷款担保的抵押品，可以是不动产、机器设备、交通运输工具等实物资产，可以是依法有权处分的土地使用权，也可以是股票、债券等有价证券等，它们必须是能够变现的资产。如果贷款到期借款企业不能或不愿偿还贷款，银行可取消企业对抵押品的赎回权。抵押贷款有利于降低银行贷款的风险，提高贷款的安全性。

质押贷款是指按《担保法》规定的质押方式，以借款人或第三人的动产或财产权利作为质押物而取得的贷款。质押是指债务人或第三人将其动产或财产权利移交给债权人占有，将该动产或财务权利作为债权的担保，债务人不履行债务时，债权人有权以该动产或财产权利折价或者以拍卖、变卖的价款优先受偿。作为贷款担保的质押品，可以是汇票、支票、债券、存款单、提单等信用凭证，可以是依法可以转让的股份、股票等有价证券，也可以是依法可以转让的商标专用权、专利权、著作权中的财产权等。

3. 按企业取得贷款的用途，分为基本建设贷款、专项贷款和流动资金贷款

基本建设贷款是指企业因从事新建、改建、扩建等基本建设项目需要资金而向银行申请借入的款项。

专项贷款是指企业因为专门用途而向银行申请借入的款项，包括更新改造技改贷款、大修理贷款、研发和新产品研制贷款、小型技术措施贷款、出口专项贷款、引进技术转让费周转金贷款、进口设备外汇贷款、进口设备人民币贷款及国内配套设备贷款等。

流动资金贷款是指企业为满足流动资金的需求而向银行申请借入的款项，包括流动基金借款、生产周转借款、临时借款、结算借款和卖方信贷。

（二）银行借款的程序

银行借款的程序如下：

（1）提出申请，银行审批。

（2）签订合同，取得借款。

（三）长期借款的保护性条款

由于银行等金融机构提供的长期贷款金额高、期限长、风险大，因此，除借款合同的基本条款之外，债权人通常还在借款合同中附加各种保护性条款，以确保企业按要求使用借款和按时足额偿还借款。保护性条款一般有以下三类：

（1）例行性保护条款。这类条款作为例行常规，在大多数借款合同中都会出现。主要包括：①定期向提供贷款的金融机构提交公司财务报表，以使债权人随时掌握公司的财务状况和经营成果；②保持存货储备量，不准在正常情况下出售较多的非产成品存货，以保持企业正常生产经营能力；③及时清偿债务，包括到期清偿应缴纳税金和其他债务，以防被罚款而造成不必要的现金流失；④不准以资产作其他承诺的担保或抵押；⑤不准贴现应收票据或出售应收账款，以避免或有负债等。

（2）一般性保护条款。一般性保护条款是对企业资产的流动性及偿债能力等方面的要求条款，这类条款应用于大多数借款合同，主要包括：①保持企业的资产流动性；②限制企业非经

营性支出；③限制企业资本支出的规模；④限制公司再举债规模；⑤限制公司的长期投资。

（3）特殊性保护条款。这类条款是针对某些特殊情况而出现在部分借款合同中的条款，只有在特殊情况下才能生效。主要包括：要求公司的主要领导人购买人身保险；借款的用途不得改变；违约惩罚条款，等等。

上述各项条款结合使用，将有利于全面保护银行等债权人的权益。但借款合同是经双方充分协商后决定的，其最终结果取决于双方谈判能力的大小，而不是完全取决于银行等债权人的主观愿望。

（四）银行借款的筹资特点

银行借款的筹资具有如下特点：

（1）筹资速度快。

（2）资本成本较低。

（3）筹资弹性较大。

（4）限制条款多。

（5）筹资数额有限。

考点2 发行公司债券

公司债券是企业依照法定程序发行的、约定在一定期限内还本付息的有价证券。债券是持有人拥有公司债权的书面证书，它代表持券人同发债公司之间的债权债务关系。

（一）发行债券的条件

在我国，根据《公司法》的规定，股份有限公司、国有独资公司和两个以上的国有公司或者两个以上的国有投资主体投资设立的有限责任公司，具有发行债券的资格。

根据《证券法》规定，公开发行公司债券，应当符合下列条件：

（1）股份有限公司的净资产不低于人民币3 000万元，有限责任公司的净资产不低于人民币6 000万元；

（2）累计债券余额不超过公司净资产的40%；

（3）最近三年平均可分配利润足以支付公司债券一年的利息；

（4）筹集的资金投向符合国家产业政策；

（5）债券的利率不超过国务院限定的利率水平；

（6）国务院规定的其他条件。

公开发行公司债券筹集的资金，必须用于核准的用途，不得用于弥补亏损和非生产性支出。

根据《证券法》规定，公司申请公司债券上市交易，应当符合下列条件：

（1）公司债券的期限为一年以上；

（2）公司债券实际发行额不少于人民币5 000万元；

（3）公司申请债券上市时仍符合法定的公司债券发行条件。

（二）公司债券的种类

1. 按是否记名，分为记名债券和无记名债券

记名公司债券，应当在公司债券存根簿上载明债券持有人的姓名及住所、债券持有人取得债券的日期及债券的编号等债券持有人信息。记名公司债券，由债券持有人以背书方式或者法律、行政法规规定的其他方式转让；转让后由公司将受让人的姓名或者名称及住所记载于公司债券存根簿。

无记名公司债券，应当在公司债券存根簿上载明债券总额、利率、偿还期限和方式、发行日期及债券的编号。无记名公司债券的转让，由债券持有人将该债券交付给受让人后即发生转让的效力。

2. 按是否能够转换成公司股权，分为可转换债券与不可转换债券

可转换债券，债券持有者可以在规定的时间内按规定的价格转换为发债公司的股票。这种债券在发行时，对债券转换为股票的价格和比率等都作了详细规定。《公司法》规定，可转换债券的发行主体是股份有限公司中的上市公司。

不可转换债券，是指不能转换为发债公司股票的债券，大多数公司债券属于这种类型。

3. 按有无特定财产担保，分为担保债券和信用债券

担保债权是指以抵押方式担保发行人按期还本付息的债券，主要是指抵押债券。抵押债券按其抵押品的不同，又分为不动产抵押债券、动产抵押债券和证券信托抵押债券。

信用债券是无担保债券，是仅凭公司自身的信用发行的、没有抵押品作抵押担保的债券。在公司清算时，信用债券的持有人因无特定的资产作担保品，只能作为一般债权人参与剩余财产的分配。

（三）发行债券的程序

发行债券的程序如下：

（1）作出发债决议。

（2）提出发债申请。

（3）公告募集办法。

（4）委托证券经营机构发售。

（5）交付债券，收缴债券款。

（四）债券的偿还

债券偿还时间按其实际发生与规定的到期日之间的关系，分为提前偿还与到期偿还两类，其中后者又包括分批偿还和一次偿还两种。

1. 提前偿还

提前偿还又称提前赎回或收回，是指在债券尚未到期之前就予以偿还。只有在公司发行债券的契约中明确规定了有关允许提前偿还的条款，公司才可以进行此项操作。提前偿还所支付的价格通常要高于债券的面值，并随到期日的临近而逐渐下降。具有提前偿还条款的债券可使公司筹资有较大的弹性。当公司资金有结余时，可提前赎回债券；当预测利率下降时，也可提前赎回债券，而后以较低的利率来发行新债券。

2. 到期分批偿还

如果一个公司在发行同一种债券的当时就为不同编号或不同发行对象的债券规定了不同的到期日，这种债券就是分批偿还债券。

3. 到期一次偿还

多数情况下，发行债券的公司在债券到期日，一次性归还债券本金，并结算债券利息。

（五）发行公司债券的筹资特点

通过发行公司债券进行筹资，具有如下特点：

（1）一次筹资数额大。

（2）筹集资金的使用限制条件少。

（3）资本成本负担较高。

（4）提高公司的社会声誉。

考点3　融资租赁

租赁，是指通过签订资产出让合同的方式，使用资产的一方（承租方）通过支付租金，向出让资产的一方（出租方）取得资产使用权的一种交易行为。在这项交易中，承租方通过得到所需资产的使用权，完成了筹集资金的行为。

（一）租赁的基本特征

1. 所有权与使用权相分离。租赁资产的所有权与使用权分离是租赁的主要特点之一。

2. 融资与融物相结合。

3. 租金的分期支付。

（二）租赁的分类

租赁分为融资租赁和经营租赁。

经营租赁是由租赁公司向承租单位在短期内提供设备，并提供维修、保养、人员培训等的一种服务性业务，又称服务性租赁。

融资租赁是由租赁公司按承租单位要求出资购买设备，在较长的合同期内提供给承租单位使用的融资信用业务，它是以融通资金为主要目的的租赁。

表4-1　融资租赁与经营租赁的区别

对比项目	融资租赁（Financial lease）	经营租赁（Operational lease）
业务原理	融资融物于一体	无融资租赁特征，只是一种融物方式
租赁目的	融通资金，添置设备	暂时性使用，预防无形损耗风险
租期	较长，相当于设备经济寿命的大部分	较短
租金	包括设备价款	只是设备使用费
契约法律效力	不可撤销合同	经双方同意可中途撤销合同
租赁标的	一般为专用设备，也可为通用设备	通用设备居多

（续表）

对比项目	融资租赁（Financial lease）	经营租赁（Operational lease）
维修与保养	专用设备多为承租人负责，通用设备多为出租人负责	全部为出租人负责
承租人	一般为一个	设备经济寿命期内轮流租给多个承租人
灵活方便	不明显	明显

（三）融资租赁的基本程序与形式

1. 融资租赁的基本程序

（1）选择租赁公司，提出委托申请。

（2）签订购货协议。

（3）签订租赁合同。融资租赁合同的内容可分为一般条款和特殊条款两部分。

（4）交货验收。

（5）定期交付租金。

（6）合同期满处理设备。承租企业根据合同约定，对设备续租、退租或留购。

2. 融资租赁的基本形式

（1）直接租赁。直接租赁是融资租赁的主要形式，承租方提出租赁申请时，出租方按照承租方的要求选购，然后再出租给承租方。

（2）售后回租。售后回租是指承租方由于急需资金等各种原因，将自己资产售给出租方，然后以租赁的形式从出租方原封不动地租回资产的使用权。在这种租赁合同中，除资产所有者的名义改变之外，其余情况均无变化。

（3）杠杆租赁。杠杆租赁是指涉及承租人、出租人和资金出借人三方的融资租赁业务。一般来说，当所涉及的资产价值昂贵时，出租方自己只投入部分资金，通常为资产价值的20%～40%，其余资金则通过将该资产抵押担保的方式，向第三方（通常为银行）申请贷款解决。租赁公司然后将购进的设备出租给承租方，用收取的租金偿还贷款，该资产的所有权属于出租方。出租人既是债权人也是债务人，如果出租人到期不能按期偿还借款，资产所有权则转移给资金的出借者。

（四）融资租赁的租金计算

1. 租金的构成

融资租赁每期租金的多少，取决于以下几项因素：①设备原价及预计残值，包括设备买价、运输费、安装调试费、保险费等，以及该设备租赁期满后，出售可得的市价。②利息，指租赁公司为承租企业购置设备垫付资金所应支付的利息。③租赁手续费，指租赁公司承办租赁设备所发生的业务费用和必要的利润。

2. 租金的支付方式

租金的支付方式有以下几种分类方式：①按支付间隔期长短，分为年付、半年付、季付和月付等方式。②按在期初和期末支付，分为先付和后付。③按每次支付额，分为等额支付和不等额支付。实务中，承租企业与租赁公司商定的租金支付方式，大多为后付等额年金。

3. 租金的计算

我国融资租赁实务中，租金的计算大多采用等额年金法。等额年金法下，通常要根据利率和租赁手续费率确定一个租费率，作为折现率。

（五）融资租赁的筹资特点

通过融资租赁进行筹资，具有如下特点：

（1）在资金缺乏情况下，能迅速获得所需资产。

（2）财务风险小，财务优势明显。

（3）筹资的限制条件较少。

（4）能延长资金融通的期限。

（5）资本成本负担较高。

（6）免遭设备陈旧过时的风险。

例4-3（2012年单选题）与银行借款相比，下列各项中不属于融资租赁筹资特点的是（　　）。

A. 资本成本低　　　　　B. 融资风险小　　　　　C. 融资期限长　　　　　D. 融资限制少

【参考答案】A

【解析】融资租赁的筹资特点如下：①在资金缺乏的情况下，能迅速获得所需资产；②财务风险小，财务优势明显；③筹资的限制条件较少；④能延长资金融通的期限；⑤免遭设备陈旧过时的风险；⑥资本成本负担较高。

▌考点4　债务筹资的优缺点

（一）债务筹资的优点

债务筹资具有如下优点：

（1）筹资速度较快。

（2）筹资弹性大。

（3）资本成本负担较轻。

（4）可以利用财务杠杆。

（5）稳定公司的控制权。

（二）债务筹资的缺点

债务筹资具有如下缺点：

（1）不能形成企业稳定的资本基础。

（2）财务风险较大。

（3）筹资数额有限。

第三节 股权筹资

股权筹资形成企业的股权资金，是企业最基本的筹资方式。吸收直接投资、发行股票和利用留存收益，是股权筹资的三种基本形式。

■ 考点1 吸收直接投资

吸收直接投资，是指企业按照"共同投资、共同经营、共担风险、共享收益"的原则，直接吸收国家、法人、个人和外商投入资金的一种筹资方式。吸收直接投资是非股份制企业筹集权益资本的基本方式，采用吸收直接投资的企业，资本不分为等额股份、无需公开发行股票。吸收直接投资实际出资额，注册资本部分形成实收资本；超过注册资本的部分属于资本溢价，形成资本公积。

（一）吸收直接投资的种类

1. 吸收国家投资

国家投资是指有权代表国家投资的政府部门或机构，以国有资产投入公司，这种情况下形成的资本叫国有资本。吸收国家投资一般具有以下特点：①产权归属国家；②资金的运用和处置受国家约束较大；③在国有公司中采用比较广泛。

2. 吸收法人投资

法人投资是指法人单位以其依法可支配的资产投入公司，这种情况下形成的资本称为法人资本。吸收法人资本一般具有以下特点：①发生在法人单位之间；②以参与公司利润分配或控制为目的；③出资方式灵活多样。

3. 合资经营

合资经营，是指两个或者两个以上的不同国家的投资者共同投资，创办企业，并且共同经营、共担风险、共负盈亏、共享利益的一种直接投资方式。在我国，中外合资经营企业亦称股权式合营企业，它是外国公司、企业和其他经济组织或个人同中国的公司、企业或其他经济组织在中国境内共同投资举办的企业。

中外合资经营一般具有如下特点：①合资经营企业在中国境内，按中国法律规定取得法人资格，为中国法人；②合资经营企业为有限责任公司；③注册资本中，外方合营者的出资比例一般不低于25%；④合资经营期限一般项目为10年至30年，最长可到50年，经国务院特批的可50年以上；⑤合资经营企业的注册资本与投资总额之间应依法保持适当比例关系，投资总额是指按照合营企业合同和章程规定的生产规模需要投入的基本建设资金和生产流动资金的总和。

4. 吸收社会公众投资

社会公众投资是指社会个人或本公司职工以个人合法财产投入公司，这种情况下形成的资本称为个人资本。吸收社会公众投资一般具有以下特点：①参加投资的人员较多；②每人投资的数额相对较少；③以参与公司利润分配为基本目的。

（二）吸收直接投资的出资方式

1. 以货币资产出资

以货币资产出资是吸收直接投资中最重要的出资方式。企业有了货币资产，便可以获取其他物质资源，支付各种费用，满足企业创建时的开支和随后的日常周转需要。

2. 以实物资产出资

实物出资是指投资者以房屋、建筑物、设备等固定资产和材料、燃料、商品产品等流动资产所进行的投资。实物投资应符合以下条件：①适合企业生产、经营、研发等活动的需要；②技术性能良好；③作价公平合理。实物出资中实物的作价，可以由出资各方协商确定，也可以聘请专业资产评估机构评估确定。国有及国有控股企业接受其他企业的非货币资产出资，需要委托有资格的资产评估机构进行资产评估。

3. 以土地使用权出资

土地使用权是指土地经营者对依法取得的土地在一定期限内有进行建筑、生产经营或其他活动的权利。土地使用权具有相对的独立性，在土地使用权存续期间，包括土地所有者在内的其他任何人和单位，不能任意收回土地和非法干预使用权人的经营活动。企业吸收土地使用权投资应符合以下条件：①适合企业科研、生产、经营、研发等活动的需要；②地理、交通条件适宜；③作价公平合理。

4. 以工业产权出资

工业产权通常是指专有技术、商标权、专利权、非专利技术等无形资产。投资者以工业产权出资应符合以下条件：①有助企业研究、开发和生产出新的高科技产品；②有助于企业提高生产效率，改进产品质量；③有助于企业降低生产消耗、能源消耗等各种消耗；④作价公平合理。

5. 以特定债权出资

特定债权，指企业依法发行的可转换债券以及按照国家有关规定可以转作股权的债权。在实践中，企业可以将特定债权转为股权的情形主要有：①上市公司依法发行的可转换债券；②金融资产管理公司持有的国有及国有控股企业债权；③企业实行公司制改建时，经银行以外的其他债权人协商同意，可以按照有关协议和企业章程的规定，将其债权转为股权；④根据《利用外资改组国有企业暂行规定》，国有企业的境内债权人将持有的债权转给外国投资者，企业通过债转股改组为外商投资企业；⑤按照《企业公司制改建有关国有资本管理与财务处理的暂行规定》，国有企业改制时，账面原有应付工资余额中欠发职工工资部分，在符合国家政策、职工自愿的条件下，依法扣除个人所得税后可转为个人投资；未退还职工的集资款也可转为个人投资。

（三）吸收直接投资的程序

吸收直接投资的程序如下：

（1）确定筹资数量。

（2）寻找投资单位。

（3）协商和签署投资协议。

（4）取得所筹集的资金。

（四）吸收直接投资的筹资特点

通过吸收直接投资进行筹资，具有如下特点：

（1）能够尽快形成生产能力。

（2）容易进行信息沟通。

（3）资本成本较高。

（4）企业控制权集中，不利于企业治理。

（5）不利于产权交易。

考点2　发行普通股股票

股票是股份有限公司为筹措股权资本而发行的有价证券，是公司签发的证明股东持有公司股份的凭证。股票作为一种所有权凭证，代表着股东对发行公司净资产的所有权。股票只能由股份有限公司发行。

（一）股票的特征与分类

1.股票的特点

（1）永久性。

（2）流通性。

（3）风险性。风险的表现形式有：股票价格的波动性、红利的不确定性、破产清算时股东处于剩余财产分配的最后顺序等。

（4）参与性。

2.股东的权利

股东最基本的权利是按投入公司的股份额，依法享有公司收益获取权、公司重大决策参与权和选择公司管理者的权利，并以其所持股份为限对公司承担责任。股东权利具体包括：公司管理权、收益分享权、股份转让权、优先认股权、剩余财产要求权。

3.股票的种类

（1）按股东权利和义务，分为普通股股票和优先股股票。

普通股股票简称普通股，是公司发行的代表着股东享有平等的权利、义务，不加特别限制的，股利不固定的股票。普通股是最基本的股票，股份有限公司通常情况只发行普通股。

优先股股票简称优先股，是公司发行的相对于普通股具有一定优先权的股票。其优先权利主要表现在股利分配优先权和分取剩余财产优先权上。优先股股东在股东大会上无表决权，在参与公司经营管理上受到一定限制，仅对涉及优先股权利的问题有表决权。

（2）按票面有无记名，分为记名股票和无记名股票。

记名股票是在股票票面上记载有股东姓名或将名称记入公司股东名册的股票，无记名股票不登记股东名称，公司只记载股票数量、编号及发行日期。

我国《公司法》规定，公司向发起人、国家授权投资机构、法人发行的股票，为记名股票；向社会公众发行的股票，可以为记名股票，也可以为无记名股票。

（3）按发行对象和上市地点，分为A股、B股、H股、N股和S股等。

A股即人民币普通股票，由我国境内公司发行，境内上市交易，它以人民币标明面值，以人民币认购和交易。B股即人民币特种股票，由我国境内公司发行，境内上市交易，它以人民币标明面值，以外币认购和交易。H股是注册地在内地、上市在香港的股票，依此类推，在纽约和新加坡上市的股票，就分别称为N股和S股。

（二）股份有限公司的设立、股票的发行与上市

1. 股份有限公司的设立

设立股份有限公司，应当有2人以上200人以下为发起人，其中须有半数以上的发起人在中国境内有住所。股份有限公司的设立，可以采取发起设立或者募集设立的方式。

以发起设立方式设立股份有限公司的，公司全体发起人的首次出资额不得低于注册资本的20%，其余部分由发起人自公司成立之日起2年内缴足（投资公司可以在5年内缴足）。

以募集设立方式设立股份有限公司的，发起人认购的股份不得少于公司股份总数的35%；法律、行政法规另有规定的，从其规定。

股份有限公司的发起人应当承担下列责任：①公司不能成立时，发起人对设立行为所产生的债务和费用负连带责任；②公司不能成立时，发起人对认股人已缴纳的股款，负返还股款并加算银行同期存款利息的连带责任；③在公司设立过程中，由于发起人的过失致使公司利益受到损害的，应当对公司承担赔偿责任。

2. 股票的发行方式

（1）公开间接发行。公开间接发行股票，是指股份公司通过中介机构向社会公众公开发行股票。采用募集设立方式成立的股份有限公司，向社会公开发行股票时，必须由有资格的证券经营中介机构，如证券公司、信托投资公司等承销。这种发行方式的发行范围广，发行对象多，易于足额筹集资本。公开发行股票，同时还有利于提高公司的知名度，扩大其影响力，但公开发行方式审批手续复杂严格，发行成本高。

（2）非公开直接发行。非公开直接发行股票，是指股份公司只向少数特定对象直接发行股票，不需要中介机构承销。用发起设立方式成立和向特定对象募集方式发行新股的股份有限公司，向发起人和特定对象发行股票，采用直接将股票销售给认购者的自销方式。这种发行方式弹性较大，企业能控制股票的发行过程，节省发行费用。但发行范围小，不易及时足额筹集资本，发行后股票的变现性差。

3. 股票上市交易

（1）股票上市的目的。

① 便于筹措新资金。

② 促进股权流通和转让。

③ 便于确定公司价值。

但股票上市也有对公司不利的一面，这主要体现在：上市成本较高，手续复杂严格；公司将负担较高的信息披露成本；信息公开的要求可能会暴露公司的商业机密；股价有时会歪曲公司的实际情况，影响公司声誉；可能会分散公司的控制权，造成管理上的困难。

（2）股票上市的条件。我国《证券法》规定，股份有限公司申请股票上市，应当符合下列条件：

① 股票经国务院证券监督管理机构核准已公开发行；

② 公司股本总额不少于人民币3 000万元；

③ 公开发行的股份达到公司股份总数的25%以上；公司股本总额超过人民币4亿元的，公开发行股份的比例为10%以上；

④ 公司最近三年无重大违法行为，财务会计报告无虚假记载。

（三）上市公司的股票发行

上市的股份有限公司在证券市场上发行股票，包括公开发行和非公开发行两种类型。公开发行股票又分为首次上市公开发行股票和上市公开发行股票，非公开发行即向特定投资者发行，也叫定向发行。

1. 上市公开发行股票

上市公开发行股票，是指股份有限公司已经上市后，通过证券交易所在证券市场上对社会公开发行股票。上市公司公开发行股票，包括增发和配股两种方式。

2. 非公开发行股票

上市公司非公开发行股票，是指上市公司采用非公开方式，向特定对象发行股票的行为，也叫定向募集增发。其目的往往是为了引入该机构的特定能力，如管理、渠道等。定向增发的对象可以是老股东，也可以是新投资者。总之，定向增发完成之后，公司的股权结构往往会发生较大变化，甚至发生控股权变更的情况。

在公司设立时，上市公开发行股票与非上市不公开发行股票相比较，上市公开发行股票方式的发行范围广，发行对象多，易于足额筹集资本，同时还有利于提高公司的知名度。但公开发行方式审批手续复杂严格，发行成本高。在公司设立后再融资时，上市公司定向增发和非上市公司定向增发相比较，上市公司定向增发优势在于：①有利于引入战略投资者和机构投资者；②有利于利用上市公司的市场化估值溢价，将母公司资产通过资本市场放大，从而提升母公司的资产价值；③定向增发是一种主要的并购手段，特别是资产并购型定向增发，有利于集团企业整体上市，并同时减轻并购的现金流压力。

（四）引入战略投资者

1. 战略投资者的概念与要求

我国在新股发行中引入战略投资者，允许战略投资者在公司发行新股中参与配售。按照证监会的规则解释，战略投资者是指与发行人具有合作关系或有合作意向和潜力，与发行公司业务联系紧密且欲长期持有发行公司股票的法人。从国外风险投资机构对战略投资者的定义来看，一般认为战略投资者是能够通过帮助公司融资、提供营销与销售支持的业务，或通过个人关系增加投资价值的公司或个人投资者。

一般来说，作为战略投资者的基本要求是：①要与公司的经营业务联系紧密；②要出于长期投资目的而较长时期地持有股票；③要具有相当的资金实力，且持股数量较多。

2. 引入战略投资者的作用

（1）提升公司形象，提高资本市场认同度。

（2）优化股权结构，健全公司法人治理。

（3）提高公司资源整合能力，增强公司的核心竞争力。

（4）达到阶段性的融资目标，加快实现公司上市融资的进程。

从现有情况来看，目前我国上市公司确定战略投资者还处于募集资金最大化的实用原则阶段。谁的申购价格高，谁就能成为战略投资者，管理型、技术型的战略投资者还很少见。资本市场中的战略投资者，目前多是追逐持股价差、有较大承受能力的股票持有者，一般都是大型证券投资机构。

（五）发行普通股股票的筹资特点

通过发行普通股股票进行筹资，具有如下特点：

（1）两权分离，有利于公司自主经营管理。

（2）没有固定的股息负担，资本成本较低。

（3）能增强公司的社会声誉，促进股权流通和转让。

（4）不易及时形成生产能力。

考点3 留存收益

（一）留存收益的性质

从性质上看，企业通过合法有效地经营所实现的税后净利润，都属于企业的所有者。企业将本年度的利润部分甚至全部留存下来的原因很多，主要包括：第一，收益的确认和计量是建立在权责发生制基础上的，企业有利润，但企业不一定有相应的现金净流量增加，因而企业不一定有足够的现金将利润全部或部分派给所有者。第二，法律法规从保护债权人利益和要求企业可持续发展等角度出发，限制企业将利润全部分配出去。第三，企业基于自身扩大再生产和筹资的需求，也会将一部分利润留存下来。

（二）留存收益的筹资途径

1. 提取盈余公积金

盈余公积金主要用于企业未来的经营发展，经投资者审议后也可以用于转增股本（实收资本）和弥补以前年度经营亏损，但不得用于以后年度的对外利润分配。

2. 未分配利润

未分配利润有两层含义：第一，这部分净利润本年没有分配给公司的股东投资者；第二，这部分净利润未指定用途，可以用于企业未来的经营发展、转增资本（实收资本）、弥补以前年度的经营亏损及以后年度的利润分配。

（三）利用留存收益的筹资特点

利用留存收益进行筹资，具有如下特点：

（1）不用发生筹资费用。

（2）维持公司的控制权分布。

（3）筹资数额有限。

例4-4（2013年单选题）与股票筹资相比，下列各项中，属于留存收益筹资特点的是（　　）。

A. 资本成本较高　　　　　　　　　B. 筹资费用较高

C. 稀释原有股东控制权　　　　　　D. 筹资数额有限

【参考答案】D

【解析】本题主要考核"第四章"的"留存收益"知识点。留存收益筹资有三个特点：①不用发生筹资费用。企业从外界筹集长期资本，与普通股筹资相比较，留存收益筹资不需要发生筹资费用，资本成本较低。②维持公司的控制权分布。利用留存收益筹资，不用对外发行新股或吸收新投资者，由此增加的权益资本不会改变公司的股权结构，不会稀释原有股东的控制权。③筹资数额有限。留存收益的最大数额是企业当期的净利润和以前年度未分配利润之和，不如外部筹资一次性可以筹资大量资金。如果企业发生亏损，当年没有利润留存。另外，股东和投资者从自身期望出发，往往希望企业每年发放一定股利，保持一定的利润分配比例。因此本题答案为D。

考点4　股权筹资的优缺点

（一）股权筹资的优点

股权筹资具有如下优点：

（1）股权筹资是企业稳定的资本基础。

（2）股权筹资是企业良好的信誉基础。

（3）企业财务风险较小。

（二）股权筹资的缺点

股权筹资具有如下缺点：

（1）资本成本负担较重。

（2）容易分散公司的控制权。

（3）信息沟通与披露成本较大。

本章同步训练

一、单项选择题

1. 企业在采用吸收直接投资方式筹集资金时，以下不能被投资者用于出资的是（　　）。

A. 股票　　　　　B. 土地使用权　　　　　C. 实物　　　　　D. 无形资产

2. 按照能否转换成公司股票，债券可分为（   ）。

A. 记名债券和无记名债券   B. 可转换债券和不可转换债券

C. 到期偿还债券和提前偿还债券   D. 信用债券和担保债券

3. （   ）是指当股份公司为增加公司资本而决定增加发行新的股票时，原普通股股东享有的按其持股比例，以低于市价的某一特定价格优先认购一定数量新发行股票的权利。

A. 优先认股权   B. 期权投资   C. 可转换债券   D. 金融期货

4. 吸收直接投资和发行普通股筹资的共同特点不包括（   ）。

A. 有利于增强企业信誉   B. 资金成本高

C. 容易分散控制权   D. 能够尽快形成生产能力

5. 以下属于普通股筹资特点的是（   ）。

A. 会降低公司的信誉   B. 容易分散控制权

C. 筹资费用低   D. 可以尽快形成生产能力

6. 债务筹资的三个基本形式是（   ）。

A. 发行债券、银行借款、经营租赁   B. 发行债券、经营租赁、融资租赁

C. 发行债券、银行借款、商业信用   D. 发行债券、银行借款、融资租赁

7. 要求公司的主要领导人购买人身保险，属于长期借款保护条款中的（   ）。

A. 例行性保护条款   B. 一般性保护条款

C. 特殊性保护条款   D. 例行性保护条款或一般性保护条款

8. 下列说法不正确的是（   ）。

A. 如果企业的财务管理人员认为目前的利率较低，未来有可能上升，便会大量发行短期债券

B. 如果销售具有较强的周期性，则企业将冒较大的财务风险

C. 狭义的资本结构是指长期的股权资本与债权资本的构成及比例关系

D. 资产适用于抵押贷款的公司举债额较多

9. 相对于发行债券和利用银行贷款购买设备而言，通过融资租赁方式取得设备的主要缺点是（   ）。

A. 资本成本高   B. 筹资速度慢

C. 限制条款多   D. 财务风险大

10. 下列关于融资租赁的说法不正确的是（   ）。

A. 在杠杆租赁中，如果出租人不能按期偿还借款，资产的所有权就要转归资金的出借者

B. 从承租人的角度来看，杠杆租赁与其他租赁形式并无区别

C. 从出租人的角度来看，杠杆租赁与其他租赁形式并无区别

D. 包括售后租回、直接租赁和杠杆租赁三种基本形式

二、多项选择题

1. 筹资管理的原则包括（   ）。

A. 遵循国家法律法规，合法筹措资金   B. 分析生产经营情况，正确预测资金需要量

C. 了解各种筹资渠道，选择资金来源   D. 研究各种筹资方式，优化资本结构

2. 以下关于资本金本质特征说法正确的有（　　　　）。

A. 从性质上看，资本金是投资者创建企业所投入的资本，是原始启动资金

B. 从功能上看，资本金是投资者用以享有权益和承担责任的资金

C. 从法律地位来看，投资者只能按所投入的资本金而不是所投入的实际资本数额享有权益和承担责任

D. 从时效来看，投资者不得随意从企业收回资本金，企业可以无限期地占用投资者的出资

3. 依照法律规定，以下非货币资产中不能作为出资方式的有（　　　　）。

A. 商标权　　　　　　　　B. 非专利技术　　　　　C. 商誉　　　　　　　　D. 特许经营权

4. 作为战略投资者的基本要求包括（　　　　）。

A. 与公司的经营业务联系紧密　　　　　　　B. 出于长期投资目的而较长时期地持有股票

C. 具有相当的资金实力　　　　　　　　　　D. 持股数量较多

5. 与非公开直接发行的股票发行方式相比，采用公开间接发行的优点有（　　　　）。

A. 发行范围广　　　　　　　　　　　　　　B. 发行方式弹性比较大

C. 发行成本高　　　　　　　　　　　　　　D. 易于足额筹集资本

6. 市场利率的变动对财务管理的影响主要体现在（　　　　）。

A. 预计市场利率上升时，企业应提前偿还长期借款

B. 预计市场利率下降时，企业应提前偿还长期借款

C. 预计市场利率提高时，企业应增加留存利润的数量

D. 预计市场利率提高时，可能使企业筹资成本上升

7. 下列对于长期借款筹资缺点的说法正确的有（　　　　）。

A. 借款弹性较小　　　　　　　　　　　　　B. 筹资风险较高

C. 限制性条款比较多　　　　　　　　　　　D. 筹资数量有限

8. 相对于银行借款而言，发行公司债券筹资的优点为（　　　　）。

A. 锁定资本成本　　　　　　　　　　　　　B. 募集资金的使用限制条件少

C. 一次筹资额度大　　　　　　　　　　　　D. 资金成本低

9. 与股权筹资相比，债务筹资的缺点有（　　　　）。

A. 不能形成企业稳定的资本基础　　　　　　B. 财务风险较大

C. 筹资数额有限　　　　　　　　　　　　　D. 筹资速度较慢

三、判断题

1. 质押是指债务人或第三人不转让财产的占有，将该财产作为债权的担保，债务人不履行债务时，债权人有权将该财产折价或者拍卖、变卖的价款优先受偿。（　　　）

2. 与长期负债融资相比，流动负债融资的期限短、成本低，其偿债风险也相对较小。（　　　）

3. 具有提前偿还条款的债券，可使企业融资有较大的弹性，当企业资金有结余时，可提前赎回债券；当预测利率下降时，也可提前赎回债券而后以较低的利率来发行新债券，有利于降低资本成本。（　　　）

4. 利用债券筹资可以发挥财务杠杆作用，但筹资风险大。（　　　）

5. 从出租人的角度来看，杠杆租赁与直接租赁并无区别。（　　　）

本章同步训练答案与解析

一、单项选择题

1.【参考答案】A

【答案解析】企业在采用吸收直接投资方式筹集资金时，投资者可以以现金、实物、工业产权和土地使用权等出资。其中，以工业产权出资是指投资者以专有技术、商标权、专利权等无形资产所进行的投资。

2.【参考答案】B

【答案解析】按照债券是否记名，可将债券分为记名债券和无记名债券；按照有无特定的财产担保，可将债券分为信用债券和担保债券；按债券偿还时间，可将债券分为到期偿还债券和提前偿还债券。

3.【参考答案】A

【答案解析】优先认股权，是指当股份公司为增加公司资本而决定增加发行新的股票时，原普通股股东享有的按其持股比例，以低于市价的某一特定价格优先认购一定数量新发行股票的权利。

4.【参考答案】D

【答案解析】吸收直接投资的优点包括：有利于增强企业信誉，有利于尽快形成生产能力，有利于降低财务风险；吸收直接投资的缺点包括：资金成本较高，容易分散企业控制权。发行普通股的优点包括：没有固定利息负担，没有固定到期日，筹资风险小，能增加公司的信誉，筹资限制较少；发行普通股的缺点包括：资金成本较高，容易分散控制权。

5.【参考答案】B

【答案解析】发行普通股筹资的筹资特点有：

（1）所有权与经营权相分离，分散公司控制权，有利于公司自主管理、自主经营。

（2）没有固定的股息负担，资本成本较低。

（3）增强公司的社会声誉。

（4）促进股权流通和转让。

（5）筹资费用较高，手续复杂。

（6）不易尽快形成生产能力。

（7）公司控制权分散，公司容易被经理人控制。

6.【参考答案】D

【答案解析】债务筹资的三个基本形式包括发行债券、银行借款、融资租赁。

7.【参考答案】C

【答案解析】特殊性保护条款是针对某些特殊情况而出现在部分借款合同中的条款，只有在特殊情况下才能生效，主要包括：要求公司的主要领导人购买人身保险；借款的用途不得改变；违约惩罚条款等。

8.【参考答案】A

【答案解析】如果企业的财务管理人员认为目前的利率较低，未来有可能上升，便会大量发行长期债券，从而在若干年内把利率固定在较低的水平上。

9.【参考答案】A

【答案解析】融资租赁的特点：①在资金缺乏情况下，能迅速获得所需资产；②财务风险小，财务优势明显；③融资租赁筹资的限制条件较少；④租赁能延长资金融通的期限；⑤免遭设备陈旧过时的风险；⑥资本成本高。

10.【参考答案】C

【答案解析】从出租人的角度来看。杠杆租赁与其他租赁形式有区别，杠杆租赁的出租人只出购买资产所需的部分资金作为自己的投资，另外以该资产作为担保向资金出借者借入其余资金。因此，它既是债权人又是债务人，用收取的租金偿还贷款。

二、多项选择题

1.【参考答案】ABCD

【答案解析】四个选项都属于筹资管理的原则，另外还有一条原则是"合理安排筹资时间，适时取得资金"。

2.【参考答案】ABCD

【答案解析】题干中四个选项的说法都是正确的，刚好构成了资本金的四个本质特征。

3.【参考答案】CD

【答案解析】商标权和非专利技术属于工业产权，工业产权可以作为出资方式。但是《公司法》规定，股东或者发起人不得以劳务、信用、自然人姓名、商誉、特许经营权或者设定担保的财产等作价出资。

4.【参考答案】ABCD

【答案解析】作为战略投资者的基本要求是：

（1）要与公司的经营业务联系紧密。

（2）要出于长期投资目的而较长时期地持有股票。

（3）要具有相当的资金实力，持股数量较多。

5.【参考答案】AD

【答案解析】采用公开间接发行的方式发行股票的优点是：发行范围广，发行对象多，易于足额筹集资本、提高公司的知名度，扩大公司影响力。而发行成本高则属于公开间接发行的缺点。发行方式弹性比较大，属于非公开直接发行的优点。

6.【参考答案】BCD

【答案解析】预计市场利率上升时，新增债务筹资成本上升，因此，企业应增加留存利润的数量，同时避免提前偿还长期借款；反之，当市场利率下降时，企业应提前偿还长期借款，获得新的利率低的借款，降低筹资成本。

7.【参考答案】BCD

【答案解析】长期借款筹资的优点主要有：①筹资速度快；②借款弹性较大；③借款成本较低；④可以发挥财务杠杆的作用。长期借款筹资的缺点主要有：①筹资风险较高；②限制性条款比较多；③筹资数量有限。

8.【参考答案】ABC

【答案解析】尽管公司债券的利息比银行借款高，但公司债券的期限长，利率相对固定。在预计市场利率持续上升的金融市场环境下，发行公司债券筹资，能够锁定资本成本。所以A选项正确。与银行借款相比，债券筹资募集资金的使用具有相对灵活性和自主性。相比之下债券募集资金的使用限制条件少。所以B选项正确。发行公司债券筹资能够筹集大额的资金，而银行借款筹资数额有限，这是企业选择发行公司债券筹资的主要原因。所以C选项正确。相对于银行借款，发行债券的利息负担和筹资费用都比较高，相比之下债券筹资的成本较高。所以D选项不正确。

9.【参考答案】ABC

【答案解析】与股权筹资相比，债务筹资的缺点包括：不能形成企业稳定的资本基础、财务风险较大、筹资数额有限。

三、判断题

1.【参考答案】×

【答案解析】抵押是指债务人或第三人不转让财产的占有，将该财产作为债权的担保，债务人不履行债务时，债权人有权将该财产折价或者拍卖、变卖的价款优先受偿。

2.【参考答案】×

【答案解析】与长期负债融资相比，流动负债融资的期限短，但其还本付息的压力比较大，所以其偿债风险也相对较大。

3.【参考答案】√

【答案解析】依据提前偿还条款债券的特点，本题的说法正确。

4.【参考答案】√

【答案解析】债券有固定的到期日，并定期支付利息。在企业经营不景气时，向债券持有人还本、定期付息，会给企业带来很大的困难，甚至导致企业破产。所以，利用债券筹资的风险高。

5.【参考答案】×

【答案解析】杠杆租赁，从承租人角度看，它与其他租赁形式无区别，同样是按合同的规定，在基本租赁期内定期支付定额租金，取得资产的使用权。但对出租人却不同，杠杆租赁中出租人只出购买资产所需的部分资金作为自己的投资；另外以该资产作为担保向资金出借者借入其余资金。因此，出租人既是债权人也是债务人。如果出租人不能按期偿还借款，资产的所有权就要转归资金的出借者。

第五章

筹资管理（下）

考情分析与考点提示

最近五年考试题型、分值分布

年份	单选	多选	判断	计算分析	综合题	合计
2013	3	2	2	5		12
2012	2	2	1			5
2011	3		2			5
2010	2			1		3
2009	2	2				4

说明：综合题涉及两章或两章以上内容的，所涉及的每一章均统计一次分数。

重点突破及真题解析

第一节 混合筹资

混合筹资筹集的是混合性资金，即兼具股权和债务特征的资金。我国上市公司目前取得的混合性资金的主要方式是发行可转换债券和认股权证。

考点1 可转换债券

可转换债券是一种混合型证券，是公司普通债券与证券期权的组合体。可转换债券的持有人在一定期限内，可以按照事先规定的价格或者转换比例，自由地选择是否转换为公司普通股。

一般来说，可转换债券可以分为两类：一类是不可分离的可转换债券，其转股权与债券不可分离，债券持有者直接按照债券面额和约定的转股价格，在规定的期限内将债券转换为股票；另一类是可分离交易的可转换债券，这类债券在发行时附有认股权证，是认股权证与公司债券的组合，发行上市后，公司债券和认股权证各自独立流通、交易。认股权证的持有者认购股票时，需要按照认购价格（行权价）出资购买股票。

（一）可转换债券的基本性质

可转换债券基本性质如下：

（1）证券期权性。

（2）资本转换性。

（3）赎回与回售。

（二）可转换债券的基本要素

可转换债券的基本要素是指构成可转换债券基本特征的必要因素，它们代表了可转换债券与一般债券的区别。

1.标的股票

可转换债券转换期权的标的物，就是可转换成的公司股票。

2.票面利率

可转换债券的票面利率一般会低于普通债券的票面利率，有时甚至还低于同期银行存款利率。

3. 转换价格

转换价格是指可转换债券在转换期间内据以转换为普通股的折算价格，即将可转换债券转换为普通股的每股普通股的价格。我国《可转换公司债券管理暂行办法》规定，上市公司发行可转换公司债券，以发行前一个月股票的平均价格为基准，上浮一定幅度作为转股价格。

4. 转换比率

转换比率是指每一份可转换债券在既定的转换价格下能转换为普通股股票的数量。在债券面值和转换价格确定的前提下，转换比率为债券面值与转换价格之商：

$$转化比率 = \frac{债券面值}{转换价格}$$

例5-1（单选题）某公司发行可转换债券，每张面值为1 000元，若该可转换债券的转换价格为40元，则每张可转换债券能够转换为股票的股数为（　　　）。

A. 40　　　　　　　　B. 25　　　　　　　　C. 15　　　　　　　　D. 30

【参考答案】B

【解析】转换比率=1 000÷40=25，即每张可转换债券能够转换为股票的股数为25股。因此，本题的最佳答案是B选项。

5. 转换期

转换期指的是可转换债券持有人能够行使转换权的有效期限。转换期间的设定通常有四种情形：债券发行日至到期日；发行日至到期前；发行后某日至到期日；发行后某日至到期前。

6. 赎回条款

赎回条款是指发债公司按事先约定的价格买回未转股债券的条件规定，赎回一般发生在公司股票价格在一段时期内连续高于转股价格达到某一幅度时。赎回条款通常包括：不可赎回期间与赎回期；赎回价格（一般高于可转换债券的面值）；赎回条件（分为无条件赎回和有条件赎回）等。

设置赎回条款最主要的功能是强制债券持有者积极行使转股权，因此又被称为加速条款。同时也能使发债公司避免在市场利率下降后，继续向债券持有人支付较高的债券利率所蒙受的损失。

7. 回售条款

回售条款是指债券持有人有权按照事前约定的价格将债券卖回给发债公司的条件规定。回售一般发生在公司股票价格在一段时期内连续低于转股价格达到某一幅度时。回售对于投资者而言实际上是一种卖权，有利于降低投资者的持券风险。与赎回一样，回售条款也有回售时间、回售价格和回收条件等规定。

8. 强制性转换条款

强制性转换调整条款是指在某些条件具备之后，债券持有人必须将可转换债券转换为股票，无权要求偿还债权本金的规定。可转换债券发行之后，其股票价格可能出现巨大波动。公司设置强制性转换调整条款，保证可转换债券顺利地转换成股票，预防投资者到期集中挤兑引发公司破产的悲剧。

（三）可转换债券的发行条件

（1）最近三年连续盈利，且最近三年净资产收益率平均在10%以上；属于能源、原材料、基础设施类的公司可以略低，但是不得低于7%；

（2）可转换债券发行后，公司资产负债率不高于70%；

（3）累计债券余额不超过公司净资产额的40%；

（4）上市公司发行可转换债券，还应当符合关于公开发行股票的条件。

发行分离交易的可转换公司债券，除符合公开发行证券的一般条件外，还应当符合的规定包括：公司最近一期末经审计的净资产不低于人民币15亿元；最近三个会计年度实现的年均可分配利润不少于公司债券一年的利息；最近三个会计年度经营活动产生的现金流量净额平均不少于公司债券一年的利息；本次发行后累计公司债券余额不超过最近一期末净资产额的40%，预计所附认股权全部行权后募集的资金总量不超过拟发行公司债券金额等。分离交易的可转换公司债券募集说明书应当约定，上市公司改变公告的募集资金用途的，赋予债券持有人一次回售的权利。

所附认股权证的行权价格应不低于公告募集说明书日前20个交易日公司股票均价和前一个交易日的均价；认股权证的存续期间不超过公司债券的期限，自发行结束之日起不少于6个月；募集说明书公告的权证存续期限不得调整；认股权证自发行结束至少已满6个月起方可行权，行权期间为存续期限届满前的一段期间，或者是存续期限内的特定交易日。

（四）可转换债券的筹资特点

利用可转换债券筹资，具有如下特点：

（1）筹资灵活性。

（2）资本成本较低。

（3）筹资效率高。

（4）存在一定的财务压力。

考点2　认股权证

认股权证是一种由上市公司发行的证明文件，持有人有权在一定时间内以约定价格认购该公司发行的一定数量的股票。广义的权证（Warrant），是一种持有人有权于某一特定期间或到期日，按约定的价格认购或估出一定数量的标的资产的期权。按买或卖的不同权利，可分为认购权证和认沽权证，又称为看涨权证和看跌权证。认股权证，属于认购权证。

（一）认股权证的基本性质

认股权证基本性质如下：

（1）认股权证的期权性。

（2）认股权证是一种投资工具。

（三）认股权证的筹资特点

利用认股权证筹资，具有如下特点：

（1）认股权证是一种融资促进工具，它能促使公司在规定的期限内完成股票发行计划，顺利实现融资。

（2）有助于改善上市公司的治理结构。

（3）有利于推进上市公司的股权激励机制。

例5-2（2013年多选题）下列各项中，属于认股权证筹资特点的有（　　　　）

A. 认股权证是一种融资促进工具　　　　　　B. 认股权证是一种高风险融资工具

C. 有助于改善上市公司的治理结构　　　　　D. 有利于推进上市公司的股权激励机制

【参考答案】ACD

【解析】本题主要考核"第五章"的"认股权证"知识点。混合筹资筹集的是混合性资金，即兼具股权和债务特征的资金。我国上市公司目前取得的混合性资金的主要方式是发行可转换债券和认股权证。认股权证是一种由上市公司发行的证明文件，持有人有权在一定时间内以约定价格认购该公司发行的一定数量的股票。认股权证的的筹资特点有：①认股权证是一种融资促进工具。认股权证的发行人是发行标的股票的上市公司，认股权证通过以约定价格认购公司股票的契约方式，能保证公司能够在规定的期限内完成股票发行计划，顺利实现融资；②有助于改善上市公司的治理结构。在认股权证有效期间，上市公司管理层及其大股东任何有损公司价值的行为，都可能降低上市公司的股价，从而降低投资者执行认股权证的可能性，这将损害上市公司管理层及其大股东的利益。所以，认股权证能够约束上市公司的败德行为，并激励他们更加努力地提升上市公司的市场价值；③有利于推进上市公司的股权激励机制。认股权证是常用的员工激励工具，通过给予管理者和重要员工一定的认股权证，可以把管理者和员工的利益与企业价值成长紧密联系在一起。故本题选ACD。

第二节　资金需要量预测

资金的需要量是筹资的数量依据，必须科学合理地进行预测。筹资数量预测的基本目的，是保证筹集的资金既能满足生产经营的需要，又不会产生资金多余而闲置。

■ 考点1　因素分析法

因素分析法又称分析调整法，是以有关项目基期年度的平均资金需要量为基础，根据预测年度的生产经营任务和资金周转加速的要求，进行分析调整，来预测资金需要量的一种方法。这种方法计算简便，容易掌握，但预测结果不太精确。它通常用于品种繁多、规格复杂、资金用量小的项目。因素分析法的计算公式如下：

资金需要量 =（基期资金平均占用额−不合理资金占用额）×（1±预测期销售增减额）

×（1±预测期资金周转速度变动率）

例5-3（2013年单选题）甲企业本年度资金平均占用额为3 500万元，经分析，其中不合理部分为500万元。预计下年度销售增长5%，资金周转加速2%，则下年度资金需要量预计为（　　）万元。

A. 3 000　　　　　　B. 3 087　　　　　　C. 3 150　　　　　　D. 3 213

【参考答案】B

【解析】本题主要考核"第五章"的"因素分析法"知识点。因素分析法又称分析调整法，是以有关项目基期年度的平均资金需要量为基础，根据预测年度的生产经营任务和资金周转加速的要求，进行分析调整，来预测资金需要量的一种方法。这种方法计算简便，容易掌握，但预测结果不太精确。它通常用于品种繁多、规格复杂、资金用量较小的项目。因素分析法的计算公式如下：资金需要量=（基期资金平均占用额−不合理资金占用额）×（1±预测期销售增减额）×（1±预测期资金周转速度变动率）=（3 500−500）×（1+5%）×（1−2%）=3 087（万元）。

■ 考点2　销售百分比法

（一）基本原理

销售百分比法，是根据销售增长与资产增长之间的关系，预测未来资金需要量的方法。企业的销售规模扩大时，要相应增加流动资产；如果销售规模增加很多，还必须增加长期资产。通常，销售增长率较高时，仅靠留存收益不能满足资金需要，即使获利良好的企业也需外部筹资。因此，企业需要预先知道自己的筹资需求，提前安排筹资计划，否则就可能发生资金短缺问题。

销售百分比法，将反映生产经营规模的销售因素与反映资金占用的资产因素连接起来，根据销售与资产之间的数量比例关系，预计企业的外部筹资需要量。销售百分比法首先假设某些资产与销售额存在稳定的百分比关系，根据销售与资产的比例关系预计资产额，根据资产额预计相应的负债和所有者权益，进而确定筹资需要量。

（二）基本步骤

销售百分比法基本步骤如下：

（1）确定随销售额变动而变动的资产和负债项目。

（2）确定有关项目与销售额的稳定比例关系。

（3）确定需要增加的筹资数量。

预计由于销售增长而需要的资金需求增长额，扣除利润留存后，即为所需要的外部筹资额。即有：

$$外部融资需求量 = \frac{A}{S_1} \times \Delta S - \frac{B}{S_1} \times \Delta S - P \times E \times S_2$$

式中，A 为随销售而变化的敏感性资产；B 为随销售而变化的敏感性负债；S_1 为基期销售额；S_2 为预测期销售额；ΔS 为销售变动额；P 为销售净利率；E 为利润留存率；$\frac{A}{S_1}$ 为敏感资产与销售额的关系百分比；$\frac{B}{S_1}$ 为敏感负债与销售额的关系百分比。[①]

销售百分比法的优点，是能为筹资管理提供短期预计的财务报表，以适应外部筹资的需要，且易于使用。但在有关因素发生变动的情况下，必须相应地调整原有的销售百分比。

考点3　资金习性预测法

资金习性预测法，是指根据资金习性预测未来资金需要量的一种方法。所谓资金习性，是指资金的变动同产销量变动之间的依存关系。按照资金同产销量之间的依存关系，可以把资金区分为不变资金、变动资金和半变动资金。

不变资金是指在一定的产销量范围内，不受产销量变动的影响而保持固定不变的那部分资金。也就是说，产销量在一定范围内变动，这部分资金保持不变。这部分资金包括：为维持营业而占用的最低数额的现金，原材料的保险储备，必要的成品储备，厂房、机器设备等固定资产占用的资金。

例5-4（多选题）下列各项占用的资金，属于不变资金的有（　　　）。

A.原材料的保险储备　　　　　　　　　B.最低储备以外的存货

C.机器设备　　　　　　　　　　　　　D.辅助材料占用资金

【参考答案】AC

【解析】不变资金包括：为维持营业而占用的最低数额现金，原材料的保险储备，必要的成品储备，厂房、机器设备等固定资产占用的资金。选项B占用的资金属于变动资金，选项D占用的资金属于半变动资金。因此，本题的最佳答案是AC选项。

变动资金是指随产销量的变动而同比例变动的那部分资金。它一般包括直接构成产品实体

[①] 销售百分比法预测资金需要量时，计算留存利润是以销售利润为依据，因此本公式中使用销售净利率指标。这里，销售是指产品销售收入，即主营业务收入，销售净利率亦即主营业务净利率。

的原材料、外购件等占用的资金。另外，在最低储备以外的现金、存货、应收账款等也具有变动资金的性质。

半变动资金是指虽然受产销量变化的影响，但不成同比例变动的资金，如一些辅助材料上占用的资金。半变动资金可采用一定的方法划分为不变资金和变动资金两部分。

（一）根据资金占用总额与产销量的关系预测

这种方式是根据历史上企业资金占用总额与产销量之间的关系，把资金分为不变和变动两部分，然后结合预计的销售量来预测资金需要量。

设产销量为自变量X，资金占用为因变量Y，它们之间的关系可用下式表示：

$$Y=a+bX$$

式中，a为不变资金；b为单位产销量所需变动资金。

可见，只要求出a和b，并知道预测期的产销量，就可以用上述公式测算资金需求情况。a和b可用回归直线方程求出。

（二）采用逐项分析法预测

这种方式是根据各资金占用项目（如现金、存货、应收账款、固定资产）和资金来源项目同产销量之间的关系，把各项目的资金都分成变动和不变两部分，然后汇总在一起，求出企业变动资金总额和不变资金总额，进而来预测资金需求量。

进行资金习性分析，把资金划分为变动资金和不变资金两部分，从数量上掌握了资金同销售量之间的规律性，对准确地预测资金需要量有很大帮助。实际上，销售百分比法是资金习性分析法的具体运用。

应用线性回归法必须注意以下几个问题：①资金需要量与营业业务量之间线性关系的假定应符合实际情况；②确定a、b数值，应利用连续若干年的历史资料，一般要有三年以上的资料；③应考虑价格等因素的变动情况。

第三节 资本成本与资本结构

资本结构优化是企业筹资管理的基本目标，也会对企业的生产经营安排产生制约性的影响。资本成本是资本结构优化的标准，资本成本的固定性特性，带来了杠杆效应。

考点1 资本成本

资本成本是衡量资本结构优化程度的标准，也是对投资获得经济效益的最低要求，通常用资本成本率表示。企业所筹得的资本付诸使用以后，只有项目的投资收益率高于资本成本率，才能表明所筹集的资本取得了较好的经济效益。

（一）资本成本的含义

资本成本是指企业为筹集和使用资本而付出的代价，包括筹资费用和占用费用。资本成本是资本所有权与资本使用权分离的结果。

1. 筹资费

筹资费，是指企业在资本筹措过程中为获得资本而付出的代价。筹资费用通常在资本筹集时一次性发生，在资本使用过程中不再发生，因此，视为筹资数额的一项扣除。

2. 占用费

占用费，是指企业在资本使用过程中因占用资本而付出的代价。占用费用是因为占用了他人资金而必须支付的，是资本成本的主要内容。

（二）资本成本的作用

资本成本具有如下作用：

（1）资本成本是比较筹资方式、选择筹资方案的依据。

（2）平均资本成本是衡量资本结构是否合理的依据。

（3）资本成本是评价投资项目可行性的主要标准。

（4）资本成本是评价企业整体业绩的重要依据。

（三）影响资本成本的因素

影响资本成本的因素主要有：

（1）总体经济环境。

（2）资本市场条件。

（3）企业经营状况和融资状况。

（4）企业对筹资规模和时限的需求。

（四）个别资本成本的计算

个别资本成本是指单一融资方式的资本成本，包括银行借款资本成本、公司债券资本成本、融资租赁资本成本、普通股资本成本和留存收益成本等，其中前三类是债务资本成本，后两类是权益资本成本。个别资本成本率可用于比较和评价各种筹资方式。

1. 资本成本计算的基本模式

（1）一般模式。为了便于分析比较，资本成本通常不考虑时间价值的一般通用模型计算，用相对数即资本成本率表达。计算时，将初期的筹资费用作为筹资额的一项扣除，扣除筹资费用后的筹资额称为筹资净额，通用的计算公式是：

$$资本成本率 = \frac{年资金占用费}{筹资总额 - 筹资费用} = \frac{年资金占用费}{筹资总额 \times (1 - 筹资费用率)}$$

（2）折现模式。对于金额大、时间超过一年的长期资本，更准确一些的资本成本计算方式是采用折现模式，即将债务未来还本付息或股权未来股利分红的折现值与目前筹资净额相等时的折现率作为资本成本率。即：

$$由：筹资净额现值 - 未来资本清偿额现金流量现值 = 0$$

$$得：资本成本率 = 所采用的折现率$$

2. 银行借款的资本成本率

银行借款资本成本包括借款利息和借款手续费用。利息费用税前支付，可以起抵税作用，一般计算税后资本成本率，税后资本成本率与权益资本成本率具有可比性。银行借款的资本成本率按一般模式计算为：

$$K_b = \frac{年利率 \times（1-企业所得税税率）}{1-手续费率} \times 100\% = \frac{i(1-T)}{1-f} \times 100\%$$

式中，K_b为银行借款资本成本率；i为银行借款年利率；f为筹资费用率；T为企业所得税税率。

对于长期借款，考虑时间价值问题，还可以用折现模式计算资本成本率。

3. 公司债券的资本成本率

公司债券资本成本包括债券利息和借款发行费用。债券可以溢价发行，也可以折价发行，其资本成本率按一般模式计算为：

$$K_b = \frac{年利息 \times（1-企业所得税税率）}{债券筹资总额（1-手续费率）} \times 100\% = \frac{I(1-T)}{L(1-f)} \times 100\%$$

式中，L为公司债券筹资总额；I为公司债券年利息。

4. 融资租赁的资本成本计算

融资租赁各期的租金中，包含有本金每期的偿还和各期手续费用（即租赁公司的各期利润），其资本成本率只能按贴现模式计算。

5. 普通股的资本成本率

普通股资本成本主要是向股东支付的各期股利。由于各期股利并不一定固定，随企业各期收益波动，因此普通股的资本成本只能按贴现模式计算，并假定各期股利的变化具有一定的规律性。如果是上市公司普通股，其资本成本还可以根据该公司的股票收益率与市场收益率的相关性，按资本资产定价模型法估计。

（1）股利增长模型法。假定资本市场有效，股票市场价格与价值相等。假定某股票本期支付的股利为D_0，未来各期股利按g速度增长。目前股票市场价格为P_0，则普通股资本成本为：

$$K_s = \frac{D_0(1+g)}{P_0(1-f)} + g = \frac{D_1}{P_0(1-f)} + g$$

（2）资本资产定价模型法。假定资本市场有效，股票市场价格与价值相等。假定无风险收益率为R_f，市场平均收益率为R_m，某股票贝塔系数为β，则普通股资本成本率为：

$$K_s = R_s = R_f + \beta（R_m - R_f）$$

例5-5（2009年单选题）已知某公司股票的β系数为0.5，短期国债收益率为6%，市场组合收益率为10%，则该公司股票的必要收益率为（   ）。

A. 6%   B. 8%   C. 10%   D. 16%

【参考答案】B

【解析】本题考查的是第五章的相关内容。根据资本资产定价模型：必要收益率=6%+0.5×（10%-6%）=8%。因此，本题的最佳答案是B选项。

6. 留存收益的资本成本率

企业利用留存收益筹资无需发生筹资费用。留存收益的资本成本率，表现为股东追加投资要求的收益率，其计算与普通股成本相同，也分为股利增长模型法和资本资产定价模型法，不同点在于留存收益资本成本不考虑筹资费用。

（五）平均资本成本的计算

平均资本成本是指多元化融资方式下的综合资本成本，反映了企业资本成本整体水平的高低。在衡量和评价单一融资方案时，需要计算个别资本成本；在衡量和评价企业筹资总体的经济性时，需要计算企业的平均资本成本。平均资本成本用于衡量企业资本成本水平，确立企业理想的资本结构。

企业平均资本成本，是以各项个别资本在企业总资本中的比重为权数，对各项个别资本成本率进行加权平均而得到的总资本成本率。其计算公式为：

$$K_w = \sum_{j=1}^{n} K_j W_j$$

式中，K_w 为平均资本成本；K_j 为第 j 种个别资本成本；W_j 为第 j 种个别资本在全部资本中的比重。

平均资本成本的计算，存在着权数价值的选择问题，即各项个别资本按什么权数来确定资本比重。通常，可供选择的价值形式有账面价值、市场价值、目标价值等。

1. 账面价值权数

即以各项个别资本的会计报表账面价值为基础来计算资本权数，确定各类资本占总资本的比重。其优点是资料容易取得，可以直接从资产负债表中得到，而且计算结果比较稳定。其缺点是，当债券和股票的市价与账面价值差距较大时，导致按账面价值计算出来的资本成本，不能反映目前从资本市场上筹集资本的现时机会成本，不适合评价现时的资本结构。

2. 市场价值权数

即以各项个别资本的现行市价为基础来计算资本权数，确定各类资本占总资本的比重。其优点是能够反映现时的资本成本水平，有利于进行资本结构决策。但现行市价处于经常变动之中，不容易取得，而且现行市价反映的只是现时的资本结构，不适用未来的筹资决策。

3. 目标价值权数

即以各项个别资本预计的未来价值为基础来确定资本权数，确定各类资本占总资本的比重。目标价值是目标资本结构要求下的产物，是公司筹措和使用资金对资本结构的一种要求。对于公司筹措新资金，需要反映期望的资本结构来说，目标价值是有益的，适用于未来的筹资决策，但目标价值的确定难免具有主观性。

以目标价值为基础计算资本权重，能体现决策的相关性。目标价值权数的确定，可以选择未来的市场价值，也可以选择未来的账面价值。选择未来的市场价值，与资本市场现状联系比较紧密，能够与现时的资本市场环境状况结合起来，目标价值权数的确定一般以现时市场价值为依据。但市场价值波动频繁，可行方案是选用市场价值的历史平均值，如30日、60日、120日均价等。总之，目标价值权数是主观愿望和预期的表现，依赖于财务经理的价值判断和职业经验。

例5-6（2013年单选题）为反映现时资本成本水平，计算平均资本成本最适宜采用的价值权数是（　　　）。

A. 账面价值权数　　　　B. 目标价值权数　　　　C. 市场价值权数　　　　D. 历史价值权数

【参考答案】 C

【解析】 平均资本成本是指多元化融资方式下的综合资本成本，反映着企业资本成本整体水平的高低。平均资本成本率的计算，存在着权数价值的选择问题，即各项个别资本按什么权数来确定资本比重。通常，可供选择的价值形式有三种：①账面价值权数。即以各项个别资本的会计报表账面价值为基础来计算资本权数，确定各类资本占总资本的比重。其优点是资料容易取得，可以直接从资产负债表中得到，而且计算结果比较稳定。其缺点是，当债券和股票的市价与账面价值差距较大时，导致按账面价值计算出来的资本成本不能反映目前从资本市场上筹集资本的现时机会成本，不适合评价现时的资本结构；②市场价值权数。即以各项个别资本的现行市价为基础来计算资本权数，确定各类资本占总资本的比重。其优点是能够反映现时的资本成本水平，有利于进行资本结构决策。但现行市价处于经常变动之中，不容易取得，而且现行市价反映的只是现时的资本结构，不适用未来的筹资决策；③目标价值权数。即以各项个别资本预计的未来价值为基础来确定资本权数，确定各类资本占总资本的比重。对于公司筹措新资金，需要反映期望的资本结构来说，目标价值是有益的，适用于未来的筹资决策，但目标价值的确定难免具有主观性。故本题答案为C。

（六）边际资本成本的计算

边际资本成本是企业追加筹资的成本。企业的个别资本成本和平均资本成本，是企业过去筹集的单项资本的成本和目前使用全部资本的成本。边际资本成本，是企业进行追加筹资的决策依据。筹资方案组合时，边际资本成本的权数采用目标价值权数。

考点2　杠杆效应

财务管理中存在着类似于物理学中的杠杆效应，表现为：由于特定固定支出或费用的存在，导致当某一财务变量以较小幅度变动时，另一相关变量会以较大幅度变动。财务管理中的杠杆效应，包括经营杠杆、财务杠杆和总杠杆三种效应形式。杠杆效应既可以产生杠杆利益，也可能带来杠杆风险。

（一）经营杠杆效应

1. 经营杠杆

经营杠杆，是指由于固定性经营成本的存在，而使得企业的资产报酬（息税前利润）变动率大于业务量变动率的现象。经营杠杆反映了资产报酬的波动性，用以评价企业的经营风险。用息税前利润（EBIT）表示资产总报酬，则：

$$EBIT = S - V - F = (P - V_C)Q - F = M - F$$

式中，$EBIT$ 为息税前利润；S 为销售额；V 为变动性经营成本；F 为固定性经营成本；Q 为产销业务量；P 为销售单价；V_C 为单位变动成本；M 为边际贡献。

上式中，影响 $EBIT$ 的因素包括产品售价、产品需求、产品成本等因素。当产品成本中存在固定成本时，如果其他条件不变，产销业务量的增加虽然不会改变固定成本总额，但会降低单位产品分摊的固定成本，从而提高单位产品利润，使息税前利润的增长率大于产销业务量的增长率，进而产生经营杠杆效应。当不存在固定性经营成本时，所有成本都是变动性经营成本，边际贡献等于息税前利润，此时息税前利润变动率与产销业务量的变动率完全一致。

2. 经营杠杆系数

只要企业存在固定性经营成本，就存在经营杠杆效应。但不同的产销业务量，其经营杠杆效应的大小程度是不一致的。测算经营杠杆效应程度，常用指标为经营杠杆系数。经营杠杆系数（DOL），是息税前利润变动率与产销业务量变动率的比，计算公式为：

$$DOL = \frac{息税前利润变动率}{产销量变动率} = \frac{\Delta EBIT}{EBIT} \div \frac{\Delta Q}{Q}$$

式中，DOL 为经营杠杆系数；$\Delta EBIT$ 为息税前利润变动额；ΔQ 为产销业务量变动值。

上式经整理，经营杠杆系数的计算也可以简化为：

$$DOL = \frac{基期边际贡献}{基期息税前利润} = \frac{M}{M-F} = \frac{EBIT+F}{EBIT}$$

3. 经营杠杆与经营风险

经营风险是指企业由于生产经营上的原因而导致的资产报酬波动的风险。引起企业经营风险的主要原因是市场需求和生产成本等因素的不确定性，经营杠杆本身并不是资产报酬不确定的根源，只是资产报酬波动的表现。但是，经营杠杆放大了市场和生产等因素变化对利润波动的影响。经营杠杆系数越高，表明资产报酬等利润波动程度越大，经营风险也就越大。根据经营杠杆系数的计算公式，有：

$$DOL = \frac{EBIT+F}{EBIT} = 1 + \frac{F}{EBIT}$$

上式表明，在企业不发生经营性亏损、息税前利润为正的前提下，经营杠杆系数最低为1，不会为负数；只要有固定性经营成本存在，经营杠杆系数总是大于1。

从上式可知，影响经营杠杆的因素包括：企业成本结构中的固定成本比重；息税前利润水平。其中，息税前利润水平又受产品销售数量、销售价格、成本水平（单位变动成本和固定成本总额）高低的影响。固定成本比重越高、成本水平越高、产品销售数量和销售价格水平越低，经营杠杆效应越大，反之亦然。

（二）财务杠杆效应

1. 财务杠杆

财务杠杆，是指由于固定性资本成本的存在，而使得企业的普通股收益（或每股收益）变动率大于息税前利润变动率的现象。财务杠杆反映了股权资本报酬的波动性，用以评价企业的财务风险。用普通股收益或每股收益表示普通股权益资本报酬，则：

$$TE = (EBIT-1)(1-T)$$

$$EPS = (EBIT-1)(1-T)/N$$

式中，TE 为全部普通股净收益；EPS 为每股收益；I 为债务资本利息；T 为所得税税率；N 为普通股股数。

上式中，影响普通股收益的因素包括资产报酬、资本成本、所得税税率等因素。当有固定利息费用等资本成本存在时，如果其他条件不变，息税前利润的增加虽然不改变固定利息费用总额，但会降低每一元息税前利润分摊的利息费用，从而提高每股收益，使得普通股收益的增长率大于息税前利润的增长率，进而产生财务杠杆效应。当不存在固定利息、股息等资本成本时，息税前利润就是利润总额，此时利润总额变动率与息税前利润变动率完全一致。如果两期所得税税率和普通股股数保持不变，每股收益的变动率与利润总额变动率也完全一致，进而与息税前利润变动率一致。

2. 财务杠杆系数

只要企业融资方式中存在固定性资本成本，就存在财务杠杆效应。在同一固定的资本成本支付水平上，不同的息税前利润水平，对固定的资本成本的承受负担是不一样的，其财务杠杆效应的大小程度是不一致的。测算财务杠杆效应程度，常用指标为财务杠杆系数。财务杠杆系数（DFL），是每股收益变动率与息税前利润变动率的倍数，计算公式为：

$$DFL = \frac{每股收益变动率}{息税前利润变动率} = \frac{\Delta EPS / EPS}{\Delta EBIT / EBIT}$$

上式经整理，财务杠杆系数的计算也可以简化为：

$$DFL = \frac{息税前利润总额}{息税前利润总额 - 利息} = \frac{EBIT}{EBIT - 1}$$

3. 财务杠杆与财务风险

财务风险是指企业由于筹资原因产生的资本成本负担而导致的普通股收益波动的风险。引起企业财务风险的主要原因是资产报酬的不利变化和资本成本的固定负担。由于财务杠杆的作用，当企业的息税前利润下降时，企业仍然需要支付固定的资本成本，导致普通股剩余收益以更快的速度下降。

财务杠杆放大了资产报酬变化对普通股收益的影响，财务杠杆系数越高，表明普通股收益的波动程度越大，财务风险也就越大。根据财务杠杆系数的计算公式，有：

$$DFL = 1 + \frac{基期利息}{基期息税前利润 - 基期利息}$$

上面分式中，分子是企业筹资产生的固定性资本成本负担，分母是归属于股东的收益。上式表明，在企业有正的税后利润的前提下，财务杠杆系数最低为1，不会为负数；只要有固定性资本成本存在，财务杠杆系数总是大于1。

从上式可知，影响财务杠杆的因素包括：企业资本结构中债务资金比重；普通股盈余水平；所得税税率水平。其中，普通股盈余水平又受息税前利润、固定性资本成本高低的影响。债务成本比重越高、固定的资本成本支付额越高、息税前利润水平越低，财务杠杆效应越大，反之亦然。

（三）总杠杆效应

1. 总杠杆

经营杠杆和财务杠杆可以独自发挥作用，也可以综合发挥作用，总杠杆是用来反映两者之间共同作用结果的，即权益资本报酬与产销业务量之间的变动关系。由于固定性经营成本的存在，产生经营杠杆效应，导致产销业务量变动对息税前利润变动有放大作用；同样，由于固定性资本成本的存在，产生财务杠杆效应，导致息税前利润变动对普通股收益有放大作用。两种杠杆共同作用，将导致产销业务量的变动引起普通股每股收益更大的变动。

总杠杆，是指由于固定经营成本和固定资本成本的存在，导致普通股每股收益变动率大于产销业务量的变动率的现象。

2. 总杠杆系数

只要企业同时存在固定性经营成本和固定性资本成本，就存在总杠杆效应。产销量变动通过息税前利润的变动，传导至普通股收益，使得每股收益发生更大的变动。用总杠杆系数（DTL）表示总杠杆效应程度，可见，总杠杆系数是经营杠杆系数和财务杠杆系数的乘积，是普通股每股收益变动率相当于产销量变动率的倍数，计算公式为：

$$DFL = \frac{普通股每股收益变动率}{产销量变动率}$$

上式经整理，财务杠杆系数的计算也可以简化为：

$$DFL = DOL \times DFL = \frac{基期边际贡献}{基期利润总额} = \frac{M}{M - F - 1}$$

3. 总杠杆与公司风险

公司风险包括企业的经营风险和财务风险。总杠杆系数反映了经营杠杆和财务杠杆之间的关系，用以评价企业的整体风险水平。在总杠杆系数一定的情况下，经营杠杆系数与财务杠杆系数此消彼长。总杠杆效应的意义在于：第一，能够说明产销业务量变动对普通股收益的影响，据以预测未来的每股收益水平；第二，揭示了财务管理的风险管理策略，即要保持一定的风险状况水平，需要维持一定的总杠杆系数，经营杠杆和财务杠杆可以有不同的组合。

一般来说，固定资产比较重大的资本密集型企业，经营杠杆系数高，经营风险大，企业筹资主要依靠权益资本，以保持较小的财务杠杆系数和财务风险；变动成本比重较大的劳动密集型企业，经营杠杆系数低，经营风险小，企业筹资主要依靠债务资本，保持较大的财务杠杆系数和财务风险。

一般来说，在企业初创阶段，产品市场占有率低，产销业务量小，经营杠杆系数大，此时企业筹资主要依靠权益资本，在较低程度上使用财务杠杆；在企业扩张成熟期，产品市场占有率高，产销业务量大，经营杠杆系数小，此时，企业资本结构中可扩大债务资本，在较高程度上使用财务杠杆。

考点3 资本结构

资本结构及其管理是企业筹资管理的核心问题。如果企业现有资本结构不合理，应通过筹资活动优化调整资本结构，使其趋于科学合理。

（一）资本结构的含义

筹资管理中，资本结构有广义和狭义之分。广义的资本结构包括全部债务与股东权益的构成比率；狭义的资本结构则指长期负债与股东权益资本构成比率。狭义资本结构下，短期债务作为营运资金来管理。本书所指的资本结构通常仅是狭义的资本结构。

不同的资本结构会给企业带来不同的后果。企业利用债务资本进行举债经营具有双重作用，既可以发挥财务杠杆效应，也可能带来财务风险。因此企业必须权衡财务风险和资本成本的关系，确定最佳的资本结构。评价企业资本结构最佳状态的标准应该是能够提高股权收益或降低资本成本，最终目的是提升企业价值。

股权收益，表现为净资产收益率或普通股每股收益；资本成本，表现为企业的平均资本成本率。根据资本结构理论，当公司平均资本成本最低时，公司价值最大。所谓最佳资本结构，是指在一定条件下使企业平均资本成本率最低、企业价值最大的资本结构。资本结构优化的目标，是降低平均资本成本率或提高普通股每股收益。

从理论上讲，最佳资本结构是存在的，但由于企业内部条件和外部环境的经常性变化，动态地保持最佳资本结构十分困难。因此在实践中，目标资本结构通常是企业结合自身实际进行适度负债经营所确立的资本结构。

（二）影响资本结构的因素

影响资本结构的因素主要有：
（1）企业经营状况的稳定性和成长率。
（2）企业的财务状况和信用等级。
（3）企业资产结构。
（4）企业投资人和管理当局的态度。
（5）行业特征和企业发展周期。
（6）经济环境的税务政策和货币政策。

（三）资本结构优化

资本结构优化，要求企业权衡负债的低资本成本和高财务风险的关系，确定合理的资本结构。资本结构优化的目标，是降低平均资本成本率或提高普通股每股收益。

1.每股收益分析法

可以用每股收益的变化来判断资本结构是否合理，即能够提高普通股每股收益的资本结构，就是合理的资本结构。在资本结构管理中，利用债务资本的目的之一，就在于债务资本能够提供财务杠杆效应，利用负债筹资的财务杠杆作用来增加股东财富。

每股收益受到经营利润水平、债务资本成本水平等因素的影响，分析每股收益与资本结构的关系，可以找到每股收益无差别点。所谓每股收益无差别点，是指不同筹资方式下每股收益都相等时的息税前利润和业务量水平。根据每股收益无差别点，可以分析判断在什么样的息税前利润水平或产销业务量水平前提下，适于采用何种筹资组合方式，进而确定企业的资本结构安排。

在每股收益无差别点上，无论是采用债务还是股权筹资方案，每股收益都是相等的。当预期息税前利润或业务量水平大于每股收益无差别点时，应当选择财务杠杆效应较大的筹资方案，反之亦然。在每股收益无差别点时，不同筹资方案的 EPS 是相等的，用公式表示如下：

$$\frac{(\overline{EBIT}-I_1)\times(1-T)-DP_1}{N_1}=\frac{(\overline{EBTI}-I_2)\times(1-T)-DP_2}{N_2}$$

式中，$\overline{EBTI}$为息税前利润平衡点，即每股收益无差别点；I_1、I_2分别为两种筹资方式下的债务利息；DP_1、DP_2分别为两种筹资方式下的优先股股利；N_1、N_2分别为两种筹资方式下普通股股数；T为所得税税率。

当企业需要的资本额较大时，可能会采用多种筹资方式组合融资。这时，需要详细比较分析各种组合筹资方式下的资本成本及其对每股收益的影响，选择每股收益最高的筹资方式。

2. 平均资本成本比较法

平均资本成本比较法，是通过计算和比较各种可能的筹资组合方案的平均资本成本，选择平均资本成本率最低的方案。即能够降低平均资本成本的资本结构，就是合理的资本结构。这种方法侧重于从资本投入的角度对筹资方案和资本结构进行优化分析。

3. 公司价值分析法

以上两种方法都是从账面价值的角度进行资本结构优化分析，没有考虑市场反应，也没有考虑风险因素。公司价值分析法，是在考虑市场风险的基础上，以公司市场价值为标准，进行资本结构优化。即能够提升公司价值的资本结构，就是合理的资本结构。这种方法主要用于对现有资本结构进行调整，适用于资本规模较大的上市公司资本结构优化分析。同时，在公司价值最大的资本结构下，公司的平均资本成本率也是最低的。

设：V表示公司价值，B表示债务资本价值，S表示权益资本价值。公司价值应该等于资本的市场价值，即：

$$V=S+B$$

为简化分析，假设公司各期的$EBIT$保持不变，债务资本的市场价值等于其面值，权益资本的市场价值可通过下式计算：

$$S=\frac{(EBTI)-I(1-T)}{K_s}$$

且：
$$K_s=R_s=R_f+\beta\left(R_m-R_f\right)$$

此时：
$$K_w=K_b\frac{B}{V}(1-T)+K_s\frac{S}{V}$$

本章同步训练

一、单项选择题

1. 债券转为股票时股票的每股价格称为（ 　　）。

A. 转换价格　　　　　B. 转换比率　　　　　C. 转换期限　　　　　D. 基准股票

2. 下列关于可转换债券基本要素的说法中，错误的是（　　）。

A. 标的股票既可以是发行公司自己的股票，也可以是其他公司的股票

B. 票面利率一般会低于普通债券，高于同期银行存款利率

C. 我国上市公司发行可转换公司债券，以发行前一个月股票的平均价格为基准，上浮一定幅度作为转股价格

D. 赎回条款最主要的功能是强制债券持有者积极行使转股权

3. 在资本资产定价模型的理论框架下，不正确的表述是（　　）。

A. 市场是均衡的

B. 预期收益率高于必要收益率

C. 预期收益率等于必要收益率

D. 只有系统风险才有资格要求补偿

4. 某公司普通股目前的股价为20元/股，筹资费率为2%，刚刚支付的每股股利为1元，股利固定增长率为4%，则该股票的资本成本为（　　）。

A. 8.33% B. 8.68% C. 9.31% D. 9.02%

5. 某公司两年前发行普通股股票1 000万元，筹资费用率2%，每股发行价为8元，目前每股市价为10元，预计明年发放股利每股0.1元，以后股利增长率维持2%不变，所得税税率25%，该公司目前留存了20万元的留存收益，则该留存收益的成本为（　　）。

A. 3.25% B. 3% C. 3.02% D. 3.06%

6. 某企业采用融资租赁方式租入一台设备，价值500 000元，租赁期是5年，租赁公司租赁期满收回残值，残值率是6%，该企业预计每年可以支付租金133 982元，此时融资租赁的资本成本是（　　）。

A. 9% B. 12% C. 15% D. 18%

7. 关于平均资本成本权数的确定，下列说法错误的是（　　）。

A. 可以选择的价值权数有账面价值权数、市场价值权数、目标价值权数

B. 账面价值权数的资料可以直接从资产负债表中得到，适合评价现实的资本结构

C. 市场价值权数不适用未来的筹资决策

D. 目标价值权数的确定，可以采用未来的市场价值，也可以采用未来的账面价值

8. 假定某公司本年营业收入为1 000万元，变动成本率为40%，下年经营杠杆系数为1.5，则该企业本年的固定性经营成本为（　　）万元。

A. 200 B. 150 C. 600 D. 100

9. 某公司经营杠杆系数为2，财务杠杆系数为1.5，如果目前每股收益为1元，那么若销售增加一倍，则每股收益将增长为（　　）元/股。

A. 1.5 B. 2 C. 4 D. 3.5

10. 以下关于总杠杆的表述中，错误的是（　　）。

A. 只要企业同时存在固定经营成本和固定资本成本，就会存在总杠杆的作用

B. 在其他因素不变的情况下，总杠杆系数越大，公司风险越大

C. 总杠杆系数越大，企业经营风险越大

D. 总杠杆系数越大，销售量的变动所引起的每股收益的变动越大

二、多项选择题

1. 关于可转换债券的说法，正确的有（　　）。

A. 可转换债券具有债权和股权双重性质

B. 可转换债券的票面利率一般低于普通债券的票面利率

C. 强制性转换条款，是债券投资者为了保证将可转换债券顺利地转换成普通股而要求设置的

D. 赎回条款的赎回价格一般高于可转换债券的面值

2. 可转换债券筹资的优点包括（　　）。

A. 筹资效率高   B. 可以节约利息支出

C. 转换普通股时，无需另外支付筹资费用   D. 筹资灵活

3. 下列不属于认股权证筹资缺点的有（　　）。

A. 稀释普通股收益   B. 容易分散企业的控制权

C. 会妨碍其他筹资方式的运用   D. 认股权证依附于普通股，不能独立筹资

4. 采用销售百分比法进行外部筹资预测时，以下哪项因素的变动会使外部筹资需要量降低（　　）。

A. 经营资产占销售比重增加   B. 销售净利率增大

C. 留存收益率降低   D. 股利支付率降低

5. 资本资产定价模型的公式是 $R_s=R_f+\beta(R_m-R_f)$，关于公式的说法，正确的有（　　）。

A. R_f 表示的是无风险收益率，通常以短期国债利率近似替代，也可以通过纯利率+通货膨胀率进行计算

B. R_m 表示市场组合收益率，可以用股票价格指数收益率的平均值代替

C. R_m-R_f 表示的是市场风险溢酬，是市场组合的风险收益率

D. 假设 R_f 为4%，β 为0.8，R_m 为10%，则当 R_f 提高1%时，则资产的必要收益率提高0.2%

6. 某企业资本总额为1 000万元，债务资本比率为40%，债务资本的平均利率为10%。该企业年营业收入为600万元，固定经营成本为60万元，变动成本率为40%，适用的所得税税率为25%。则以下计算结果正确的有（　　）。

A. 经营杠杆系数为1.2   B. 财务杠杆系数为1.40

C. 总杠杆系数为1.38   D. 利息保障倍数为7.5

7. 下列关于财务风险的说法正确的有（　　）。

A. 财务风险是由于经理经营不善引起的

B. 财务杠杆放大了资产报酬变化对普通股收益的影响，财务杠杆系数越高，财务风险越大

C. 只要存在固定性资本成本，就存在财务杠杆效应

D. 在其他因素一定的情况下，固定财务费用越高，财务杠杆系数越大

8. 假设总杠杆系数大于零，则下列各项中可以降低总杠杆系数的有（　　）。

A. 降低固定经营成本   B. 减少固定利息

C. 提高产销量   D. 提高单价

9. 下列说法正确的有（　　）。

A. 评价企业资本结构最佳状态的标准是能够提高股权收益或降低资本成本

B. 评价企业资本结构的最终目的是提高企业价值

C. 最佳资本结构是使企业平均资本成本最低，企业价值最大的资本结构

D. 资本结构优化的目标是降低财务风险

10. 下列资金结构的调整方式中，可以改变企业资本结构的有（　　　）。

A. 股票分割

B. 融资租赁

C. 增发新股偿还债务

D. 收回发行在外的可转换债券

三、判断题

1. 可转换债券的票面利率一般高于普通债券的票面利率，有时甚至高于同期银行存款利率。（　　　）

2. 利用可转换债券筹资，如果转换为普通股，则会导致股数变动，因此不利于稳定股票市价。（　　　）

3. 某公司发行10年期的可转换债券，面值为1 000元，规定5年内可按每股50元的转换价格将债券转换为普通股股票，则转换比率为每张债券可转换为25股普通股。（　　　）

4. 混合性资金，是指既具有某些股权性资金的特征又具有某些债权性资金的特征的资金形式。企业常见的混合性资金包括可转换债券和认股权证。（　　　）

5. 认股权证是一种认购普通股的期权，它没有普通股相应的投票权，但是有普通股的红利收入。（　　　）

6. 高低点法下的高点数据是指产销量等的量大点及其对应的资金占用量，低点数据是指产销量等的最小点及其对应的资金占用量。（　　　）

7. 资本成本是企业筹资管理的核心问题。（　　　）

8. 对于单一融资方案的评价，需要计算个别资本成本；而对企业总体资本成本水平的评价时就需要计算出企业的平均资本成本。（　　　）

9. 边际资本成本需要采用加权平均法计算，其最理想的权数应为账面价值权数，而不是市场价值权数和目标价值权数。（　　　）

10. 当预计的息税前利润大于每股利润无差别点时，采用负债筹资会提高普通股每股利润，降低企业的财务风险。（　　　）

四、计算分析题

1. 某企业2005—2008年销售收入与资产情况如下　　　　　　　　　　　　　　　　单位：万元

时间	销售收入	现金	应收账款	存货	固定资产	无息流动负债
2005	600	1 400	2 100	3 500	6 500	1 080
2006	500	1 200	1 900	3 100	6 500	930
2007	680	1 620	2 560	4 000	6 500	1 200
2008	700	1 600	2 500	4 100	6 500	1 230
合计	2 480	5 820	9 060	14 700	26 000	4 440

要求：

（1）要求采用高低点法分项建立资金预测模型；

（2）预测当2009年销售收入为1 000万元时企业的资金需要总量；

（3）预测若2010年销售收入为1 200万元，销售净利率为10%，股利支付率为60%，2010年需要增加

的资金，2010年对外筹资数额。

2. 某公司的资本结构由债券和普通股组成，债券数量为25万张（面值100元/张，票面利率为8%，每年付息一次），普通股500万股。债券目前的市价为120元/张，筹资费率为4%。目前普通股市场价格为12元，预期第一年股利为1.5元，以后每年以固定增长率3%增长，不考虑筹资费率。企业适用的所得税税率为25%。企业拟增资2 000万元（不考虑筹资费率），有以下两个方案可供选择：方案一、全部按面值发行债券筹集，债券年利率10%，同时由于企业风险增加，普通股市场价格降为11元。方案二、按面值发行债券筹集1 340万元，债券年利率9%，同时按11元/股的价格发行普通股票筹集660万元资金。

要求：

（1）计算公司筹资前的债券资本成本（不考虑时间价值）、普通股资本成本和平均资本成本；

（2）计算公司采用方案一筹资后的平均资本成本；

（3）计算公司采用方案二筹资后的平均资本成本；

（4）根据上述计算结果确定应该采用哪种筹资方式；

（5）假设筹资后打算投资于某项目，在对该项目投资进行测算时，得出如下结果：当折现率为11%、12%、13%时，其现值分别为217.312 8万元、39.317 7万元、−30.190 7万元。根据该项目的内部收益率判断该项目是否具有可行性。

3. 某公司2009年销售额为1 000万元，销售净利率为12%。其他有关资料如下：

（1）2010年财务杠杆系数为1.5；

（2）2009年固定经营成本为240万元；

（3）所得税税率为40%；

（4）2009年普通股股利为150万元。

要求：

（1）计算2009年的税前利润；

（2）计算2009年的息税前利润；

（3）计算2009年的利息；

（4）计算2009年的边际贡献；

（5）计算2010年的经营杠杆系数；

（6）计算2010年的总杠杆系数；

（7）若2010年销售额预期增长20%，则每股收益比上年增长百分之几？

4.（2009年真题）B公司为一上市公司，适用的企业所得税税率为25%，相关资料如下：

资料一：2008年12月31日发行在外的普通股为10 000万股（每股面值1元），公司债券为24 000万元（该债券发行于2006年年初，期限5年，每年年末付息一次，利息率为5%），该年息税前利润为5 000万元。假定全年没有发生其他应付息债务。

资料二：B公司打算在2009年为一个新投资项目筹资10 000万元，该项目当年建成并投产。预计该项目投产后公司每年息税前利润会增加1 000万元。现有甲乙两个方案可供选择，其中：甲方案为增发利息率为6%的公司债券；乙方案为增发2 000万股普通股。假定各方案的筹资费用均为零，且均在2009年1月1日发行完毕。部分预测数据如表5-1所示：

表5-1　部分预测数据

项　目	甲方案	乙方案
增资后息税前利润（万元）	6 000	6 000
增资前利息（万元）	×	1 200
新增利息（万元）	600	×
增资后利息（万元）	（A）	×
增资后税前利润（万元）	×	4 800
增资后税后利润（万元）	×	3 600
增资后普通股股数（万股）	×	×
增资后每股收益（元）	0.315	（B）

说明：上表中"×"表示省略的数据。

要求：

（1）根据资料一计算B公司2009年的财务杠杆系数。

（2）确定表1中用字母表示的数值（不需要列示计算过程）。

（3）计算甲乙两个方案的每股收益无差别点息税前利润。

（4）用EBIT—EPS分析法判断应采取哪个方案，并说明理由。

五、综合题

1.（2012年真题）E公司为一家上市公司，为了适应外部环境变化，拟对当前的财务政策进行评估和调整，董事会召开了专门会议，要求财务部对财务状况和经营成果进行分析，相关资料如下：

资料一：公司有关的财务资料如表5-2、表5-3所示。

表5-2　财务状况有关资料　　　　　　　　　　　单位：万元

项　目	2010年12月31日	2011年12月31日
股本（每股面值1元）	6 000	11 800
资本公积	6 000	8 200
留存收益	38 000	40 000
股东权益合计	50 000	60 000
负债合计	90 000	90 000
负债和股东权益合计	140 000	150 000

表5-3　经营成果有关资料　　　　　　　　　　　单位：万元

项　目	2009年	2010年	2011年
营业收入	120 000	94 000	112 000
息税前利润	*	200	9 000
利息费用	*	3 600	3 600
税前利润	*	3 600	5 400
所得税费用	*	900	1 350
净利润	6 000	2 700	4 050
现金股利	1 200	1 200	1 200

说明："*"表示省略的数据。

资料二：该公司所在行业相关指标平均值：资产负债率为40%，利息保障倍数（已获利息倍数）为3倍。

资料三：2011年2月21日，公司根据2010年度股东大会决议，除分配现金股利外，还实施了股票股利分配方案，以2010年年末总股本为基础，每10股送3股工商注册登记变更后公司总股本为7 800万股，公司2011年7月1日发行新股4 000万股。

资料四：为增加公司流动性，董事陈某建议发行公司债券筹资10 000万元，董事王某建议，改变之前的现金股利政策，公司以后不再发放现金股利。

要求：

（1）计算E公司2011年的资产负债率、权益乘数、利息保障倍数、总资产周转率和基本每股收益。

（2）计算E公司在2010年末息税前利润为7 200万元时的财务杠杆系数。

（3）结合E公司目前偿债能力状况，分析董事陈某提出的建议是否合理并说明理由。

（4）E公司2009、2010、2011年执行的是哪一种现金股利政策？如果采纳董事王某的建议停发现金股利，对公司股价可能会产生什么影响？

2.（2009年真题）F公司为一上市公司，有关资料如下：

资料一：

（1）2008年度的营业收入（销售收入）为10 000万元，营业成本（销售成本）为7 000万元。2009年的目标营业收入增长率为100%，且销售净利率和股利支付率保持不变。适用的企业所得税税率为25%。

（2）2008年度相关财务指标数据如表5-4所示。

表5-4　2008年度相关财务指标

账务指标	应收账款周转率	存货周转率	固定资产周转率	销售净利率	资产负债率	股利支付率
实际数据	8	3.5	2.5	15%	50%	1/3

（3）2008年12月31日的比较资产负债表（简表），如表5-5所示。

表5-5　F公司资产负债表　　　　　　单位：万元

资产	2008年年初数	2008年年末数	负债与股东权益	2008年年初数	2008年年末数
现金	500	1 000	短期借款	1 100	1 500
应收账款	1 000	（A）	应付账款	1 400	（D）
存货	2 000	（B）	长期借款	2 500	1 500
长期股权投资	1 000	1 000	股本	250	250
固定资产	4 000	（C）	资本公积	2 750	2 750
无形资产	500	500	留存收益	1 000	（E）
合计	9 000	10 000	合计	9 000	10 000

（4）根据销售额比率法计算的2008年年末资产、负债各项目占销售收入的比重数据如表5-6所示（假定增加销售无需追加固定资产投资）。

表5-6　各项目占销售收入比重

资产	占销售收入比重	负债和股东权益	占销售收入比重
现金	10%	短期借款	—
应收账款	15%	应付账款	—
存货	（P）	长期借款	—
长期股权投资	—	股本	—

（续表）

资产	占销售收入比重	负债和股东权益	占销售收入比重
固定资产（净值）	—	资本公积	—
无形资产	—	留存收益	—
合计	（G）	合计	20%

说明："—"表示省略的数据。

资料二：2009年年初该公司以970元/张的价格新发行每张面值1 000元、3年期、票面利息率为5%、每年年末付息的公司债券。假定发行时的市场利息率为6%，发行费率忽略不计。部分时间价值系数如下：

表5-7 部分时间价值系数

i	$(P/F, i, 3)$	$(P/A, i, 3)$
5%	0.863 8	2.723 2
6%	0.839 6	2.673 0

要求：

（1）根据资料一计算或确定以下指标：

① 计算2008年的净利润；

② 确定表5-5中用字母表示的数值（不需要列示计算过程）；

③ 确定表5-6中用字母表示的数值（不需要列示计算过程）；

④ 计算2009年预计留存收益；

⑤ 按销售额比率法预测该公司2009年需要增加的资金数额（不考虑折旧的影响）；

⑥ 计算该公司2009年需要增加的外部筹资数据。

（2）根据资料一及资料二计算下列指标：

① 发行时每张公司债券的内在价值；

② 新发行公司债券的资金成本。

3. 企业目前拥有资本1 000万元，其结构为：债务资本比例20%（年利息为20万元），普通股比例80%（10万股，每股面值80元）。现准备追加筹资400万元，有两种筹资方案可供选择：

（1）全部发行普通股：增发5万股，每股面值80元。

（2）全部筹措长期债务：利率为10%，利息40万元。

企业追加筹资后息税前利润预计为160万元，所得税税率33%。

要求：计算每股收益无差别点下的息税前利润、无差别点的每股收益，并作简要说明。

4. 某公司目前拥有资金2 000万元，其中，长期借款800万元，年利率10%；权益资金1 200万元，股数100万股，上年支付的每股股利2元，预计股利增长率为5%，目前价格为20元，公司目前的销售收入为1 000万元，变动成本率为50%，固定成本为100万元，该公司计划筹集资金100万元投入新的投资项目，预计项目投产后企业会增加200万元的销售收入，变动成本率仍为50%，固定成本增加20万元，企业所得税率为25%，有两种筹资方案：

方案1：增加长期借款100万元，借款利率上升到12%，股价下降到19元，假设公司其他条件不变。

方案2：增发普通股47 619股，普通股市价增加到每股21元，假设公司其他条件不变。

要求：根据以上资料：

（1）计算该公司筹资前加权平均资金成本。

（2）计算该公司筹资前经营杠杆系数、财务杠杆系数和复合杠杆系数。

（3）分别计算采用方案1和方案2后的加权平均资金成本。

（4）分别计算采用方案1和方案2后的经营杠杆系数、财务杠杆系数和复合杠杆系数。

（5）计算采用方案1和方案2后的每股收益无差别点。

（6）分别采用比较资金成本法和每股收益无差别点法确定该公司最佳的资本结构，并解释二者决策一致或不一致的原因是什么。

本章同步训练答案与解析

一、单项选择题

1.【参考答案】A

【答案解析】转换价格也称转股价格，是将债券转换为股票时，股票的每股价格。

2.【参考答案】B

【答案解析】可转换债券的票面利率一般会低于普通债券的票面利率，有时甚至还低于同期银行存款利率，所以选项B的说法不正确。

3.【参考答案】B

【答案解析】在资本资产定价模型的理论框架下，假设市场是均衡的，预期收益率等于必要收益率。故选项B错误。

4.【参考答案】C

【答案解析】普通股资本成本=1×（1+4%）÷[20×（1-2%）]+4%=9.31%。

5.【参考答案】B

【答案解析】留存收益的成本=0.1÷10+2%=3%

6.【参考答案】B

【答案解析】500 000-500 000×6%×$(P/F, K_b, 5)$=133 982×$(P/A, K_b, 5)$，通过查表可知，融资租赁的资本成本是12%。

7.【参考答案】B

【答案解析】账面价值权数的优点是资料容易取得，可以直接从资产负债表中得到，而且计算结果比较稳定，其缺点是不能反映目前从资本市场上筹集资本的现实机会成本，不适合评价现实的资本结构。

8.【参考答案】A

【答案解析】下年经营杠杆系数=本年边际贡献÷（本年边际贡献-本年固定性经营成本）=（1 000-1 000×40%）÷（1 000-1 000×40%-本年固定性经营成本）=600÷（600-本年固定成本）=1.5，解得本年固定性经营成本为200万元。

9.【参考答案】C

【答案解析】$DTL = DOL \times DFL = \dfrac{\Delta EPS / EPS}{\Delta Q / Q} = 3$，$\Delta Q / Q = 100\%$，所以，$\Delta EPS/EPS = 3$，求得每股收益=4（元）。

10.【参考答案】C

【答案解析】总杠杆系数=经营杠杆系数×财务杠杆系数，总杠杆系数越大，经营杠杆系数不一定越大，因此，选项C的说法错误。

二、多项选择题

1.【参考答案】ABD

【答案解析】强制性转换条款，是公司为了保证可转换债券顺利地转换成股票，预防投资者到期集中挤兑而设置的，所以选项C的说法错误。

2.【参考答案】ABCD

【答案解析】可转换债券筹资的优点主要包括：

（1）筹资灵活性。

（2）资本成本低，主要表现在两个方面：可转换债券的利率低于同一条件下普通债券的利率，节约利息支出。另外，可转换债券转换为普通股时，公司无需另外支付筹资费用。

（3）筹资效率高。

3.【参考答案】CD

【答案解析】认股权证筹资的缺点主要有：①稀释普通股收益；②容易分散企业的控制权。认股权证筹资可以促进其他筹资方式的运用，所以，选项C的说法不正确；认股权证可以单独发行，所以，选项D的说法不正确。

4.【参考答案】BD

【答案解析】根据销售百分比法的公式可以得出，经营资产占销售比重降低、经营负债占销售比重增加、销售净利率增加、股利支付率降低、留存收益率增加，会使外部筹资需要量降低。

5.【参考答案】ABC

【答案解析】无风险利率R_f提高，也会导致市场组合的R_m提高，因此$R_m - R_f$是保持不变的，因此选项D中，当R_f提高1%时，资产的必要收益率也提高1%。因此选项D不正确。

6.【参考答案】ACD

【答案解析】债务利息=1 000×40%×10%=40（万元），息税前营业利润=600×（1-40%）-60=300（万元），经营杠杆系数=（300+60）÷300=1.2；财务杠杆系数=300÷（300-40）=1.15；总杠杆系数=1.38。利息保障倍数=300÷40=7.5。

7.【参考答案】BCD

【答案解析】引起财务风险的主要原因是资产报酬的不利变化和资本成本的固定负担。所以，选项A不正确。

8.【参考答案】ABCD

【答案解析】总杠杆系数大于零时，有利因素上升或不利因素下降，会导致总杠杆系数下降，所以应选择ABCD。

9.【参考答案】ABC

【答案解析】资本结构优化的目标是降低平均资本成本率或提高普通股每股收益。

10.【参考答案】BCD

【答案解析】企业资本结构的改变有三种：存量调整、增量调整和减量调整。存量调整的方法有：债转股、股转债；增发新股偿还债务；调整现有负债结构，如与债权人协商将长、短期负债转换；调整权益资本结构，如以资本公积转增股本。增量调整包括：发行新债、举借新贷款、进行融资租赁、发行新股票等。减量调整包括：提前归还借款、收回发行在外的可提前收回债券、股票回购减少公司股本、进行企业分立等。选项A只改变股票的面值，不改变资本结构。

三、判断题

1.【参考答案】×

【答案解析】可转换债券的票面利率一般低于普通债券的票面利率，有时甚至低于同期银行存款利率。

2.【参考答案】×

【答案解析】可转换债券的转换价格通常高于公司当前股价，转换期限较长，有利于稳定股票市价。

3.【参考答案】×

【答案解析】转换比率=债券面值÷转换价格=1 000÷50=20（股）。

4.【参考答案】√

【答案解析】混合性资金，是指既具有某些股权性资金的特征又具有某些债权性资金的特征的资金形式。企业常见的混合性资金包括可转换债券和认股权证。

5.【参考答案】×

【答案解析】认股权证本身是一种认购普通股的期权，它没有普通股的红利收入，也没有普通股相应的投票权。

6.【参考答案】√

【答案解析】高低点法下的高点数据是指产销量等的最大点及其对应的资金占用量，低点数据是指产销量等的最小点及其对应的资金占用量。

7.【参考答案】×

【答案解析】资本结构及其管理是企业筹资管理的核心问题。

8.【参考答案】√

【答案解析】在衡量和评价单一融资方案时，需要计算个别资本成本；在衡量和评价企业筹资总体的经济性时，需要计算企业的平均资本成本。

9.【参考答案】×

【答案解析】资金的边际成本需要采用加权平均法计算，其最理想的权数应为目标价值权数，其次是市场价值权数，最后的选择才是账面价值权数。

10.【参考答案】×

【答案解析】每股收益越大，风险也越大。当预计的息税前利润大于每股利润无差别点时，采用负债筹资会提高普通股每股利润，同时也加大企业的财务风险。

四、计算分析题

1.【参考答案】

（1）现金占用情况：

$b_{现}=\Delta Y\div\Delta X=（1\,600-1\,200）\div（700-500）=2$

$a_{现}=Y-bX=1\,600-2\times700=200$

应收账款占用情况

$b_{应}=\Delta Y\div\Delta X=（2\,500-1\,900）\div（700-500）=3$

$a_{应}=Y-bX=2\,500-3\times700=400$

存货占用情况

$b_{存}=\Delta Y\div\Delta X=（4\,100-3\,100）\div（700-500）=5$

$a_{存}=Y-bX=4\,100-5\times700=600$

固定资产占用：$a_{固}=6\,500$

无息流动负债占用情况

$b_{流}=\Delta Y\div\Delta X=（1\,230-930）\div（700-500）=1.5$

$a_{流}=Y-bX=1\,230-1.5\times700=180$

汇总计算：

$b=2+3+5-1.5=8.5$

$a=200+400+600+6\,500-180=7\,520$

$Y=a+bX=7\,520+8.5X$

（2）当2009年销售收入预计达到1\,000万元时

预计需要的资金总额=$7\,520+8.5\times1\,000=16\,020$（万元）

（3）2010年需要的资金总额=$7\,520+8.5\times1\,200=17\,720$（万元）

2010年需要增加的资金=$17\,720-16\,020=1\,700$（万元）

或：2010年需要增加的资金=$8.5\times（1\,200-1\,000）=1\,700$（万元）

2010年对外筹资数额=$1\,700-1\,200\times10\%\times40\%=1\,652$（万元）

2.【参考答案】

（1）债券资本成本=$100\times8\%\times（1-25\%）\div[120\times（1-4\%）]\times100\%=5.21\%$

普通股资本成本=$1.5\div12\times100\%+3\%=15.5\%$

债券市场价值=$25\times120=3\,000$

普通股市场价值=$500\times12=6\,000$

资本市场价值总额=$3\,000+6\,000=9\,000$

平均资本成本=5.21%×3 000÷9 000+15.5%×6 000÷9 000=12.07%

（2）使用第一方案筹资后的加权平均资本成本：

原债券资本成本=5.21%

新债券资本成本=10%×（1−25%）=7.5%

普通股资本成本=1.5÷11×100%+3%=16.64%

普通股市场价值=500×11=5 500

资本市场价值总额=3 000+2 000+5 500=10 500

平均资本成本=3 000÷10 500×5.21%+2 000÷10 500×7.5%+5 500÷10 500×16.64%=11.63%

（3）使用第二方案筹资后的加权平均资本成本：

原债券资本成本=5.21%

新债券资本成本=9%×（1−25%）=6.75%

普通股资本成本=1.5÷11×100%+3%=16.64%

增发的普通股=660÷11=60

普通股市场价值=（500+60）×11=6 160

资本市场价值总额=3 000+1 340+6 160=10 500

平均资本成本=3 000÷10 500×5.21%+1 340÷10 500×6.75%+6 160÷10 500×16.64%=12.11%

（4）由于方案一的加权平均资本成本低于方案二，因此采用方案一筹资。

（5）根据题目可知，该项目的内部收益率介于12%和13%之间，由于大于加权平均资本成本（11.63%），所以该项目具有可行性。

3.【参考答案】

（1）2009年净利润=1 000×12%=120（万元）

税前利润=120÷（1−40%）=200（万元）

（2）由财务杠杆系数公式：

DFL=息税前利润÷（息税前利润−利息）=息税前利润÷税前利润

息税前利润=1.5×200=300（万元）

（3）由于：税前利润=息税前利润−利息

所以，利息=息税前利润−税前利润=300−200=100（万元）

（4）由于：息税前利润=边际贡献−固定经营成本

所以，边际贡献=息税前利润+固定经营成本=300+240=540（万元）

（5）经营杠杆系数=边际贡献÷息税前利润=540÷300=1.8

（6）总杠杆系数=经营杠杆系数×财务杠杆系数=1.8×1.5=2.7

或：总杠杆系数=边际贡献÷税前利润=540÷200=2.7

（7）每股收益比上年增长百分比=2.7×20%=54%

4.【参考答案】本题考查的是第三章的相关内容。

（1）2009年的财务杠杆系数=2008年的息税前利润÷（2008年的息税前利润−2008年的利息费用）=5 000÷（5 000−1 200）=1.32

（2）$A=1\,800$，$B=0.30$

（3）设甲乙两个方案的每股收益无差别点息税前利润为W万元，则：

$（W-1\,800）×（1-25\%）÷10\,000=（W-1\,200）×（1-25\%）÷（10\,000+2\,000）$

$（W-1\,800）÷10\,000=（W-1\,200）÷12\,000$

解得：$W=（12\,000×1\,800-10\,000×1\,200）÷（12\,000-10\,000）=4\,800$（万元）

（4）由于筹资后的息税前利润为6\,000万元高于4\,800万元，所以，应该采取发行债券的筹资方案，理由是这个方案的每股收益高。

五、综合题

1.【参考答案】

（1）2011年资产负债率=90\,000÷150\,000=60%

2011年权益乘数=150\,000÷60\,000=2.5

2011年利息保障倍数=9\,000÷3\,600=2.5

2011年总资产周转率=112\,000÷[（140\,000+150\,000）÷2]=0.77

2011年基本每股收益=4\,050÷（6\,000+6\,000×3÷10+4\,000×6÷12）=0.41（元/股）

（2）财务杠杆系数=7\,200÷（7\,200-3\,600）=2

（3）不合理。资料二显示，行业平均资产负债率为40%，而E公司已达到60%，行业平均利息保障倍数为3倍，而E公司只有2.5倍，这反映了E公司的偿债能力较差，如果再发行公司债券，会进一步提高资产负债率，这会加大E公司的财务风险。

（4）从表3来看，E公司2009年、2010年和2011年三年的现金股利相等，这表明E公司这三年执行的是固定股利政策。由于固定股利政策本身的信息含量，稳定的股利向市场传递着公司正常发展的信息，有利于树立公司的良好形象，增强投资者对公司的信心，稳定股票的价格，如果采纳王某的建议停发现金股利，可能会导致公司股价下跌。

2.【参考答案】

（1）①2008年的净利润=10\,000×15%=1\,500（万元）

②A根据应收账款的周转率计算公式来计算：A=（10\,000÷8）×2-1\,000=1\,500（万元）

B根据存货的周转率计算公式来计算：B=（7\,000÷3.5）×2-2\,000=2\,000（万元）

C根据固定资产的周转率计算公式来计算：C=（10\,000÷2.5）×2-4\,000=4\,000（万元）

E的计算：E=年初的留存收益+新增的留存收益=1\,000+净利润×（1-股利支付率）=1\,000+1\,500×（1-1/3）=2\,000（万元）

或者：首先算出负债总额=资产总额×资产负债率=10\,000×50%=5\,000，则权益=10\,000-5\,000=5\,000，则：留存收益=5\,000-250-2\,750=2\,000（万元）

D的计算：

首先算出负债总额=资产总额×资产负债率=10\,000×50%=5\,000

则：D=5\,000-1\,500-1\,500=2\,000（万元）

③P=2\,000÷10\,000=20%，G=10%+15%+20%=45%

④2009年预计留存收益=10 000×（1+100%）×15%×（1-1/3）=2 000（万元）

⑤2009年需要增加的资金数额=10 000×（45%-20%）=2 500（万元）

⑥2009年需要增加的外部筹资数据=2 500-2 000=500（万元）

（2）①发行时每张公司债券的内在价值

=1 000×5%×（P/A，6%，3）+1000×（P/F，6%，3）

=50×2.673+1 000×0.8396

=973.25（元）

②新发行公司债券的资金成本=1 000×5%（1-25%）÷970×100%=3.87%

3.【参考答案】

（1）假设每股收益无差别点时的息税前利润为EBIT，则

每股收益=（EBIT-20）×（1-33%）/15万股 （全部发行普通股）

或=（EBIT-20-40）×（1-33%）/10万股 （全部为长期债务）

根据每股收益无差别点的原理，则有：

（EBIT-20）×（1-33%）/15=（EBIT-20-40）×（1-33%）/10

则EBIT=140万元

（2）计算每股收益无差别点时的盈余额

每股收益无差别点盈余=（140-20）×（1-33%）/15=5.36元/股

由于公司追加筹资后的息税前利润预计达到160万元，在这种情况下采用负债筹资有利。

4.【参考答案】

（1）目前资本结构为：长期借款40%，普通股60%。

借款成本=10%×（1-25%）=7.5%

普通股成本=2×（1+5%）÷20+5%=15.5%

加权平均资金成本=7.5%×40%+15.5%×60%=12.3%

（2）经营杠杆系数=（1 000-1 000×50%）÷（1 000-1 000×50%-100）=500÷400=1.25

财务杠杆系数=400÷（400-800×10%）=1.25

复合杠杆系数=1.25×1.25=1.56

（3）若采用方案1：

原有借款的资金成本=10%×（1-25%）=7.5%

新借款资金成本=12%×（1-25%）=9%

普通股成本=2×（1+5%）÷19+5%=16.05%

增加借款筹资方案的加权平均资金成本

=7.5%×（800÷2 100）+9%×（100÷2 100）+16.05%×（1 200÷2 100）=12.46%

采用方案2：

原有借款的资金成本=10%×（1-25%）=7.5%

普通股资金成本=[2×（1+5%）]÷21+5%=15%

增加普通股筹资方案的加权平均资金成本

=7.5%×（800÷2 100）+15%×（1 200+100）÷2 100=12.14%

（4）若采用方案1：

经营杠杆系数=（1 200-1 200×50%）÷（1 200-1 200×50%-120）=600÷480=1.25

财务杠杆系数=480÷（480-800×10%-100×12%）=1.24

复合杠杆系数=1.25×1.24=1.55

若采用方案2：

经营杠杆系数=（1 200-1 200×50%）÷（1 200-1 200×50%-120）=600÷480=1.25

财务杠杆系数=480÷（480-800×10%）=1.2

复合杠杆系数=1.25×1.2=1.5

（5）$\dfrac{(EBIT-800\times10\%)\times(1-25\%)}{100+4.761\ 9}=\dfrac{(EBIT-800\times10\%-100\times12\%)\times(1-25\%)}{100}$

$EBIT=\dfrac{104.761\ 9\times92-100\times80}{100+4.761\ 9}=344$（万元）

（6）采用比较资金成本法确定该公司最佳的资本结构为选择方案2，追加股票筹资，因为追加筹资后的加权平均资金成本低。

采用每股收益无差别点法确定该公司最佳的资本结构为选择方案1，即追加借款筹资，因为追加筹资后的*EBIT*（480万元）大于每股收益无差别点的*EBIT*（344万元）。

二者决策不一致的原因在于每股收益无差别点法没有考虑风险因素。

第六章
投资管理

考情分析与考点提示

本章属于非常重要的章节，在每年的真题中所占的分值比重都较大，在20分左右。本章主要讲述投资管理的相关内容，涉及财务可行性要素的估算、投资项目财务可行性评估指标的测算以及项目投资决策方法及应用。本章考查的内容主观题、客观题均有涉及，因此，在看书的时候，需要全面掌握，认真仔细，同时注意与其他章节相结合的知识点。

从历年试题分布来看，主观题、客观题均有涉及，在以主观题为主的前提下，也要把握好综合题，在最近的五年里三年都出现在了综合题中，需要引起重视。学习本章内容时，需要掌握财务可行性要素的估算，投资项目财务可行性评价指标的测算；熟悉投资项目决策方法及其应用；了解投资的概念与分类，项目投资的定义、特点、可行性研究的含义、内容。

最近五年考试题型、分值分布

年份	单选	多选	判断	计算分析	综合题	合计
2013	1	2	1		15	19
2012	2			1		3
2011	3					3
2010	2		1		15	18
2009	1		1		15	17

说明：综合题涉及两章或两章以上内容的，所涉及的每一章均统计一次分数。

重点突破及真题解析

第一节 投资管理的主要内容

投资，广义地讲，是指特定经济主体（包括政府、企业和个人）以本金回收并获利为基本目的，将货币、实物资产等作为资本投放于某一个具体对象，以在未来较长期间内获取预期经济利益的经济行为。企业投资，简言之，是企业为获取未来长期收益而向一定对象投放资金的经济行为。例如，购建厂房设备、兴建电站、购买股票债券等经济行为，均属于投资行为。

考点1　投资的意义

企业需要通过投资配置资产，才能形成生产能力，取得未来的经济利益。

1. 投资是企业生存与发展的基本前提。

通过投资支出，企业购建企业的流动资产和长期资产，形成企业的生产条件和生产能力。投资决策的正确与否，直接关系到企业的兴衰成败。

2. 投资是获取利润的基本前提。

通过投资形成了企业的生产经营能力，企业才能开展具体的经营活动，获取经营利润。那些以购买股票、证券等有价证券方式向其他单位的投资，可以取得股利或债息来获取投资收益，也可以转让证券来获取资本利得。

3. 投资是企业风险控制的重要手段。

企业如把资金投向生产经营的关建环节或薄弱环节，可以使企业各种生产经营能力配套、平衡，形成更大的综合生产能力；企业如把资金投向多个行业，实行多角化经营，则更能增加企业销售和获利的稳定性。

考点2　企业投资管理的特点

企业的投资活动与经营活动是不相同的，投资活动的结果对企业在经济利益上有较长期的影响。企业投资涉及的资金多、经历的时间长，对企业未来的财务状况和经营活动都有较大的影响。与日常经营活动相比，企业投资的主要特点表现在：

1. 属于企业的战略性决策。

企业的投资活动一般涉及企业未来的经营发展方向、生产能力规模等问题，如厂房设备的新建与更新、新产品的研制与开发、对其他企业的股权控制等。企业的投资活动先于经营活动，这些投资活动往往需要一次性地投入大量的资金，并在一段较长的时期内发生作用，对企业经营活动的方向产生重大影响。

2. 属于企业的非程序化管理。

企业的投资活动涉及企业的未来经营发展方向和规模等重大问题，是不经常发生的。投资经济活动具有一次性和独特性的特点，投资管理属于非程序化管理。每一次投资的背景、特点、要求等都不一样，无明显的规律性可遵循，管理时更需要周密思考，慎重考虑。

3. 投资价值的波动性大。

投资项目的价值，是由投资的标的物资产的内在获利能力决定的。这些标的物资产的形态是不断转换的，未来收益的获得具有较强的不确定性，其价值也具有较强的波动性。同时，各种外部因素，如市场利率、物价等的变化，也时刻影响着投资标的物的资产价值。因此，企业投资管理决策时，要充分考虑投资项目的时间价值和风险价值。

考点3 企业投资的分类

将企业投资的类型进行科学的分类，有利于分清投资的性质，按不同的特点和要求进行投资决策，加强投资管理。

（一）直接投资与间接投资

按投资活动与企业本身的生产经营活动的关系，企业投资可以划分为直接投资和间接投资。直接投资，是将资金直接投放于形成生产经营能力的实体性资产，直接谋取经营利润的企业投资。间接投资，是将资金投放于股票、债券等权益性资产上的企业投资。

（二）项目投资与证券投资

按投资对象的存在形态和性质，企业投资可以划分为项目投资和证券投资。企业可以通过投资，购买具有实质内涵的经营资产，包括有形资产和无形资产，形成具体的生产经营能力，开展实质性的生产经营活动，谋取经营利润。这类投资，称为项目投资。项目投资属于直接投资。企业可以通过投资，购买具有权益性的证券资产，通过证券资产上所赋予的权利，间接控制被投资企业的生产经营活动，获取投资收益。这类投资，称为证券投资，即购买属于综合生产要素的权益性权利资产的企业投资。证券投资属于间接投资。

直接投资与间接投资、项目投资与证券投资，两种投资分类方式的内涵和范围是一致的，只是分类角度不同。直接投资与间接投资强调的是投资的方式性，项目投资与证券投资强调的是投资的对象性。

（三）发展性投资与维持性投资

按投资活动对企业未来生产经营前景的影响，企业投资可以划分为发展性投资和维持性投资。发展性投资，是指对企业未来的生产经营发展全局有重大影响的企业投资。发展性投资也可以称为战略性投资。维持性投资，是为了维持企业现有的生产经营正常顺利进行，不会改变企业未来生产经营发展全局的企业投资。维持性投资也可以称为战术性投资，对企业生产经营的前景影响不大，投资风险相对也较小。

（四）对内投资与对外投资

按投资活动资金投出的方向，企业投资可以划分为对内投资和对外投资。对内投资，是指在本企业范围内部的资金投放，用于购买和配置各种生产经营所需的经营性资产。对外投资，是指向本企业范围以外的其他单位的资金投放。对外投资多以现金、有形资产、无形资产等资产形式，通过联合投资、合作经营、换取股权、购买证券资产等投资方式，向企业外部其他单位投放资金。对内投资都是直接投资，对外投资主要是间接投资，也可能是直接投资。

（五）独立投资与互斥投资

按投资项目之间的相互关联关系，企业投资可以划分为独立投资和互斥投资。独立投资是相容性投资，各个投资项目之间互不关联、互不影响，可以同时并存。互斥投资是非相容性投资，各个投资项目之间相互关联、相互替代，不能同时并存。

考点4 投资管理的原则

为了适应投资项目的特点和要求，实现投资管理的目标，作出合理的投资决策，需要制定投资管理的基本原则，据以保证投资活动的顺利进行。

（一）可行性分析原则

投资项目可行性分析是投资管理的重要组成部分，其主要任务是对投资项目实施的可行性进行科学的论证，主要包括环境可行性、技术可行性、市场可行性、财务可行性等方面。项目可行性分析将对项目实施后未来的运行和发展前景进行预测，通过定性分析和定量分析比较项目的优劣，为投资决策提供参考。

（二）结构平衡原则

可以说，一个投资项目的管理就是综合管理。资金既要投放于主要生产设备，又要投放于辅助设备；既要满足长期资产的需要，又要满足流动资产的需要。投资项目在资金投放时，要遵循结构平衡的原则，合理分布资金，具体包括固定资金与流动资金的配套关系、生产能力与经营规模的平衡关系、资金来源与资金运用的匹配关系、投资进度和资金供应的协调关系、流动资产内部的资产结构关系、发展性投资与维持性投资的配合关系、对内投资与对外投资的顺序关系、直接投资与间接投资的分布关系，等等。

（三）动态监控原则

投资的动态监控，是指对投资项目实施过程中的进程控制。特别是对于那些工程量大、工期长的建造项目来说，有一个具体的投资过程，需要按工程预算实施有效的动态投资控制。投资项目的工程预算，是对总投资中各工程项目以及所包含的分步工程和单位工程造价规划的财务计划。对于间接投资特别是证券投资而言，投资前首先要认真分析投资对象的投资价值，根据风险与收益均衡的原则合理选择投资对象。在持有金融资产过程中，要广泛收集投资对象和资本市场的相关信息，全面了解被投资单位的财务状况和经营成果，保护自身的投资权益。

第二节 投资项目财务评价指标

投资决策，是对各个可行方案进行分析和评价，并从中选择最优方案的过程。投资项目决策的分析评价，需要采用一些专门的评价指标和方法。常用的财务可行性评价指标有净现值、年金净流量、现值指数、内含报酬率和回收期等指标，围绕这些评价指标进行评价也产生了净现值法、内含报酬率法、回收期法等评价方法。同时，按照是否考虑了货币时间价值来分类，这些评价指标可以分为静态评价指标和动态评价指标。考虑了货币时间价值因素的称为动态评价指标，没有考虑货币时间价值因素的称为静态评价指标。

考点1 项目现金流量

由一项长期投资方案所引起的在未来一定期间所发生的现金收支，叫做现金流量（Cash Flow）。其中，现金收入称为现金流入量，现金支出称为现金流出量，现金流入量与现金流出量相抵后的余额，称为现金净流量（Net Cash Flow，简称NCF）。

在一般情况下，投资决策中的现金流量通常指现金净流量（NCF）。这里，所谓的现金既指库存现金、银行存款等货币性资产，也可以指相关非货币性资产（如原材料、设备等）的变现价值。

投资项目从整个经济寿命周期来看，大致可以分为三个时点阶段：投资期、营业期、终结期，现金流量的各个项目也可归属于各个时点阶段之中。

（一）投资期

投资阶段的现金流量主要是现金流出量，即在该投资项目上的原始投资，包括在长期资产上的投资和垫支的营运资金。如果该项目的筹建费、开办费较高，也可作为初始阶段的现金流出量计入递延资产。在一般情况下，初始阶段中固定资产的原始投资通常在年内一次性投入（如购买设备），如果原始投资不是一次性投入（如工程建造），则应把投资归属于不同投入年份之中。

（二）营业期

营业阶段是投资项目的主要阶段，该阶段既有现金流入量，也有现金流出量。现金流入量主要是营运各年的营业收入，现金流出量主要是营运各年的付现营运成本。另外，营业期内某一年发生的大修理支出，如果会计处理在本年内一次性作为收益性支出，则直接作为该年付现成本；如果跨年摊销处理，则本年作为投资性的现金流出量，摊销年份以非付现成本形式处理。营业期内某一年发生的改良支出是一种投资，应作为该年的现金流出量，以后年份通过折旧收回。

在正常营业阶段，由于营运各年的营业收入和付现营运成本数额比较稳定，因此营业阶段各年现金流量一般为：

$$营业现金净流量（NCF）=营业收入-付现成本=营业利润+非付现成本$$

式中，非付现成本主要是固定资产年折旧费用、长期资产摊销费用、资产减值准备等。其中，长期资产摊销费用主要有跨年的大修理摊销费用、改良工程折旧摊销费用、筹建开办费摊销费用，等等。

所得税是投资项目的现金支出，即现会流出量。考虑所得税对投资项目现金流量的影响，投资项目正常营运阶段所获得的营业现金流量，可按下列公式进行测算：

$$营业现金净流量（NCF）=营业收入-付现成本-所得税费用$$

$$或=税后营业利润+非付现成本$$

$$或=收入×（1-所得税税率）-付现成本×（1-所得税税率）+非付现成本×所得税税率$$

（三）终结期

终结阶段的现金流量主要是现金流入量，包括固定资产变价净收入和垫支营运资金的收回。

1. 固定资产变价净收入

投资项目在终结阶段，原有固定资产将退出生产经营，企业对固定资产进行清理处置。固定资产变价净收入，是指固定资产出售或报废时的出售价款或残值收入扣除清理费用后的净额。

2. 垫支营运资金的收回

伴随着固定资产的出售或报废，投资项目的经济寿命结束，企业将与该项目相关的存货出售，应收账款收回，应付账款也随之偿付。营运资金恢复到原有水平，项目开始垫支的营运资金在项目结束时得到回收。

在实务中，对某一投资项目在不同时点上现金流量数额的测算，通常通过编制"投资项目现金流量表"进行。通过该表，能测算出投资项目相关现金流量的时间和数额，以便进一步进行投资项目可行性分析。

考点2 净现值（NPV）

（一）基本原理

一个投资项目，其未来现金净流量现值与原始投资额现值之间的差额，称为净现值（Net Preset Value）。计算公式为：

$$净现值（NPV）=未来现金净流量现值-原始投资额现值$$

计算净现值时，要按预定的贴现率对投资项目的未来现金流量进行贴现。预定贴现率是投资者所期望的最低投资报酬率。净现值为正，方案可行，说明方案的实际报酬率高于所要求的报酬率；净现值为负，方案不可取，说明方案的实际投资报酬率低于所要求的报酬率。

当净现值为零时，说明方案的投资报酬刚好达到所要求的投资报酬，方案也可行。所以，净现值的经济含义是投资方案报酬超过基本报酬后的剩余收益。其他条件相同时，净现值越大，方案越好。采用净现值法来评价投资方案，一般有以下步骤：

（1）测定投资方案各年的现金流量，包括现金流出量和现金流入量。

（2）设定投资方案采用的贴现率。

确定贴现率的参考标准可以是：

① 以市场利率为标准。资本市场的市场利率是整个社会投资报酬率的最低水平，可以视为无风险最低报酬率要求。

② 以投资者希望获得的预期最低投资报酬率为标准。这就考虑了投资项目的风险补偿因素以及通货膨胀因素。

③ 以企业平均资本成本率为标准。企业投资所需要的资金，都或多或少地具有资本成本，企业筹资承担的资本成本率水平，给投资项目提出了最低报酬率要求。

（3）按设定的贴现率，分别将各年的现金流出量和现金流入量折算成现值。

（4）将未来的现金净流量现值与投资额现值进行比较，若前者大于或等于后者，方案可行；若前者小于后者，方案不可行，说明方案达不到投资者的预期投资报酬率。

（二）对净现值法的评价

净现值法简便易行，其主要的优点在于：

（1）适用性强，能基本满足项目年限相同的互斥投资方案的决策。

（2）能灵活地考虑投资风险。净现值法在所设定的贴现率中包含投资风险报酬率要求，就能有效地考虑投资风险。

净现值也具有明显的缺陷，主要表现在：

（1）所采用的贴现率不易确定。

（2）不适宜于独立投资方案的比较决策。

（3）净现值有时也不能对寿命期不同的互斥投资方案进行直接决策。

考点3　年金净流量（ANCF）

投资项目的未来现金净流量与原始投资的差额，构成该项目的现金净流量总额。项目期间内全部现金净流量总额的总现值或总终值折算为等额年金的平均现金净流量，称为年金净流量（Annual NCF）。年金净流量的计算公式为：

$$年现金净流量 = \frac{现金净流量总现值}{年金现值系数} = \frac{现金净流量总终值}{年金终值系数}$$

与净现值指标一样，年金净流量指标的结果大于零，说明每年平均的现金流入能抵补现金流出，投资项目的净现值（或净终值）大于零，方案的报酬率大于所要求的报酬率，方案可行。在两个以上寿命期不同的投资方案比较时，年金净流量越大，方案越好。

年金净流量法是净现值法的辅助方法，在各方案寿命期相同时，实质上就是净现值法。因此它适用于期限不同的投资方案决策。但同时，它也具有与净现值法同样的缺点，不便于对原始投资额不相等的独立投资方案进行决策。

例6-1〔2011年单选题〕下列各项中，其计算结果等于项目投资方案年等额净回收额的是（　　　）。

A. 该方案净现值×年金现值系数

B. 该方案净现值×年金现值系数的倒数

C. 该方案每年相等的净现金流量×年金现值系数

D. 该方案每年相关的净现金流量×年金现值系数的倒数

【参考答案】B

【解析】本题考查年等额净回收额的计算。某方案年等额净回收额=该方案净现值×回收系数=该方案净现值×（1/年金现值系数）。因此，本题B选项正确。

考点4　现值指数（PVI）

现值指数（Present Value Index）是投资项目的未来现金净流量现值与原始投资额现值之比。其计算公式为：

$$现值指数 = \frac{未来现金净流量现值}{原始投资额现值}$$

从现值指数的计算公式可见，现值指数的计算结果有三种：大于1，等于1，小于1。若现值指数大于或等于1，方案可行，说明方案实施后的投资报酬率高于或等于预期报酬率；若现值指数小于1，方案不可行，说明方案实施后的投资报酬率低于预期报酬率。现值指数越大，方案越好。

现值指数法也是净现值法的辅助方法，在各方案原始投资额现值相同时，实质上就是净现值法。由于现值指数是未来现金净流量现值与所需投资额现值之比，是一个相对数指标，反映了投资效率，所以，用现值指数指标来评价独立投资方案，可以克服净现值指标的不便于对原始投资额现值不同的独立投资方案进行比较和评价的缺点，从而使对方案的分析评价更加合理、客观。

考点5 内含报酬率（IRR）

（一）基本原理

内含报酬率（Internal Rate of Return），是指对投资方案未来的每年现金净流量进行贴现，使所得的现值恰好与原始投资额现值相等，从而使净现值等于零时的贴现率。

内含报酬率法的基本原理是：在计算方案的净现值时，以预期投资报酬率作为贴现率计算，净现值的结果往往是大于零或小于零，这就说明方案的实际可能达到的投资报酬率大于或小于预期投资报酬率；而当净现值为零时，说明两种报酬率相等。根据这个原理，内含报酬率法就是要计算出使净现值等于零时的贴现率，这个贴现率就是投资方案的实际可能达到的投资报酬率。

1. 未来每年现金净流量相等时

每年现金净流量相等是一种年金形式，通过查年金现值系数表，可计算出未来现金净流量现值，并令其净现值为零，有：

$$未来每年现金净流量 \times 年金现值系数 - 原始投资额现值 = 0$$

计算出净现值为零时的年金现值系数后，通过查年金现值系数表，即可找出相应的贴现率 i，该贴现率就是方案的内含报酬率。

2. 未来每年现金净流量不相等时

如果投资方案的未来每年现金净流量不相等，各年现金净流量的分布就不是年金形式，不能采用直接查年金现值系数表的方法来计算内含报酬率，而需采用逐次测试法。

逐次测试法的具体做法是：根据已知的有关资料，先估计一次贴现率，来试算未来现金净流量的现值，并将这个现值与原始投资额现值相比较，如果净现值大于零，为正数，表示估计的贴现率低于方案实际可能达到的投资报酬率，需要重估一个较高的贴现率进行试算；如果净现值小于零，为负数，表示估计的贴现率高于方案实际可能达到的投资报酬率，需要重估一个较低的贴现率进行试算。如此反复试算，直到净现值等于零或基本接近于零，这时所估计的贴现率就是希望求得的内含报酬率。

（二）对内含报酬率法的评价

内含报酬率法的主要优点在于：

（1）内含报酬率反映了投资项目可能达到的报酬率，易于被高层决策人员所理解。

（2）对于独立投资方案的比较决策，如果各方案原始投资额现值不同，可以通过计算各方案的内含报酬率，反映各独立投资方案的获利水平。

内含报酬率法的主要缺点在于：

（1）计算复杂，不易直接考虑投资风险大小。

（2）在互斥投资方案决策时，如果各方案的原始投资额现值不相等，有时无法作出正确的决策。某一方案原始投资额低，净现值小，但内含报酬率可能较高；而另一方案原始投资额高，净现值大，但内含报酬率可能较低。

考点6　回收期（PP）

回收期（Payback Period），是指投资项目的未来现金净流量与原始投资额相等时所经历的时间，即原始投资额通过未来现金流量回收所需要的时间。

投资者希望投入的资本能以某种方式尽快地收回来，收回的时间越长，所担风险就越大。因而，投资方案回收期的长短是投资者十分关心的问题，也是评价方案优劣的标准之一。用回收期指标评价方案时，回收期越短越好。

（一）静态回收期

静态回收期没有考虑货币时间价值，直接用未来现金净流量累计到原始投资数额时所经历的时间作为回收期。

1. 未来每年现金净流量相等时

这种情况是一种年金形式，因此：

$$静态回收期=\frac{原始投资额}{每年现金净流量}$$

2. 未来每年现金净流量不相等时

在这种情况下，应把未来每年的现金净流量逐年加总，根据累计现金流量来确定回收期。

例6-2（2011年单选题）某投资项目各年的预计净现金流量分别为：$NCF_0=-200$万元，$NCF_1=-50$万元，$NCF_{2-3}=100$万元，$NCF_{4-11}=250$万元；$NCF_{12}=150$万元，则该项目包括建设期的静态投资回收期为（　　）年。

A. 2.0　　　　　　　　B. 2.5　　　　　　　　C. 3.2　　　　　　　　D. 4.0

【参考答案】C

【解析】本题考查包括建设期的投资回收期（PP）的计算。如果无法在"累计净现金流量"栏上找到零，包括建设期的投资回收期（PP）=最后一项为负值的累计净现金流量对应的年数+最后一项为负值的累计净现金流量绝对值÷下一年度净现金流量=3+50÷250=3.2（年）。因此，本题C选项正确。

（二）动态回收期

动态回收期需要将投资引起的未来现金净流量进行贴现，以未来现金净流量的现值等于原始投资额现值时所经历的时间为回收期。

1. 未来每年现金净流量相等时

在这种年金形式下，假定经历几年所取得的未来现金净流量的年金现值系数为（P/A，i，n），则：

$$（P/A，i，n）= \frac{原始投资额现值}{每年现金净流量}$$

计算出年金现值系数后，通过查年金现值系数表，利用插值法，即可推算出回收期n。

2. 未来每年现金净流量不相等时

在这种情况下，应把每年的现金净流量逐一贴现并加总，根据累计现金流量现值来确定回收期。前述例6-9中，迪力公司投资项目的动态回收期为：

$$项目回收期 = 3 + \frac{150\,000 - 112\,145}{41\,150} = 3.92 \text{ 年}$$

回收期法的优点是计算简便，易于理解。这种方法是以回收期的长短来衡量方案的优劣，投资的时间越短，所冒的风险就越小。可见，回收期法是一种较为保守的方法。

回收期法中静态回收期的不足之处是没有考虑货币的时间价值，也就不能计算出较为准确的投资经济效益。

静态回收期和动态回收期还有一个共同局限，就是它们计算回收期时只考虑了未来现金净流量小于和等于原始投资额的部分，没有考虑超过原始投资额的部分。显然，回收期长的项目，其超过原始投资额的现金流量并不一定比回收期短的项目少。

第三节　项目投资管理

项目投资，是指将资金直接投放于生产经营实体性资产，以形成生产能力，如购置设备、建造工厂、修建设施等。项目投资一般是企业的对内投资，也包括以实物性资产投资于其他企业的对外投资。

考点1　独立投资方案的决策

独立投资方案，是指两个或两个以上项目互不依赖，可以同时并存，各方案的决策也是独立的。独立投资方案的决策属于筛分决策，评价各方案本身是否可行，即方案本身是否达到某种预期的可行性标准。独立投资方案之间比较时，决策要解决的问题是如何确定各种可行方案的投资顺序，即各独立方案之间的优先次序。排序分析时，以各独立方案的获利程度作为评价标准，一般采用内含报酬率法进行比较决策。

考点2 互斥投资方案的决策

互斥投资方案，方案之间互相排斥，不能并存，因此决策的实质在于选择最优方案，属于选择决策。选择决策要解决的问题是应该淘汰哪个方案，即选择最优方案。从选定经济效益最大的要求出发，互斥决策以方案的获利数额作为评价标准。因此，一般采用净现值法和年金净流量法进行选优决策。但由于净现值指标受投资项目寿命期的影响，因而年金净流量法是互斥方案最恰当的决策方法。

（一）项目的寿命期相等时

事实上，互斥方案的选优决策，各方案本身都是可行的，均有正的净现值，表明各方案均收回了原始投资，并有超额报酬。进一步在互斥方案中选优，方案的获利数额作为选优的评价标准。在项目的寿命期相等时，不论方案的原始投资额大小如何，能够获得更大的获利数额即净现值的，即为最优方案。所以，在互斥投资方案的选优决策中，原始投资额的大小并不影响决策的结论，无须考虑原始投资额的大小。

例6-3（2012年单选题）对项目计算期相同而原始投资不同的两个互斥投资项目进行决策时，适宜单独采用的方法是（　　）。

A. 回收期法　　　　　　　　　　　　B. 净现值率法

C. 总投资收益率法　　　　　　　　　D. 差额投资内部收益率法

【参考答案】D

【解析】差额投资内部收益率法，是指在两个原始投资额不同方案的差量净现金流量的基础上，计算出差额内部收益率，并据与基准折现率进行比较，进而判断方案孰优孰劣的方法。该法适用于两个原始投资不相同，但项目计算期相同的多方案比较决策。

（二）项目的寿命期不相等时

实际上，在两个寿命期不等的互斥投资项目比较时，需要将两项目转化成同样的投资期限，才具有可比性。因为按照持续经营假设，寿命期短的项目，收回的投资将重新进行投资。针对各项目寿命期不等的情况，可以找出各项目寿命期的最小公倍期数，作为共同的有效寿命期。

综上所述，互斥投资方案的选优决策中，年金净流量全面反映了各方案的获利数额，是最佳的决策指标。净现值指标在寿命期不同的情况下，需要按各方案最小公倍期限调整计算，在其余情况下的决策结论也是正确的。

考点3 固定资产更新决策

固定资产反映了企业的生产经营能力，固定资产更新决策是项目投资决策的重要组成部分。从决策性质上看，固定资产更新决策属于互斥投资方案的决策类型。因此，固定资产更新决策所采用的决策方法是净现值法和年金净流量法，一般不采用内含报酬率法。

（一）寿命期相同的设备重置决策

一般来说，用新设备来替换旧设备如果不改变企业的生产能力，就不会增加企业的营业收入，即使有少量的残值变价收入，也不是实质性收入增加。因此，大部分以旧换新进行的设备重置都属于替换重置。在替换重置方案中，所发生的现金流量主要是现金流出量。如果购入的新设备性能提高，扩大了企业的生产能力，这种设备重置属于扩建重置。

（二）寿命期不同的设备重置决策

寿命期不同的设备重置方案，用净现值指标可能无法得出正确决策结果，应当采用年金净流量法决策。寿命期不同的设备重置方案，在决策时有如下特点：

第一，扩建重置的设备更新后会引起营业现金流入与流出的变动，应考虑年金净流量最大的方案。替换重置的设备更新一般不改变生产能力，营业现金流入不会增加，只需比较各方案的年金流出量即可，年金流出量最小的方案最优。

第二，如果不考虑各方案的营业现金流入量变动，只比较各方案的现金流出量，我们把按年金净流量原理计算的等额年金流出量称为年金成本。替换重置方案的决策标准，是要求年金成本最低。扩建重置方案所增加或减少的营业现金流入也可以作为现金流出量的抵减，并据此比较各方案的年金成本。

第三，设备重置方案运用年金成本方式决策时，应考虑的现金流量主要有：①新旧设备目前市场价值。对于新设备而言，目前市场价值就是新设备的购价，即原始投资额；对于旧设备而言，目前市场价值就是旧设备的重置成本或变现价值。②新旧价值残值变价收入。残值变价收入应作为现金流出的抵减。残值变价收入现值与原始投资额的差额，称为投资净额。③新旧设备的年营运成本，即年付现成本。如果考虑每年的营业现金流入，应作为每年营运成本的抵减。

第四，年金成本可在特定条件下（无所得税因素、每年营运成本相等），按如下公式计算：

$$年金成本 = \frac{\sum(各项目现金净流出现值)}{年金现值系数}$$

$$= \frac{原始投资额 - 残值收入 \times 一般现值系数 + \sum(年营运成本现值)}{年金现值系数}$$

$$= \frac{原始投资额 - 残值收入}{年金现值系数} + 残值收入 \times 贴现率 + \frac{\sum(年营运成本现值)}{年金现值系数}$$

第四节　证券投资管理

证券资产是企业进行金融投资所形成的资产。证券投资不同于项目投资，项目投资的对象是实体性经营资产，经营资产是直接为企业生产经营服务的资产，如固定资产、无形资产等，它们往往是一种服务能力递减的消耗性资产。证券投资的对象是金融资产，金融资产是一种以凭证、票据或者合同合约形式存在的权利性资产，如股票、债券及其衍生证券等。

考点1 证券资产的特点

证券资产具有如下特点：

（一）价值虚拟性

证券资产不能脱离实体资产而完全独立存在，但证券资产的价值不是完全由实体资本的现实生产经营活动决定的，而是取决于契约性权利所能带来的未来现金流量，是一种未来现金流量折现的资本化价值。如债券投资代表的是未来按合同规定收取债息和收回本金的权利，股票投资代表的是对发行股票企业的经营控制权、财务控制权、收益分配权、剩余财产追索权等股东权利。证券资产的服务能力在于它能带来未来的现金流量，按未来现金流量折现即资本化价值，是证券资产价值的统一表达。

（二）可分割性

实体项目投资的经营资产一般具有整体性要求，如购建新的生产能力，往往是厂房、设备、配套流动资产的结合。证券资产可以分割为一个最小的投资单位，如一股股票、一份债券，这就决定了证券资产投资的现金流量比较单一，往往由原始投资、未来收益或资本利得、本金回收所构成。

（三）持有目的多元性

实体项目投资的经营资产往往是为消耗而持有，为流动资产的加工提供生产条件。证券资产的持有目的是多元的，既可能是为未来积累现金即为未来变现而持有，也可能是为谋取资本利得即为销售而持有，还有可能是为取得对其他企业的控制权而持有。

（四）强流动性

证券资产具有很强的流动性，其流动性表现在：（1）变现能力强。证券资产往往都是上市证券，一般都有活跃的交易市场可供及时转让。（2）持有目的可以相互转换。当企业急需现金时，可以立即将为其他目的而持有的证券资产变现。证券资产本身的变现能力虽然较强，但其实际周转速度取决于企业对证券资产的持有目的。作为长期投资的形式，企业持有的证券资产的周转一次一般都会经历一个会计年度以上。

（五）高风险性

证券资产是一种虚拟资产，决定了金融投资受公司风险和市场风险的双重影响，不仅发行证券资产的公司业绩影响着证券资产投资的报酬率，资本市场的市场平均报酬率变化也会给金融投资带来直接的市场风险。

例6-4（2013多选题）下列各项中，属于证券资产特点的有（   ）

A. 可分割性   B. 高风险性   C. 强流动性   D. 持有目的多元性

【参考答案】ABCD

【解析】本题主要考核"第六章"的"证券资产的特点"知识点。证券资产是企业进行金融投资所形成的资产。它有以下五个特点：①价值虚拟性；②可分割性；③持有目的多元性；④强流动性；⑤高风险性。

考点2　证券投资的目的

证券投资的目的主要包括：

（1）分散资金投向，降低投资风险。

（2）利用闲置资金，增加企业收益。

（3）稳定客户关系，保障生产经营。

（4）提高资产的流动性，增强偿债能力。

考点3　证券资产投资的风险

由于证券资产的市价波动频繁，证券投资的风险往往较大。获取投资收益是证券投资的主要目的，证券投资的风险是投资者无法获得预期投资收益的可能性。按风险性质划分，证券投资的风险分为系统性风险和非系统性风险两大类别。

（一）系统性风险

证券资产的系统性风险，是指由于外部经济环境因素变化引起整个资本市场不确定性加强，从而对所有证券都产生影响的共同性风险。系统性风险影响到资本市场上的所有证券，无法通过投资多元化的组合而加以避免，也称为不可分散风险。

1. 价格风险

价格风险是指由于市场利率上升，而使证券资产价格普遍下跌的可能性。

2. 再投资风险

再投资风险是由于市场利率下降，而造成的无法通过再投资而实现预期收益的可能性。

3. 购买力风险

购买力风险是指由于通货膨胀而使货币购买力下降的可能性。

（二）非系统性风险

证券资产的非系统性风险，是指由于特定经营环境或特定事件变化引起的不确定性，从而对个别证券资产产生影响的特有性风险。

1. 违约风险

违约风险是指证券资产发行者无法按时兑付证券资产利息和偿还本金的可能性。

2. 变现风险

变现风险是指证券资产持有者无法在市场上以正常的价格平仓出货的可能性。

3. 破产风险

破产风险是指在证券资产发行者破产清算时投资者无法收回应得权益的可能性。

考点4　债券投资

（一）债券要素

债券是依照法定程序发行的约定在一定期限内还本付息的有价证券，它反映证券发行者与持有者之间的债权债务关系。债券一般包含以下几个基本要素：

（1）债券面值。债券面值是指债券设定的票面金额，它代表发行人借入并且承诺于未来某一特定日偿付债券持有人的金额，债券面值包括两方面的内容：①票面币种。即以何种货币作为债券的计量单位，一般而言，在国内发行的债券，发行的对象是国内有关经济主体，则选择本国货币，若在国外发行，则选择发行地国家或地区的货币或国际通用货币（如美元）作为债券的币种。②票面金额。票面金额对债券的发行成本、发行数量和持有者的分布具有影响，票面金额小，有利于小额投资者购买，从而有利于债券发行，但发行费用可能增加；票面金额大，会降低发行成本，但可能减少发行量。

（2）债券票面利率。债券票面利率是指债券发行者预计一年内向持有者支付的利息占票面金额的比率。票面利率不同于实际利率，实际利率是指按复利计算的一年期的利率，债券的计息和付息方式有多种，可能使用单利或复利计算，利息支付可能半年一次、一年一次或到期一次还本付息，这使得票面利率可能与实际利率发生差异。

（3）债券到期日。债券到期日是指偿还债券本金的日期，债券一般都有规定到期日，以便到期时归还本金。

（二）债券的价值

将在债券投资上未来收取的利息和收回的本金折为现值，即可得到债券的内在价值。债券的内在价值也称为债券的理论价格，只有债券价值大于其购买价格时，该债券才值得投资。影响债券价值的因素主要有债券的面值、期限、票面利率和所采用的贴现率等因素。

1. 债券估价基本模型

典型的债券类型，是有固定的票面利率、每期支付利息、到期归还本金的债券，这种债券模式下债券价值计量的基本模型是：

$$V_b = \sum_{t=1}^{n} \frac{I_t}{(1+R)^t} + \frac{M}{(1+R)^n}$$

式中，V_b表示债券的价值，I表示债券各期的利息，M表示债券的面值，R表示债券价值评估时所采用的贴现率即所期望的最低投资报酬率。一般来说，经常采用市场利率作为评估债券价值时所期望的最低投资报酬率。

从债券价值基本计量模型中可以看出，债券面值、债券期限、票面利率、市场利率是影响债券价值的基本因素。

2. 债券期限对债券价值的敏感性

选择长期债券还是短期债券，是公司财务经理经常面临的投资选择问题。由于票面利率的不同，当债券期限发生变化时，债券的价值也会随之波动。

在债券投资决策时应当注意：短期的溢价或折价债券对决策的影响并不大；对于长期债券来说，溢价债券的价值与票面金额的偏离度较高，会给债券市场价格提供较大的波动空间，应当利用这个波动空间谋取投资的资本价差利得。

3. 市场利率对债券价值的敏感性

债券一旦发行，其面值、期限、票面利率都相对固定了，市场利率成为债券持有期间影响债券价值的主要因素。市场利率是决定债券价值的贴现率，市场利率的变化会造成系统性的利率风险。

财务经理在债券投资决策中应当注意：长期债券的价值波动较大，特别是票面利率高于市场利率的长期溢价债券，容易获取投资收益但安全性较低，利率风险较大。如果市场利率波动频繁，利用长期债券来储备现金显然是不明智的，将为较高的收益率而付出安全性的代价。

（三）债券投资的收益率

1. 债券收益的来源

债券投资的收益是投资于债券所获得的全部投资报酬，这些投资报酬来源于三个方面：

（1）名义利息收益。债券各期的名义利息收益是其面值与票面利率的乘积。

（2）利息再投资收益。债券投资评价时，有两个重要的假定：第一，债券本金是到期收回的，而债券利息是分期收取的；第二，将分期收到的利息重新投资于同一项目，并取得与本金同等的利息收益率。

（3）价差收益。它指债券尚未到期时投资者中途转让债券，在卖价和买价之间的价差上所获得的收益，也称为资本利得收益。

2. 债券的内部收益率

债券的内部收益率，是指按当前市场价格购买债券并持有至到期日或转让日所产生的预期报酬率，也就是债券投资项目的内含报酬率。在债券价值估价基本模型中，如果用债券的购买价格 P_0 代替内在价值 V_b，就能求出债券的内部收益率。也就是说，用该内部收益率贴现所决定的债券内在价值，刚好等于债券的目前购买价格。

债券真正的内在价值是按市场利率贴现所决定的内在价值，当按市场利率贴现所计算的内在价值大于按内部收益率贴现所计算的内在价值时，债券的内部收益率才会大于市场利率，这正是投资者所期望的。

■ 考点5　股票投资

（一）股票的价值

投资于股票预期获得的未来现金流量的现值，即为股票的价值或内在价值、理论价格。股票是一种权利凭证，它之所以有价值，是因为它能给持有者带来未来的收益，这种未来的收益包括各期获得的股利、转让股票获得的价差收益、股份公司的清算收益等。价格小于内在价值的股票，是值得投资者投资购买的。股份公司的净利润是决定股票价值的基础。股票给持有者带来未来的收益一般是以股利形式出现的，因此也可以说股利决定了股票价值。

1. 股票估价基本模型

从理论上说，如果股东不中途转让股票，股票投资没有到期日，投资于股票所得到的未来现金流量是各期的股利。假定某股票未来各期股利为D_t（t为期数），R_s为估价所采用的贴现率即所期望的最低收益率，股票价值的估价模型为：

$$V_s = \frac{D_1}{(1+R_s)} + \frac{D_2}{(1+R_s)^2} + \cdots\cdots + \frac{D_n}{(1+R_s)^n} + \cdots\cdots$$

$$= \sum_{i=1}^{\infty} \frac{D_t}{(1+R_s)^t}$$

优先股是特殊的股票，优先股股东每期在固定的时点上收到相等的股利，优先股没有到期日，未来的现金流量是一种永续年金，其价值计算为：

$$V_s = \frac{D}{R}$$

2. 常用的股票估价模式

与债券不同的是，持有期限、股利、贴现率是影响股票价值的重要因素。如果投资者准备永久持有股票，未来的贴现率也是固定不变的，那么未来各期不断变化的股利就成为评价股票价值的难题。为此，我们不得不假定未来的股利按一定的规律变化，从而形成几种常用的股票估价模式。

（1）固定增长模式。一般来说，公司并没有把每年的盈余全部作为股利分配出去，留存的收益扩大了公司的资本额，不断增长的资本会创造更多的盈余，进一步又引起下期股利的增长。如果公司本期的股利为D_0，未来各期的股利按上期股利的g速度呈几何级数增长，根据股票估价基本模型，股票价值V_s为：

$$V_s = \sum_{i=1}^{\infty} \frac{D_0(1+g)^t}{(1+R_s)^t}$$

因为g是一个固定的常数，上式可以化简为：

$$V_s = \frac{D_t}{R_s - g}$$

（2）零增长模式。如果公司未来各期发放的股利都相等，并且投资者准备永久持有，那么这种股票与优先股是相类似的。或者说，当固定增长模式中$g=0$时，有：

$$V_s = \frac{D}{R}$$

（3）阶段性增长模式。许多公司的股利在某一阶段有一个超常的增长率，这段期间的增长率g可能大于R_s，而后阶段公司的股利固定不变或正常增长。对于阶段性增长的股票，需要分段计算，才能确定股票的价值。

例6-5（2013年单选题）某投资者购买A公司股票，并且准备长期持有，要求的最低收益率为11%，该公司本年的股利为0.6元/股，预计未来股利年增长率为5%，则该股票的内在价值是（　　）元/股。

A. 10.0　　　　　　　　B. 10.5　　　　　　　　C. 11.5　　　　　　　　D. 12.0

【参考答案】 B

【解析】 本题主要考核"第六章"的"股票投资"知识点。如果公司本期的股利为D_0，未来各期的股利按上期股利的g速度呈几何级数增长，根据股票估价基本模型，股票价值V_s为：

$$V_s = \sum_{i=1}^{\infty} \frac{D_0(1+g)^t}{(1+R_s)^t}$$

因为g是一个固定的常数，上式可以化简为：

$$V_s = \frac{D_t}{R_s - g}$$

根据公式可得：股票的内在价值 = 0.6×（1+5%）÷（11%-5%）= 10.5（元）。故本题答案为B。

（二）股票投资的收益率

1.股票收益的来源

股票投资的收益由股利收益、股利再投资收益、转让价差收益三部分构成。并且，只要按货币时间价值的原理计算股票投资收益，就无需单独考虑再投资收益的因素。

2.股票的内部收益率

股票的内部收益率，是使得股票未来现金流量贴现值等于目前的购买价格时的贴现率，也就是股票投资项目的内含报酬率。股票的内部收益率高于投资者所要求的最低报酬率时，投资者才愿意购买该股票。在固定增长股票估价模型中，用股票的购买价格P_0代替内在价值V_s，有：

$$R = \frac{D_1}{P_0} + g$$

从上式可以看出，股票投资内部收益率由两部分构成：一部分是预期股利收益率D_1/P_0，另一部分是股利增长率g。

如果投资者不打算长期持有股票，而将股票转让出去，则股票投资的收益由股利收益和资本利得（转让价差收益）构成。这时，股票内部收益率R是使股票投资净现值为零时的贴现率，计算公式为：

$$NPV = \sum_{i=1}^{n} \frac{D_t}{(1+R)} + \frac{P_t}{(1+R)^n} - P_0 = 0$$

本章同步训练

一、单项选择题

1.下列各项中，属于广义的投资不属于狭义的投资的是（　　　）。

A. 购置固定资产　　　　　　　　B. 购买其他公司的股票

C. 与其他企业联营　　　　　　　D. 投资于外部项目

2. 某企业新建生产线项目，需要在建设期初投入形成固定资产的费用为500万元；支付50万元购买一项专利权，支付10万元购买一项非专利技术；投入开办费5万元，预备费10万元，该项目的建设期为1年，所使用的资金全部为自有资金。则该项目建设投资、固定资产原值分别是（　　）。

    A. 60万元，575万元　　　　　　　　　　　　B. 575万元，510万元

    C. 575万元，60万元　　　　　　　　　　　　D. 510万元，575万元

3. 某企业存货的最低周转天数为120天，每年存货外购费用为240万元，应收账款最多的周转次数为5次，现金需用额每年为50万元，应付账款需用额为40万元，预收账款最多周转次数为2次，已知该企业每年的经营收入为800万元，年经营成本为300万元。假设不存在上述所涉及的流动资产和流动负债之外的项目，则企业本年的流动资金需用额为（　　）万元。

    A. 190　　　　　　　　B. 0　　　　　　　　C. −440　　　　　　　　D. −250

4. 某投资项目运营期某年的外购原材料、燃料和动力费估算额为450万元，折旧100万元，长期资产摊销费30万元，工资及福利费估算额为230万元，修理费估算额为20万元，其他费用（不含财务费用）为80万元，则该投资项目该年的经营成本估算额为（　　）万元。

    A. 910　　　　　　　　B. 810　　　　　　　　C. 780　　　　　　　　D. 830

5. 已知某固定资产投资项目计算期为13年，固定资产投资为120万元，建设期资本化利息为10万元，预备费为11万元。包括建设期的回收期为5年，不包括建设期的回收期为2年。如果该固定资产采用直线法计提折旧，净残值为20万元，则年折旧额为（　　）万元。

    A. 11.5　　　　　　　　B. 12.1　　　　　　　　C. 11　　　　　　　　D. 10

6. 某完整工业投资项目于建设起点一次投入固定资产投资500万元和流动资金投资50万元，建设期为一年。运营期第一年的息税前利润为150万元，折旧为200万元，该年的经营成本估算额为120万元。则运营期第一年的所得税前净现金流量为（　　）万元。

    A. −100　　　　　　　　B. 350　　　　　　　　C. 150　　　　　　　　D. 550

7. 以下不属于项目投资决策的主要方法的是（　　）。

    A. 净现值法　　　　　　　　　　　　　　　B. 净现值率法

    C. 内部收益率法　　　　　　　　　　　　　D. 年等额净回收额法

8. 已知甲项目的原始投资额为500万元，建设期为2年，投产后1至5年的每年净现金流量为90万元，第6至10年的每年净现金流量为80万元，则该项目包括建设期的静态投资回收为（　　）年。

    A. 7.5　　　　　　　　B. 5　　　　　　　　C. 8　　　　　　　　D. 7.625

9. 某投资项目的净现值为1 000元，净现值率为20%，该项目的原始投资额为（　　）元。

    A. 10 000　　　　　　　　B. 8 000　　　　　　　　C. 5 000　　　　　　　　D. 2 000

10. 若某投资项目的建设期为零，则直接利用年金现值系数计算该项目内部收益率指标所要求的前提条件是（　　）。

    A. 投产后净现金流量为递延年金形式　　　　B. 投产后各年的净现金流量不发生流动资金投资

    C. 在建设起点没有发生任何投资　　　　　　D. 投产后净现金流量为普通年金形式

11. 净现值、净现值率共同的特点是（　　）。

    A. 无法直接反映投资项目的实际收益率水平

B. 都是相对数指标

C. 从动态的角度反映项目投资的资金投入与净产出之间的关系

D. 从动态的角度反映项目投资的资金投入与总产出之间的关系

12. 某投资项目的净现值为300元，净现值率为12%，内部收益率为15%，基准收益率为10%，静态投资回收期>$n/2$，总投资收益率低于基准投资收益率，以下结论正确的是（　　）。

A. 该项目完全具备财务可行性　　　　　　　B. 该项目基本具备财务可行性

C. 该项目完全不具备财务可行性　　　　　　D. 该项目基本不具备财务可行性

13. （2012年真题）下列项目投资决策评价指标中，一般作为辅助性指标的是（　　）。

A. 净现值　　　　B. 内部收益率　　　　C. 净现值率　　　　D. 总投资收益率

14. （2011年真题）某投资项目的投资总额为200万元，达产后预计运营期内每年的息税前利润为24万元，相关负债筹资年利息费用为4万元，适用的企业所得税税率为25%，则该项目的总投资收益率为（　　）。

A. 7.5%　　　　B. 10%　　　　C. 12%　　　　D. 14%

15. （2012年真题）某公司新建一条生产线，预计投产后第一年、第二年流动资产需用额分别为40万元和50万元，流动负债需要额分别为15万元和20万元，则第二年新增的流动资金额是（　　）万元。

A. 5　　　　B. 15　　　　C. 20　　　　D. 30

二、多项选择题

1. 在项目投资决策中，下列各项属于建设投资的有（　　）。

A. 固定资产投资　　B. 开办费投资　　C. 生产准备投资　　D. 流动资金投资

2. 下列指标中，受投资资金来源结构（权益资金和债务资金的比例）影响的是（　　）。

A. 原始投资　　　B. 固定资产原值　　C. 流动资金投资　　D. 项目总投资

3. 按照分项详细估算法的内容来分析，以下属于流动负债项目的估算内容的是（　　）。

A. 应付账款需用额的估算　　　　　　　　　B. 应收账款需用额的估算

C. 预付账款需用额的估算　　　　　　　　　D. 预收账款需用额的估算

4. 已知某投资项目运营期某年的有关资料如下：营业收入为300万元，不含财务费用的总成本费用为150万元，经营成本为120万元，所得税前净现金流量为120万元，该年所得税后净现金流量为100万元，企业所得税税率为25%。则下列各项中，说法正确的有（　　）。

A. 该年折旧摊销为30万元　　　　　　　　　B. 该年调整所得税为20万元

C. 该年息税前利润为80万元　　　　　　　　D. 该年营业税金及附加为70万元

5. 某投资项目终结点年度的息税前利润为1 000万元，企业所得税税率为30%，折旧100万元，回收流动资金300万元，固定资产净残值收入100万元。下列表述正确的有（　　）。

A. 回收额为400万元　　　　　　　　　　　B. 经营净现金流量为800万元

C. 终结点税后净现金流量为1 200万元　　　D. 终结点税前净现金流量为1 500万元

6. 静态投资回收期的计算方法有公式法和列表法，其中公式法所要求的条件包括（　　）。

A. 建设期为零

B. 项目运营期内前若干年内每年的净现金流量必须相等

C. 运营期内的净现金流量的合计数大于等于建设期发生的原始投资合计

D. 项目运营期内前若干年内每年的净现金流量的合计数大于或等于建设期发生的原始投资合计

7. 已知甲项目原始投资为120万元，建设期资本化利息为10万元，运营期内每年利息费用8万元，建设期为1年，试产期为1年，达产为5年，试产期税前利润为-5万元，达产期税前利润合计为280万元。试产期净现金流量为2万元，达产期第1年净现金流量为30万元，第2年净现金流量为100万元，则（　　　）。

A. 包括建设期的静态投资回收期为3.88年　　　　B. 总投资收益率为41.41%

C. 项目总投资为130万元　　　　D. 包括建设期的静态投资回收期为2.88年

8. 已知某投资项目于建设起点投入资金500万元，建设期为1年，采用插入函数法得到的净现值为100万元，内部收益率为10%，则下列说法正确的有（　　　）。

A. 实际净现值等于100万元　　　　B. 实际净现值大于100万元

C. 实际内部收益率小于10%　　　　D. 实际内部收益率等于10%

9.（2011年真题）下列各项中，属于"形成固定资产的费用"的有（　　　）。

A. 预备费　　　　B. 设备购置费　　　　C. 安装工程费　　　　D. 生产准备费

10.（2012年真题）下列各项建设投资费用中，不构成固定资产原值的有（　　　）。

A. 监理费　　　　B. 开办费　　　　C. 勘察设计费　　　　D. 生产准备费

三、判断题

1. 对于单纯固定资产投资项目而言，原始投资等于固定资产投资。（　　　）

2. 项目投资是以建设项目（包括特定建设项目和一般建设项目）为投资对象的一种长期投资行为。（　　　）

3. 从项目投资的角度看，原始投资（又称初始投资）等于企业为使该项目完全达到设计生产能力、开展正常经营而投入的全部现实资金，原始投资=建设投资+流动资金投资+建设期资本化利息。（　　　）

4. 用于企业自行开发建造厂房建筑物的土地使用权，可以列作固定资产价值。（　　　）

5. 某期预计发生的营业税金及附加=该期预计应交增值税+该期预计应交营业税+该期预计应交消费税+该期预计应交资源税+该期预计应交城市维护建设税+该期预计应交教育费附加。（　　　）

6. 项目投资的现金流量表与项目资本金现金流量表的流出项目没有区别。（　　　）

7. 与全部投资的现金流量表相比，项目资本金现金流量表的现金流入和流出项目都有变化。（　　　）

8. 在项目投资中，确定一般项目的净现金流量的方法中，特殊方法是指在特定条件下直接利用公式来确定项目净现金流量的方法，又称为公式法。（　　　）

9. 净现金流量又称现金净流量，是指在项目计算期内由建设项目每年现金流入量与同年现金流出量之间的差额所形成的序列指标。其计算公式为：某年净现金流量=该年现金流入量-该年现金流出量。（　　　）

10. 在运营期内的净现金流量一定大于或等于0。（　　　）

11. 某项目需固定资产投资180万元，建设期为1年，需垫支流动资金20万元，建设期资本化利息为5万元，投产后每年的净现金流量均为40万元，则包括建设期的静态投资回收期为6.125年。（　　　）

12. 对于多个投资方案而言，如果各方案的期望值是相同，则不能利用标准离差率来衡量风险。（　　　）

13. 已知某投资项目的原始投资500万元于建设起点一次投入，如果该项目的净现值率为2，则该项目的净现值为250万元。（　　　）

14. 项目投资中所使用的折现率与金融业务中处理未到期票据贴现中所使用的贴现率是一个概念。（　　）

15. 如果两个互斥方案的差额内部收益率大于基准收益率，则原始投资额小的方案为较优方案。（　　）

16. 差额投资内部收益率法适合于原始投资相同且项目计算期也相同的多方案比较。（　　）

17. 评价投资项目的财务可行性时，如果总投资收益率的评价结论与净现值率指标的评价结论发生矛盾，应当以总投资收益率指标的结论为准。（　　）

18. 净现值率法适用于原始投资相同，但计算期不相等的多方案比较决策。（　　）

19. 对于更新改造投资项目而言，在计算"运营期第一年所得税后净现金流量"的公式中，"该年因更新改造而增加的息税前利润"中包括"旧固定资产提前报废发生的净损失"。（　　）

20.（2012年真题）如果项目的全部投资均于建设起一次投入，且建设期为零，运营期每年净现金流量相等，则计算内部收益率所使用的年金现值系数等于该项目投资回收期期数。（　　）

21.（2011年真题）在投资项目可行性研究中，应首先进行财务可行性评价，再进行技术可行性分析，如果项目具备财务可行性和技术可行性，就可以做出该项目应当投资的决策。（　　）

四、计算分析题

1.（2011年真题）为适应技术进步、产品更新换代较快的形势，D公司于2009年年初购置了一台生产设置，购置成本为4 000万元，预计使用年限为8年，预计净残值率为5%。经税务机关批准，该公司采用年数总和法计提折旧。D公司适用的企业所得税税率为25%。2010年D公司当年亏损2 600万元。

经张会计师预测，D公司2011—2016年各年未扣除折旧的税前利润均为900万元。因此他建议，D公司应从2011年开始变更折旧办法，使用直线法（即年限平均法）替代年数总和法，以减少企业所得税负担，对企业更有利。

在年数总和法和直线法下，2011—2016年各年的折旧额及税前利润的数据分别如表6-1和表6-2所示。

表6-1　年数总和法下的年折旧额及税前利润　　　　　单位：万元

年度	2011	2012	2013	2014	2015	2016
年折旧额	633.33	527.78	422.22	316.67	211.11	105.56
税前利润	266.67	372.22	477.78	583.33	688.89	794.44

表6-2　直线法下的年折旧额及税前利润　　　　　单位：万元

年度	2011	2012	2013	2014	2015	2016
年折旧额	369.44	369.44	369.44	369.44	369.44	369.44
税前利润	530.56	530.56	530.56	530.56	530.56	530.56

要求：

（1）分别计算D公司按年数总和法和直线法计提折旧情况下2011—2016年应缴纳的企业所得税总额。

（2）根据上述计算结果，判断D公司是否应接受张会计师的建议（不考虑资金时间价值）。

（3）为避免可能面临的税务风险，D公司变更折旧方法之前应履行什么手续？

2.（2008年真题）已知：某企业拟进行一项单纯固定资产投资，现有A、B两个互斥方案可供选择，相关资料如下表所示：

表6-3 A、B两个互斥方案

方案	项目计算器	建设期		运营期	
	指标	0	1	2~11	12
A	固定资产投资	*	*		
	新增息税前利润（每年相等）			*	*
	新增的折旧			100	100
	新增的营业税金及附加			1.5	*
	所得税前净现金流量	−1 000	0	200	*
B	固定资产投资	500	500		
	所得税前净现金流量	*	*	200	*

说明：表中"2~11"年一列的数据为每年数，连续10年相等，用"*"表示省略的数据。

要求：

（1）确定或计算A方案的下列数据：

①固定资产投资金额；②运营期每年新增息税前利润；③不包括建设期的静态投资回收期。

（2）请判断能否利用净现值法做出最终投资决策。

（3）如果A、B两方案的净现值分别为180.92万元和273.42万元，请按照一定方法做出最终决策，并说明理由。

3. 某企业准备投资一个完整工业建设项目，分别有甲、乙两个方案可供选择。

（1）甲方案的有关资料如下（单位：元）：

表6-4 甲方案相关资料

计算期	0	1	2	3	4	5
净现金流量	−80 000	−5 000	30 000	B	20 000	20 000
累计净现金流量	−80 000	−85 000	A	−5 000	15 000	35 000
折现的净现金流量	−80 000	−4 545.5	24 792	37 565	C	12 418

（2）乙方案的项目计算期为10年，建设期为2年，不包括建设期的静态投资回收期为4.5年，原始投资现值合计为30 000元，获利指数为1.2（注：获利指数是指未来现金流入现值与现金流出现值的比率）。

要求：

（1）根据表中的资料，计算确定该项目的基准折现率。

（2）回答甲方案的下列问题：

①资金投入方式；

②包括建设期的静态投资回收期；

③A、B和C的数值；

④净现值。

（3）评价甲、乙方案的财务可行性。

（4）按年等额净回收额法选出最优方案。

已知：（P/A，10%，5）=3.790 8，（$2/A$，10%，10）=6.144 6

（P/F，10%，1）=0.909 1，（P/F，10%，4）=0.683 0

五、综合题

1.（2012年真题）F公司是一家制造类上市公司，公司的部分产品外销欧美，2012年该公司面临市场和成本的巨大压力。公司管理层决定，出售丙产品生产线，扩大具有良好前景的丁产品的生产规模。为此，公司财务部进行了财务预测与评价，相关资料如下：

资料一：2011年F公司营业收入37 500万元，净利润为3 000万元。该公司2011年简化的资产负债表如表6-5所示。

表6-5　资产负债表简表（2011年12月31日）　　　　　　　单位：万元

资产	金额	负债和股东权益	金额
现金	5 000	应付账款	7 500
应收账款	10 000	短期借款	2 500
存货	15 000	长期借款	9 000
流动资产合计	30 000	负债合计	19 000
固定资产	20 000	股本	15 000
在建工程	0	资本公积	11 000
非流动资产合计	20 000	留存收益	5 000
		股东权益合计	31 000
资产总计	50 000	负债和股东权益总计	50 000

资料二：预计F公司2012年营业收入会下降20%，销售净利率会下降5%，股利支付率为50%。

资料三：F公司运用逐项分析的方法进行营运资金需求量预测，相关资料如下：

（1）F公司近五年现金与营业收入之间的关系如表6-6所示：

表6-6　F公司近五年现金与营业收入

年度	2007	2008	2009	2010	2011
营业收入	26 000	32 000	36 000	38 000	37 500
现金占用	4 140	4 300	4 500	5 100	5 000

（2）根据对F公司近五年的数据分析，存货、应付账款与营业收入保持固定比例关系，其中存货与营业收入的比例为40%，应付账款与营业收入的比例为20%，预计2012年上述比例保持不变。

资料四：2012，F公司将丙产品线按固定资产账面净值8000万元出售，假设2012年全年计提折旧600万元。

资料五：F公司为扩大丁产品的生产规模新建一条生产线，预计投资15 000万元，其中2012年年初投资10 000万元，2013年年初投资5 000万元，项目建设期为2年，运营期为10年，运营期各年净现金流量均为4 000万元。项目终结时可收回净残值750万元。假设基准折现率为10%，相关货币时间价值系数如表6-7所示。

表6-7　相关货币时间价值系数表

N	1	2	4	10	12
（P/F，10%，n）	0.909 1	0.826 4	0.683 0	0.385 5	0.318 6
（P/A，10%，n）	0.909 1	1.735 5	3.169 9	6.144 6	6.813 7

资料六：为了满足运营和投资的需要，F公司计划按面值发行债券筹资，债券年利率9%，每年年末付息，筹资费率为2%，该公司适用的企业所得税税率为25%。

要求：

（1）运用高低点法测算F公司现金需要量：①单位变动资金（b）；②不变资金（a）；③2012年现金需要量。

（2）运用销售百分比法测算F公司的下列指标：①2012年存货资金需要量；②2012年应付账款需要量。

（3）测算F公司2012年固定资产期末账面净值和在建工程期末余额。

（4）测算F公司2012年留存收益增加额。

（5）进行丁产品生产线投资项目可行性分析：①计算包括项目建设期的静态投资回收期；②计算项目净现值；③评价项目投资可行性并说明理由。

（6）计算F公司拟发行债券的资本成本。

2.（2011年真题）F公司是一个跨行业经营的大型集团公司，为开发一种新型机械产品，拟投资设立一个独立的子公司，该项目的可行性报告草案已起草完成。你作为一名有一定投资决策权的专业人员，被F公司聘请参与复核并计算该项目的部分数据。

（1）经过复核，确认该投资项目预计运营期各年的成本费用均准确无误。其中，运营期第1年成本费用估算数据如表6-8所示。

表6-8 运营期第1年成本费用估算数据　　　　单位：万元

项　　目	直接材料	直接人工	制造费用	管理费用	销售费用	合　计
外购原材料	4 000		1 000	50	150	5 200
外购燃料动力	800		200	10	90	1 100
外购其他材料			10	2	8	20
职工薪酬		1 600	150	200	50	2 000
折旧额			300	60	40	400
无形资产和其他资产摊销额				5		5
修理费			15	3	2	20
其他			35	5	5	45
合　计	4 800	1 600	1 710	335	345	8 790

注：假定本期所有要素费用均转化为本期成本费用。

（2）尚未复核完成的该投资项目流动资金投资估算表如表6-9所示。其中，有确定数额的栏目均已通过复核，被省略的数据用"*"表示，需要复核并填写的数据用带括号的字母表示。一年按360天计算。

（3）预计运营期第2年的存货需用额（即平均存货）为3 000万元，全年销售成本为9 000万元；应收账款周转期（按营业收入计算）为60天；应付账款需用额（即平均应付账款）为1 760万元，日均购货成本为22万元。上述数据均已得到确认。

（4）经过复核，该投资项目的计算期为16年，包括建设期的静态投资回收期为9年，所得税前净现值为8 800万元。

（5）假定该项目所有与经营有关的购销业务均采用赊账方式。

表6-9 流动资金投资计算表　　　　　　　　　　　　价值单位：万元

方案	项目计算期 \ 指标	建设期		运营期	
		0	1	2～11	12
A	固定资产投资	*	*		
	新增息税前利润（每年相等）			*	*
	新增的折旧			100	100
	新增的营业税金及附加			1.5	*
	所得税前净现金流量	−1 000	0	200	*
B	固定资产投资	500	500		
	所得税前净现金流量	*	*	200	*

要求：

（1）计算运营期第一年不包括财务费用的总成本费用和经营成本（付现成本）。

（2）确定表6-9中用字母表示的数据（不需列表计算过程）。

（3）计算运营期第二年日均销货成本、存货周转期、应付账款周转期和现金周转期。

（4）计算终结点发生的流动资金回收额。

（5）运用相关指标评价该投资项目的财务可行性并说明理由。

3.（2008年真题）某公司是一家上市公司，相关资料如下：

资料一：2007年12月31日的资产负债表6-10如下：

表6-10 某公司资产负债表（2007年12月31日）　　　　　　单位：万元

资产	金额	负债及所有者权益	金额
货币资金	10 000	短期借款	3 750
应收账款	6 250	应付账款	11 250
存货	15 000	预收账款	7 500
固定资产	20 000	应收债券	7 500
无形资产	250	股本	15 000
		留存收益	6 500
资产总计	51 500		51 500

该公司2007年的营业收入为62 500万元，营业净利润为12%，股利支付率为50%。

资料二：经测算，2008年该公司的营业收入将达到75 000万元，营业净利润和股利支付率不变，无形资产也不相应增加。经分析，流动资产项目与流动负债项目（短期借款除外）虽营业收入同比例增减。

资料三：该公司2008年有一项固定资产投资计划，投资额为2 200万元，各年预计净现金流量为 $NCF_0=-2\,200$ 万元，$NCF_{1-4}=300$ 万元，$NCF_{5-9}=400$ 万元，$NCF_{10}=600$ 万元。该公司设定的折现率10%。

资料四：该公司决定于2008年1月1日公开发行债券，面值1 000万元，票面利率10%，期限为10年，每年年末付息。公司确定的发行价为1 100元，筹资费率2%。假设该公司适用的企业所得税税率为25%。

相关的资金时间价值系数表如下：

表6-11 资金时间价值系数

i=10%	1	2	3	4	9	10
(P/F, 10%, t)	0.909 1	0.826 4	0.751 3	0.683 0	0.424 1	0.385 5
(P/A, 10%, t)	0.909 1	1.735 5	2.486 9	3.169 9	5.759 0	6.144 6

要求：

（1）根据资料一计算2007年年末的产权比率和带息负债比率。

（2）根据资料一、资料二计算：①2007年年末变动资产占营业收入的百分比；②2007年年末变动负债占营业收入的百分比；③2008年需要增加的资金数额；④2008年对外筹资数额。

（3）根据资料三计算固定资产投资项目的净现值。

（4）根据资料四计算2008年发行债券的资金成本。

4. 某企业需要一台不需安装的设备，该设备可以直接从市场购买，也可以通过经营租赁取得。如直接购买，市场含税价为100 000元，折旧年限为10年，预计净残值率为10%。若从租赁公司租入，每年末支付租金15 000元，租期10年。无论如何取得设备，投入使用后每年均可增加的营业收入80 000元，增加经营成本50 000元，增加营业税金及附加5 000元。假定基准折现率为10%，企业所得税税率为25%。

要求：

（1）用差额投资内部收益率法判断是否应租赁设备；

（2）用折现总费用比较法判断是否应租赁设备。

本章同步训练答案与解析

一、单项选择题

1.【参考答案】A

【答案解析】广义的投资包括对外投资（如投资购买其他公司股票、债券，或与其他企业联营，或投资于外部项目）和内部使用资金（如购置固定资产、无形资产、流动资产等）。狭义的投资仅指对外投资。

2.【参考答案】B

【答案解析】该项目形成无形资产的费用=50+10=60（万元）

该项目形成其他资产的费用为5万元

该项目的建设投资=500+60+5+10=575（万元）

该项目的固定资产原值=500+0+10=510（万元）

3.【参考答案】D

【答案解析】存货一年的最多周转次数=360÷120=3（次）

存货需用额=240÷3=80（万元）

应收账款需用额=300÷5=60（万元）

本年流动资产需用额=80+60+50=190（万元）

预收账款需用额=800÷2=400（万元）

本年流动负债需用额=400+40=440（万元）

本年流动资金需用额=190−440=−250（万元）

4.【参考答案】C

【答案解析】该投资项目该年的经营成本估算额为：450+230+20+80=780（万元）

5.【参考答案】B

【答案解析】建设期=包括建设期的回收期−不包括建设期的回收期=5−2=3（年）

折旧年限=13−3=10（年）

固定资产原值=120+10+11=141（万元）

年折旧额=（141−20）÷10=12.1（万元）

6.【参考答案】B

【答案解析】第一年所得税前净现金流量=150+200=350（万元）。

7.【参考答案】C

【答案解析】投资决策的主要方法包括净现值法、净现值率法、差额投资内部收益率法、年等额净回收额法和计算期统一法等具体方法。事实上，在投资决策方法中，从来就不存在所谓的投资回收期法和内部收益率法。

8.【参考答案】D

【答案解析】根据题意可知，第七年末时累计净现金流量为：90×5−500=−50万元，第八年末时累计净现金流量为：90×5+80−500=30万元，所以，包括建设期的投资回收期=7+50÷80=7.625年。

9.【参考答案】C

【答案解析】净现值率=净现值÷原始投资额，原始投资额=净现值÷净现值率=1 000÷20%=5 000（元）

10.【参考答案】D

【答案解析】计算内部收益率的特殊方法，即根据普通年金现值系数查表，然后用内插法的方法计算的条件有两个：①项目的全部原始投资均于建设起点一次投入，建设期为零；②投产后每年净现金流量相等，即投产后第1至第n期净现金流量为普通年金形式。

11.【参考答案】A

【答案解析】净现值是绝对数指标，无法从动态的角度直接反映投资项目的实际收益率水平。净现值率指标可以从动态的角度反映项目投资的资金投入与净产出之间的关系，但无法直接反映投资项目的实际收益率。

12.【参考答案】B

【答案解析】投资项目的主要指标处于可行性区间，次要或辅助指标处于不可行区间，则该项目基本具备财务可行性。根据本题条件可以判断该项目基本具备财务可行性。

13.【参考答案】D

【答案解析】按指标在决策中的重要性分类，可分为主要指标、次要指标和辅助指标。净现值、内部收益率等为主要指标；静态投资回收期为次要指标；总投资收益率为辅助指标。

14.【参考答案】C

【答案解析】本题考查总投资收益率的计算。总投资收益率（ROI）=年息税前利润或年均息税前利润÷项目总投资×100%=24÷200×100%=12%。因此，本题C选项正确。

15.【参考答案】A

【答案解析】第一年的流动资金额=40-15=25（万元），第二年的流动资金额=50-20=30（万元），所以第二年新增的流动资金额=30-25=5（万元）。

二、多项选择题

1.【参考答案】ABC

【答案解析】建设投资是建设期发生的主要投资，按照形成资产法分为形成固定资产的费用、形成无形资产的费用和形成其他资产的费用和预备费，其中，形成其他资产的费用包括生产准备和开办费。流动资金投资属于原始投资，但不属于建设投资。

2.【参考答案】BD

【答案解析】固定资产原值=固定资产投资+建设期资本化利息+预备费；项目总投资=原始投资+建设期资本化利息；其中建设期资本化利息受权益资金和债务资金比重的影响，所以答案是选项B、D。

3.【参考答案】AD

【答案解析】流动负债项目的估算包括应付账款需用额的估算、预收账款需用额的估算。而应收账款需用额的估算、预付账款需用额的估算属于流动资产项目的估算内容。因此，本题正确答案为A、D。

4.【参考答案】ABCD

【答案解析】该年折旧摊销=该年不含财务费用的总成本费用-经营成本=150-120=30（万元）

该年调整所得税=所得税前净现金流量-所得税后净现金流量=120-100=20（万元）

该年息税前利润=20÷25%=80（万元）

该年营业税金及附加=该年营业收入-该年不含财务费用的总成本费用-息税前利润

=300-150-80=70（万元）

5.【参考答案】ABCD

【答案解析】①回收额=回收流动资金+回收固定资产余值=300+100=400（万元）；②经营净现金流量=该年息税前利润×（1-企业所得税税率）+该年折旧摊销=1 000×（1-30%）+100=800（万元）；③终结点税后净现金流量=800+400=1 200（万元）；④终结点税前净现金流量=1 000+100+400=1 500（万元）。

6.【参考答案】BD

【答案解析】公式法所要求的条件比较特殊，包括：项目运营期内前若干年内每年的净现金流量必须相等，这些年内净现金流量之和应大于或等于建设期发生的原始投资合计。如果不能满足上述条件，就无法采用这种方法，必须采用列表法。

7.【参考答案】ABC

【答案解析】项目总投资=原始投资+建设期资本化利息=130（万元）；试产期的息税前利润为-5+8=3（万元），达产期息税前利润合计为280+8×5=320（万元）；运营期平均息税前利润=（3+320）÷（1+5）=53.83（万元），总投资收益=53.83÷130×100%=41.41%；包括建设期的静态投资回收期=3+（120-2-30）÷100=3.88（年）。

8.【参考答案】AD

【答案解析】对于净现值和内部收益率计算的插入函数法来说，按插入函数法计算的净现值和内部收益率就是实际的净现值和内部收益率。

9.【参考答案】BC

【答案解析】本题考查形成固定资产费用的估算。形成固定资产的费用是项目直接用于购置或安装固定资产应当发生的投资，具体包括：建设工程费、设备购置费、安装工程费和固定资产其他费用。预备费属于建设投资的一项；生产准备费属于形成其他资产的费用。

10.【参考答案】BD

【答案解析】开办费和生产准备费属于其他资产，监理费和勘察设计费属于固定资产其他费用的范畴，构成固定资产原值。

三、判断题

1.【参考答案】√

【答案解析】原始投资=固定资产投资+无形资产投资+其他资产投资+流动资金投资，对于单纯固定资产投资项目而言，只有固定资产投资，没有流动资金投资、无形资产投资和其他资产投资，所以，原始投资=固定资产投资。

2.【参考答案】×

【答案解析】项目投资是以特定建设项目为投资对象的一种长期投资行为。

3.【参考答案】×

【答案解析】原始投资=建设投资+流动资金投资，项目总投资=原始投资+建设期资本化利息=建设投资+流动资金投资+建设期资本化利息。

4.【参考答案】×

【答案解析】按我国最新颁布的《企业会计准则》规定，用于企业自行开发建造厂房建筑物的土地使用权，不得列作固定资产价值。

5.【参考答案】×

【答案解析】某期预计发生的营业税金及附加=该期预计应交营业税+该期预计应交消费税+该期预计应交资源税+该期预计应交城市维护建设税+该期预计应交教育费附加

某期预计发生的应交税金及附加=该期预计应交增值税+该期预计应交营业税+该期预计应交消费税+该期预计应交资源税+该期预计应交城市维护建设税+该期预计应交教育费附加

6.【参考答案】×

【答案解析】最明显的区别是"借款本金偿还"和"借款利息支付"均不计入项目投资的现金流量表，但是计入项目资本金现金流量表。

7.【参考答案】×

【答案解析】与全部投资的现金流量表相比，项目资本金流量表的现金流入项目没有变化。

8.【参考答案】√

【答案解析】确定一般项目的净现金流量，可分别采用列表法和特殊方法。列表法是指通过编制现金流量表来确定项目净现金流量的方法，又称一般方法，这是无论在什么情况下都可以采用的方法；特殊方法是指在特定条件下直接利用公式来确定项目净现金流量的方法，又称为公式法。

9.【参考答案】√

【答案解析】净现金流量又称现金净流量，是指在项目计算期内由建设项目每年现金流入量与同年现金流出量之间的差额所形成的序列指标。其计算公式为：某年净现金流量=该年现金流入量－该年现金流出量。

10.【参考答案】×

【答案解析】净现金流量=现金流入量－现金流出量，运营期内的净现金流量也可能小于0。

11.【参考答案】×

【答案解析】计算静态投资回收期时，分子是"原始投资"，"原始投资"中包括"流动资金投资"但是不包括"建设期资本化利息"，因此，包括建设期的静态投资回收期=1+（180+20）÷40=6（年）。

12.【参考答案】×

【答案解析】如果各方案的期望值相同，可以用标准离差率也可以用标准差来衡量风险；如果期望值不同，则只能用标准离差率与期望值的比值即变异系数来衡量风险。

13.【参考答案】×

【答案解析】净现值=净现值率×原始投资=2×500=1 000（万元）

14.【参考答案】×

【答案解析】项目投资中所使用的折现率与金融业务中处理未到期票据贴现中所使用的贴现率根本不是一个概念，不得将两者相混淆，最好也不要使用"贴现率"这个术语。

15.【参考答案】×

【答案解析】如果两个互斥方案的差额内部收益率大于基准收益率，则原始投资额大的方案为较优方案。

16.【参考答案】×

【答案解析】差额投资内部收益率法适合于两个原始投资不同，项目计算期相同的多方案比较决策；净现值适合于原始投资相同且项目计算期相等的多方案比较决策。

17.【参考答案】×

【答案解析】项目投资决策的评价指标包括主要指标、次要指标和辅助指标。净现值、内部收益率、净现值率属于主要指标；静态投资回收期为次要指标；总投资收益率为辅助指标。当静态投资回收期或总投资收益率的评价结论与净现值等主要指标的评价结论发生矛盾时，应当以主要指标的结论为准。

18.【参考答案】×

【答案解析】净现值率法适用于原始投资相同且项目计算期相等的多方案比较决策。

19.【参考答案】×

【答案解析】"该年因更新改造而增加的息税前利润"中不应包括"旧固定资产提前报废发生的净损失"。

20.【参考答案】√

【答案解析】项目的全部投资均于建设起点一次投入，建设期为零，第1至第 n 期每期净现金流量取得了普通年金的形式，则计算内部收益率所使用的年金现值系数等于该项目投资回收期期数。

21.【参考答案】×

【答案解析】广义的可行性研究包括机会研究、初步可行性研究和最终可行性研究三个阶段，具体又包括环境与市场分析、技术与生产分析和财务可行性评价等主要分析内容。建设项目的环境影响评价属于否决性指标，凡未开展或没通过环境影响评价的建设项目，不论其经济可行性和财务可行性如何，一律不得上马。财务可行性评价，是指在已完成相关环境与市场分析、技术与生产分析的前提下，围绕已具备技术可行性的建设项目而开展的，有关该项目在财务方面是否具有投资可行性的一种专门分析评价。

四、计算分析题

1.【参考答案】

（1）按年数总和法计提折旧应交纳的企业所得税计算如表6-12所示。

表6-12 年数总和法下的所得税   单位：万元

年度	2011	2012	2013	2014	2015	2016
税前利润	266.67	372.22	477.78	583.33	688.89	794.44
弥补亏损后的应纳税所得额	−2 333.33	−1 961.11	−1 483.33	−900	−211.11	
应交企业所得税	0	0	0	0	0	198.61[①]

① 794.44×25%=198.61。

应交纳的企业所得税总额=198.61（万元）。

按直线法计提折旧应交纳的企业所得税计算如表6-13所示。

表6-13 直线法下的所得税   单位：万元

年度	2011	2012	2013	2014	2015	2016
税前利润	530.56	530.56	530.56	530.56	530.56	530.56
弥补亏损后的应纳税所得额	−2 069.44	−1 538.88	−1 008.32	−477.76	52.8	530.56
应交企业所得税	0	0	0	0	13.2[①]	132.64[②]

① 52.8×25%=13.2。

② 530.56×25%=132.64。

应交纳的企业所得税总额=13.2+132.64=145.84（万元）。

（2）根据上一问计算结果，变更为直线法的情况下交纳的企业所得税更少，所以应接受张会计师的建议。

（3）提前向税务机关申请，取得税务机关的批准之后再改变折旧方法。

2.【参考答案】

（1）①固定资产投资金额=1 000（万元）

②运营期每年新增息税前利润=所得税前净现金流量−新增折旧=200−100=100（万元）

③不包括建设期的静态投资回收期=1 000÷200=5（年）

（2）可以通过净现值法来进行投资决策，净现值法适用于原始投资相同且项目计算期相等的多方案比较决策，本题中A方案的原始投资额是1 000万元，B方案的原始投资额也是1 000万元，所以可以使用净现值法进行决策。

（3）本题可以使用净现值法进行决策，因为B方案的净现值273.42万元大于A方案的净现值180.92万元，因此应该选择B方案。

3.【参考答案】

（1）假设该项目的基准折现率为r，则有：

$-5\,000×(P/F,\ r,\ 1)=-4\,545.5$

即：$(P/F,\ r,\ 1)=1÷(1+r)=0.909\,1$

所以，项目的基准折现率为10%。

（2）①因为资金在0时点和1时点都有投入，所以资金投入方式为分次投入。

②甲方案包括建设期的静态投资回收期

$=36+5\,000÷20\,000=3.25$（年）

③$A=-85\,000+30\,000=-55\,000$（元）

$B=-5\,000-(-55\,000)=50\,000$（元）

$C=20\,000×(P/F,\ 10\%,\ 4)=13\,660$（元）

④净现值$=-80\,000-4\,545.5+24\,792+37\,565+13\,660+12\,418=3\,889.5$（元）

（3）对于甲方案，由于净现值大于0，包括建设期的投资回收期3.25年大于计算期的一半2.5年，所以该方案基本具备财务可行性；对于乙方案，由于获利指数大于1，不包括建设期的静态投资回收期4.5年大于项目运营期的一半$(10-2)÷2=4$（年），所以该方案基本具备财务可行性。

（4）甲方案的年等额净回收额$=3\,889.5÷3.790\,8=1\,026.04$（元）

乙方案的净现值$=30\,000×(1.2-1)=6\,000$（元）

乙方案的年等额净回收额$=6\,000÷6.144\,6=976.47$（元）

由此可知，甲方案最优。

五、综合题

1.【参考答案】

（1）单位变动资金（b）$=(5\,100-4\,140)÷(38\,000-26\,000)=0.08$

不变资金（a）$=4\,140-26\,000×0.08=2\,060$（万元）

现金预测模型：$y=2\,060+0.08x$

2012年现金需要量$=2\,060+0.08×37\,500×(1-20\%)=4\,460$（万元）

（2）2012年存货资金需要量$=37\,500×(1-20\%)×40\%=12\,000$（万元）

2012年应付账款需要量$=37\,500×(1-20\%)×20\%=6\,000$（万元）

（3）固定资产账面净值$=20\,000-8\,000-600=11\,400$（万元）

在建工程期末余额$=10\,000$万元

（4）2012年销售净利率$=3\,000÷37\,500×(1-5\%)=7.6\%$

2012年留存收益增加额$=37\,500×(1-20\%)×7.6\%×(1-50\%)=1\,140$（万元）

（5）①丁项目各年净现金流量：

NCF_0=-10 000万元，NCF_1=-5000万元，NCF_2=0，NCF_{3-11}=4 000（万元）

NCF_{12}=4 000+750=4 750（万元）

包括建设期的静态投资回收期=2+（10 000+5 000）÷4 000=5.75（年）

②项目净现值=-10 000-5 000×（P/F，10%，1）+4 000×（P/A，10%，10）×（P/F，10%，2）+750×（P/F，10%，12）=-10 000-5 000×0.909 1+4 000×6.144 6×0.826 4+750×0.318 6=6 005.04（万元）

③由于项目净现值大于零，包括建设期的静态投资回收期5.75年小于项目计算器的一半12÷2=6，因此该项目完全具备财务可行性。

（6）债券资本成本=9%×（1-25%）÷（1-2%）=6.89%

2.【参考答案】

（1）不包括财务费用的总成本费用=8 790（万元）；

经营成本=8 790-400-5=8 385（万元）。

（2）A=55×20=1 100；B=20÷40=0.5；C=360÷60=6；D=8 385（或应收账款周转次数6，周转额=1 397.5×6=8 385）。

E=22×360=7 920元（或应付账款周转天数=1 760÷22=80天，周转次数=360÷80=4.5，E=全年周转额=需用额×周转次数=1 760×4.5=7 920）。

F=360÷4=90（天）；G=4 397.50-2 000=2 397.50；H=5 000-2 400=2 600；

I=2 600-2 397.5=202.5；J=0。

（3）日均销货成本=9 000÷360=25（万元）；

存货周转期=3 000÷25=120（天）；

应付账款周转期=1 760÷22=80（天）；

现金周转期=存货周转期+应收账款周转期-应付账款周转期=120+360×1 397.5÷8 385-80=100（天）。

（4）2 397.5+202.5=2 600（万元）。

（5）由于净现值大于0，且包括建设期的投资回收期9年大于项目计算期的一半，所以基本具备财务可行性。

3.【参考答案】

（1）负债合计=3 750+11 250+7 500+7 500=30 000（万元）

股东权益合计=15 000+6 500=21 500（万元）

产权比率=30 000÷21 500×100%=139.53%

带息负债比率=（3 750+7 500）÷30 000×100%=37.5%

（2）①变动资产销售百分比=（10 000+6 250+15 000）÷62 500×100%=50%

②变动负债销售百分比=（11 250+7 500）÷62 500×100%=30%

③需要增加的资金数额=（75 000-62 500）×（50%-30%）+2 200=4 700（万元）

④留存收益增加提供的资金=75 000×12%×（1-50%）=4 500（万元）

外部筹资额=4 700-4 500=200（万元）

（3）净现值=300×（P/A, 10%, 4）+400×（P/A, 10%, 4）×（P/F, 10%, 4）+400×（P/F, 10%, 9）+600×（P/F, 10%, 10）−2200

=300×3.169 9+400×3.169 9×0.683 0+400×0.424 1+600×0.385 5−2 200

=17.93（万元）

（4）债券的资金成本=1 000×10%×（1−25%）÷[1 100×（1−2%）]=6.96%

4.【参考答案】

（1）如购买该设备：

每年的折旧=[100 000×（1−10%）]÷10=9 000（元）

每年的税前利润=80 000−50 000−5 000−9 000=16 000（元）

每年的净利润=16 000×（1−25%）=12 000（元）

各年的现金净流量为：

NCF_0=−100 000（元）

NCF_{1-9}=12 000+9 000=21 000（元）

NCF_{10}=21 000+10 000=31 000（元）

如租赁设备：

每年支付租金=15 000（元）

每年的税前利润=80 000−50 000−5 000−15 000=10 000（元）

每年的净利润=10 000×（1−25%）=7 500（元）

各年的现金净流量为：

NCF_0=0（万元）

NCF_{1-10}=7 500+0=7 500（元）

购买与租赁设备各年的差额净现金流量为：

ΔNCF_0=−100 000−0=−100 000（元）

ΔNCF_{1-9}=21 000−7 500=13 500（元）

ΔNCF_{10}=31 000−7 500=23 500（元）

计算差额投资内部收益率：

13 500×（P/A, i, 9）+23 500×（P/F, i, 10）−100 000=0

当i=6%时，

13 500×（P/A, 6%, 9）+23 500×（P/F, 6%, 10）−100 000=135 00×6.801 7+23 500×0.558 4−100 000=4 945.35（元）

当i=7%时，

13 500×（P/A, 7%, 9）+23 500×（P/F, 7%, 10）−100 000=13 500×6.515 2+23 500×0.508 3−100 000=−99.75（元）

差额投资内部收益率=6%+[（0−4 945.35）÷（−99.75−4 945.35）]×（7%−6%）=6.98%

由于差额投资内部收益率小于折现率10%，应该租赁该设备。

（2）如购买设备：

投资现值=100 000（元）

每年增加折旧现值=9 000×（P/A，10%，10）=9 000×6.144 6=55 301.4（元）

每年折旧抵税现值=9 000×25%×（P/A，10%，10）=2 250×6.144 6=13 825.35（元）

回收固定资产余值的现值=10 000×（P/F，10%，10）=10 000×0.385 5=3 855（元）

购买设备的的折现总费用合计=100 000+55 301.4−13 825.35−3 855=137 621.05（元）

如租赁设备：

每年租金现值=15 000×（P/F，10%，10）=15 000×6.144 6=92 169（元）

每年租金抵税现值=15 000×25%×（P/F，10%，10）=3 750×6.144 6=23 042.25（元）

租赁设备的折现总费用合计=92 169−23 042.25=11 250×6.144 6=69 126.75（元）

租赁设备的折现总费用合计小于购买设备的折现总费用合计，应租赁设备。

第七章
营运资金管理

考情分析与考点提示

　　本章属于重要章节，要认真学习。本章讲述的是营运资金管理的相关内容，涉及现金管理、应收账款管理、存货管理和流动负债管理。本章考查的内容主观题、客观题均有涉及，因此，在看书的时候需要全面掌握，认真学习相关的知识点。

　　从历年试题分布来看，主观题与客观题的考查频率相当，主观题主要在计算分析题中出现，考查的内容相对独立，与其他章节的相关性不大。学习本章内容时，需要掌握现金管理的目标、持有动机、目标现金余额的计算及现金收支管理方法、应收账款的功能与成本、信用政策及其决策方法、应收账款的监控与日常管理，存货的功能与成本、最佳存货量的决策方法、存货控制系统；熟悉营运资金的定义与特点、营运资金管理战略；了解各种流动负债管理。

最近五年考试题型、分值分布

年份	单选	多选	判断	计算分析	综合题	合计
2013	4	2	1	5		12
2012	4	2	2	1		9
2011	2	2	1	1		6
2010	5	2	2	10		19
2009	4	2	1			7

　　说明：综合题涉及两章或两章以上内容的，所涉及的每一章均统计一次分数。

重点突破及真题解析

 第一节 营运资金管理的主要内容

■ **考点1 营运资金的概念和特点**

（一）营运资金的概念

　　营运资金是指在企业生产经营活动中占用在流动资产上的资金。营运资金有广义和狭义之分，广义的营运资金是指一个企业流动资产的总额；狭义的营运资金是指流动资产减去流动负债后的余额。这里指的是狭义的营运资金概念。营运资金的管理既包括流动资产的管理，也包括流动负债的管理。

1. 流动资产

流动资产是指可以在一年以内或超过一年的一个营业周期内变现或运用的资产，流动资产具有占用时间短、周转快、易变现等特点。企业拥有较多的流动资产，可在一定程度上降低财务风险。流动资产按不同的标准可进行不同的分类，常见分类方式如下：

（1）按占用形态不同，分为现金、交易性金融资产、应收及预付款项和存货等。

（2）按在生产经营过程中所处的环节不同，分为生产领域中的流动资产、流通领域中的流动资产以及其他领域的流动资产。

2. 流动负债

流动负债是指需要在一年或者超过一年的一个营业周期内偿还的债务。流动负债又称短期负债，具有成本低、偿还期短的特点。流动负债按不同标准可作不同分类，最常见的分类方式如下：

（1）以应付金额是否确定为标准，可以分为应付金额确定的流动负债和应付金额不确定的流动负债。

（2）以流动负债的形成情况为标准，可以分为自然性流动负债和人为性流动负债。

（3）以是否支付利息为标准，可以分为有息流动负债和无息流动负债。

（二）营运资金的特点

营运资金具有如下特点：

（1）营运资金的来源具有多样性。

（2）营运资金的数量具有波动性。

（3）营运资金的周转具有短期性。

（4）营运资金的实物形态具有变动性和易变现性。

考点2 营运资金的管理原则

（1）满足合理的资金需求。认真分析生产经营状况，合理确定营运资金的需要数量。营运资金的管理必须把满足正常合理的资金需求作为首要任务。

（2）提高资金使用效率。提高营运资金使用效率的关键就是采取得力措施，缩短营业周期，加速变现过程，加快营运资金周转。

（3）节约资金使用成本。要在保证生产经营需要的前提下，遵守勤俭节约的原则，尽力降低资金使用成本。一方面，要挖掘资金潜力，盘活全部资金，精打细算地使用资金；另一方面，积极拓展融资渠道，合理配置资源，筹措低成本资金，服务于生产经营。

（4）保持足够的短期偿债能力。合理安排流动资产与流动负债的比例关系，保持流动资产结构与流动负债结构的适配性，保证企业有足够的短期偿债能力，是营运资金管理的重要原则之一。

考点3 营运资金管理策略

企业需要评估营运资金管理中的风险与收益，制定流动资产的投资策略和融资策略。实际上，财务管理人员在营运资金管理方面必须做两项决策：一是需要拥有多少流动资产；二是如何为需要的流动资产融资。在实践中，这两项决策一般同时进行，且相互影响。

（一）流动资产的投资战略

流动资产的投资决策至关重要。对于不同的产业和企业规模，流动资产与销售额比率的变动范围非常大。

一个企业必须选择与其业务需要和管理风格相符合的流动资产投资战略。

1. 紧缩的流动资产投资战略

在紧缩的流动资产投资策略下，企业维持低水平的流动资产与销售收入比率。

紧缩的流动资产投资策略可以节约流动资产的持有成本，例如节约持有资金的机会成本。但与此同时可能伴随着更高风险，这些风险表现为更紧的应收账款信用政策和较低的存货占用水平，以及缺乏现金用于偿还应付账款等等。但是，只要不可预见的事件没有损坏企业的流动性而导致严重的问题发生，紧缩的流动资产投资策略就会提高企业效益。

2. 宽松的流动资产投资战略

在宽松的流动资产投资战略下，企业通常会维持高水平的流动资产与销售收入比率。

3. 如何制定流动资产投资战略

制定流动资产投资策略时，首先需要权衡的是资产的收益性与风险性。其次，制定流动资产投资策略时还应充分考虑企业经营的内外部环境。

流动资产投资策略的另一个影响因素是那些影响企业政策的决策者。保守的决策者更倾向于宽松的流动资产投资策略，而风险承受能力较强的决策者则倾向于宽松的流动资产投资策略。

（二）流动资产的融资战略

一个企业对流动资产的需求数量，一般会随着产品销售的变化而变化。流动资产可以被分解为两部分：永久性部分和波动性部分。检验各项流动资产变动与销售之间的相关关系，将有助于我们较准确地估计流动资产的永久性和波动性部分，便于我们进行应对流动资产需求的融资政策。

流动资产的永久性水平具有相对稳定性，是一种长期的资金需求，需要通过长期负债融资或权益性资金解决；而波动性部分的融资则相对灵活，最经济的办法是通过低成本的短期融资解决其资金需求，如一年期以内的短期借款或发行短期融资券等融资方式。

融资决策主要取决于管理者的风险导向，此外它还受短期、中期、长期负债的利率差异的影响。根据资产的期限结构与资金来源的期限结构的匹配程度差异，流动资产的融资策略可以划分为：期限匹配融资策略、保守融资策略和激进融资策略三种基本类型。这些政策分析方法如图7-1所示。图中的顶端方框将流动资产分为永久性和波动性两类，剩下的方框描述了短期和长期融资的这三种策略的混合。任何一种方法在特定的时间都可能是合适的，这取决于收益曲线的形状、利率的变化、未来利率的预测等，尤其是管理者的风险承受力。融资的长期来源包括自发性流动负债、长期负债以及权益资本；短期来源主要是指临时性流动负债。

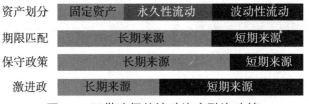

图7-1 可供选择的流动资产融资政策

1. 期限匹配融资战略

在期限匹配融资战略中，永久性流动资产和固定资产以长期融资方式（负债或权益）来融通，波动性流动资产用短期来源融通。这意味着，在给定的时间，企业的融资数量反映了当时的波动性流动资产的数量。当波动性资产扩张时，信贷额度也会增加以便支持企业的扩张；当资产收缩时，它们的投资将会释放出资金，这些资金将会用于弥补信贷额度的下降。

2. 保守融资战略

在保守融资策略中，长期融资支持非流动资产、永久性流动资产和部分波动性流动资产。企业通常以长期融资来源为波动性流动资产的平均水平融资，短期融资仅用于融通剩余的波动性流动资产，融资风险较低。这种策略通常最小限度地使用短期融资，但由于长期负债成本高于短期负债成本，就会导致融资成本较高，收益较低。

如果长期负债以固定利率为基础，而短期融资方式以浮动或可变利率为基础，则利率风险可能降低。因此，这是一种风险低、成本高的融资策略。

3. 激进融资战略

在激进融资战略中，企业以长期负债和权益为所有的固定资产融资，仅对一部分永久性流动资产使用长期融资方式融资。短期融资方式支持剩下的永久性流动资产和所有的临时性流动资产。这种战略比其他战略使用更多的短期融资。

短期融资方式通常比长期融资方式具有更低的成本，因为收益曲线在许多时候是向上倾斜的。然而，过多地使用短期融资方式会导致较低的流动比率和更高的流动性风险。

企业依靠大量的短期负债来解决资金困境，这会导致企业每年都必须更新短期负债协议进而产生更多的风险。然而，融资协议中，有许多变异的协议可以弱化这种风险。企业还可以利用衍生融资产品来对紧缩投资政策的风险进行套期保值。

第二节 现金管理

现金有广义、狭义之分。广义的现金是指在生产经营过程中以货币形态存在的资金，包括库存现金、银行存款和其他货币资金等。狭义的现金仅指库存现金。这里所讲的现金是指广义的现金。

考点1 持有现金的动机

持有现金是出于三种需求：交易性需求、预防性需求和投机性需求。

例7-1（2007年判断题）企业之所以持有一定数量的现金，主要是出于交易动机、预防动机和投机动机。（　　）

【参考答案】√

【解析】本题考查的是第七章的相关内容。企业之所以持有一定数量的现金，主要是基于三个方面的动机：交易动机、预防动机和投机动机。因此，本题的说法正确。

（一）交易性需求

企业的交易性需求是企业为了维持日常周转及正常商业活动所需持有的现金额。

（二）预防性需求

预防性需求是指企业需要维持充足现金，以应付突发事件。这种突发事件可能是政治环境变化，也可能是企业的某大客户违约导致企业突发性偿付等。

为应付意料不到的现金需要，企业掌握的现金额取决于：①企业愿冒缺少现金风险的程度；②企业预测现金收支可靠的程度；③企业临时融资的能力。希望尽可能减少风险的企业倾向于保留大量的现金余额，以应付其交易性需求和大部分预防性需求。另外，企业会与银行维持良好关系，以备现金短缺之需。

（三）投机性需求

投机性需求是企业为了抓住突然出现的获利机会而持有的现金，这种机会大都是一闪即逝的，企业若没有用于投机的现金，就会错过这一机会。

除了上述三种基本的现金需求以外，还有许多企业是将现金作为补偿性余额来持有的。补偿性余额是企业同意保持的账户余额，它是企业对银行所提供借款或其他服务的一种补偿。

考点2 目标现金余额的确定

（一）成本模型

成本模型强调的是：持有现金是有成本的，最优的现金持有量是使得现金持有成本最小化的持有量。模型考虑的现金持有成本包括如下项目。

1. 机会成本

现金的机会成本，是指企业因持有一定现金余额丧失的再投资收益。再投资收益是企业不能同时用该现金进行有价证券投资所产生的机会成本，这种成本在数额上等于资金成本。放弃的再投资收益即机会成本属于变动成本，它与现金持有量的多少密切相关，即现金持有量越大，机会成本越大，反之就越少。

2. 管理成本

现金的管理成本，是指企业因持有一定数量的现金而发生的管理费用。例如管理者工资、安全措施费用等。一般认为这是一种固定成本，这种固定成本在一定范围内和现金持有量之间没有明显的比例关系。

3. 短缺成本

现金短缺成本是指在现金持有量不足，又无法及时通过有价证券变现加以补充所给企业造成的损失，包括直接损失与间接损失。现金的短缺成本随现金持有量的增加而下降，随现金持有量的减少而上升，即与现金持有量负相关。

成本分析模式是根据现金有关成本，分析预测其总成本最低时现金持有量的一种方法。其计算公式为：

最佳现金持有量 = min（管理成本+机会成本+短缺成本）

其中，管理成本属于固定成本，机会成本是正相关成本，短缺成本是负相关成本。因此，成本分析模式是要找到机会成本、管理成本和短缺成本所组成的总成本曲线中最低点所对应的现金持有量，把它作为最佳现金持有量。可用图7-2所示。

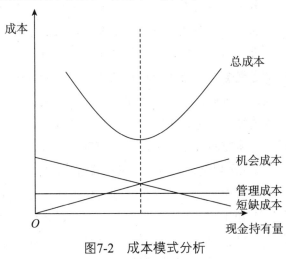

图7-2 成本模式分析

例7-2（2013多选题）运用成本模型确定企业最佳现金持有量时，现金持有量与持有成本之间的关系表现为（ ）。

A. 现金持有量越小，总成本越大　　　　　B. 现金持有量越大，机会成本越大

C. 现金持有量越小，短缺成本越大　　　　D. 现金持有量越大，管理总成本越大

【参考答案】BC

【解析】本题主要考核"第七章"的"目标现金余额的确定"知识点。成本模型强调的是：持有现金是有成本的，最优的现金持有量是使得现金持有成本最小化的持有量。成本模型考虑的现金持有成本包括机会成本、管理成本和短缺成本。其中，管理成本属于固定成本，机会成本是正相关成本，短缺成本是负相关成本。故现金持有量越大，机会成本越大，短缺成本越小。本题选BC。

在实际工作中运用成本分析模式确定最佳现金持有量的具体步骤为：

（1）根据不同现金持有量测算并确定有关成本数值；

（2）按照不同现金持有量及其有关成本资料编制最佳现金持有量测算表；

（3）在测算表中找出总成本最低时的现金持有量，即最佳现金持有量。

由成本分析模型可知，如果减少现金持有量，则增加短缺成本；如果增加现金持有量，则增加机会成本。改进上述关系的一种方法是：当拥有多余现金时，将现金转换为有价证券；当现金不足时，将有价证券转换成现金。但现金和有价证券之间的转换，也需要成本，称为转换成本。转换成本是指企业用现金购入有价证券以及用有价证券换取现金时付出的交易费用，即现金同有价证券之间相互转换的成本，如买卖佣金、手续费、证券过户费、印花税、实物交割费等。转换成本可以分为两类：一是与委托金额相关的费用；二是与委托金额无关，只与转换次数有关的费用，如委托手续费、过户费等。证券转换成本与现金持有量即有价证券变现额的多少，必然对有价证券的变现次数产生影响，即现金持有量越少，进行证券变现的次数越多，相应的转换成本就越大。

（二）存货模型

企业平时持有较多的现金，会降低现金的短缺成本，但也会增加现金占用的机会成本；平时持有较少的现金，则会增加现金的短缺成本，却能减少现金占用的机会成本。如果企业平时只持有较少的现金，在有现金需要时（如手头的现金用尽），通过出售有价证券换回现金（或从银行借入现金），既能满足现金的需要，避免短缺成本，又能减少机会成本。因此，适当的现金与有价证券之间的转换，是企业提高资金使用效率的有效途径。这与企业奉行的营运资金政策有关。采用宽松的投资政策，保留较多的现金则转换次数少。如果经常进行大量的有价证券与现金的转换，则会加大转换交易成本，因此，如何确定有价证券与现金的每次转换量，是一个需要研究的问题。这可以应用现金持有量的存货模式解决。

有价证券转换回现金所付出的代价（如支付手续费用），被称为现金的交易成本。现金的交易成本与现金转换次数、每次的转换量有关。假定现金每次的交易成本是固定的，在企业一定时期现金使用量确定的前提下，每次以有价证券转换回现金的金额越大，企业平时持有的现金量便越高，转换的次数便越少，现金的交易成本就越低；反之，每次转换回现金的金额越低，企业平时持有的现金量便越低，转换的次数会越多，现金的交易成本就越高。可见，现金交易成本与持有量成反比。现金的交易成本与现金的短缺成本所组成的相关总成本曲线，如图7-3所示。

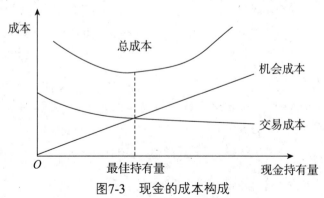

图7-3　现金的成本构成

在图7-3中，现金的机会成本和交易成本是两条随现金持有量呈不同方向发展的曲线，两条曲线交叉点相应的现金持有量，即是相关总成本最低的现金持有量。

于是，企业需要合理地确定现金持有量C，以使现金的相关总成本最低。解决这一问题先要明确三点：

（1）一定期间内的现金需求量，用T表示。

（2）每次出售有价证券以补充现金所需的交易成本，用F表示；一定时期内出售有价证券的总交易成本为：

$$交易成本=(T/C) \times F$$

（3）持有现金的机会成本率，用K表示；一定时期内持有现金的总机会成本表示为：

$$机会成本=(C/2) \times K$$

则：相关总成本=机会成本+交易成本$=(C/2) \times K + (T/C) \times F$

从图7-3可知，最佳现金持有量C^*是机会成本线与交易成本线交叉点所对应的现金持有量，因此C^*应当满足：机会成本=交易成本，即$(C^*/2) \times K = (T/C^*) \times F$，整理可知：

$$C^* = \sqrt{(2T \times F)/K}$$

（三）随机模型

在实际工作中，企业现金流量往往具有很大的不确定性。假定每日现金净流量的分布接近正态分布，每日现金流量可能低于也可能高于期望值，其变化是随机的。由于现金流量波动是随机的，只能对现金持有量确定一个控制区域，定出上限和下限。当企业现金余额在上限和下限之间波动时，则将部分现金转换为有价证券；当现金余额下降到下限时，则卖出部分证券。

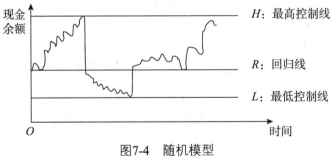

图7-4 随机模型

图7-4显示了随机模型，该模型有两条控制线和一条回归线。最低控制线L取决于模型之外的因素，其数额是由现金管理部经理在综合考虑短缺现金的风险程度、公司借款能力、公司日常周转所需资金、银行要求的补偿性余额等因素的基础上确定的。回归线R可按下列公式计算：

$$R = \left(\frac{3b \times \delta^2}{4i} \right)^{\frac{1}{3}} + L$$

式中，b为证券转换为现金或现金转换为证券的成本；δ为公司每日现金流变动的标准差；i为以日为基础计算的现金机会成本。

最高控制线H的计算公式为：

$$H = 3R - 2L$$

运用随机模型计算货币资金最佳持有量符合随机思想，即企业现金支出是随机的，收入是无法预知的，所以，适用于所有企业现金最佳持有量的测算。另一方面，随机模型建立在企业的现金未来需求总量和收支不可预测的前提下，因此，计算出来的现金持有量比较保守。

考点3 资金集中管理模式

资金集中管理，也称司库制度，是指集团企业借助商业银行网上银行功能及其他信息技术手段，将分散在集团各所属企业的资金集中到总部，由总部统一调度、统一管理和统一运用。资金集中管理在各个集团的具体运用可能会有所差异，但一般包括以下主要内容：资金集中、内部结算、融资管理、外汇管理、支付管理等。其中资金集中是基础，其他各方面均建立在此基础之上。目前，资金集中管理模式逐渐被我国企业集团所采用。

现行的资金集中管理模式大致可以分为以下几种：

（1）统收统支模式。在该模式下，企业的一切现金收入都集中在集团总部的财务部门，各分支机构或子企业不单独设立账号，一切现金支出都通过集团总部财务部门付出，现金收支的批准权高度集中。统收统支模式有利于企业集团实现全面收支平衡，提高资金的周转效率，减少资金沉淀，监控现金收支，降低资金成本。但是该模式不利于调动成员企业开源节流的积极性，影响成员企业经营的灵活性，以致降低整个集团经营活动和财务活动的效率，而且在制度的管理上欠缺一定的合理性，如果每笔收支都要经过总部财务部门之手，那么总部财务部门的工作量就大了很多。因此，这种模式通常适用于企业规模比较小的企业。

（2）拨付备用金模式。拨付备用金模式是指集团按照一定的期限统拨给所有所属分支机构或子企业备其使用的一定数额的现金。各分支机构或子企业发生现金支出后，持有关凭证到集团财务部门报销以补足备用金。拨付备用金模式相比统收统支模式具有一定的灵活性，但这种模式也通常适用于那些经营规模比较小的企业。

（3）结算中心模式。结算中心通常是由企业集团内部设立的，办理内部各成员现金收付和往来结算业务的专门机构。结算中心通常设立于财务部门内，是一个独立运行的职能机构。

（4）内部银行模式。内部银行是将社会银行的基本职能与管理方式引入企业内部管理机制而建立起来的一种内部资金管理机构，主要职责是进行企业或集团内部日常的往来结算和资金调拨、运筹。

（5）财务公司模式。财务公司是一种经营部分银行业务的非银行金融机构。其主要职责是开展集团内部资金集中结算，同时为集团成员企业提供包括存贷款、融资租赁、担保、信用鉴证、债券承销、财务顾问等在内的全方位金融服务。

考点4 现金收支日常管理

（一）现金周转期

企业的经营周期是指从取得存货开始到销售存货并收回现金为止的时期。其中，从收到原材料，加工原材料，形成产成品，到将产成品卖出的这一时期，称为存货周转期；产品卖出后到收到顾客支付的货款的这一时期，称为应收账款周转期或收账期。

但是企业购买原材料并不用立即付款，这一延迟的付款时间段就是应付账款周转期或收账期。现金周转期，是指介于企业支付现金与收到现金之间的时间段，它等于经营周期减去应付账款周转期。具体循环过程如图7-5所示。

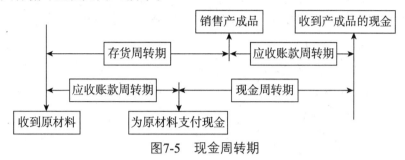

图7-5　现金周转期

上述周转过程用公式来表示就是：

$$经营周期=存货周转期+应收账款周转期$$

$$现金周转期=经营周期-应付账款周转期$$

其中：

$$存货周转期=平均存货÷每天的销货成本$$

$$应收账款周转期=平均应收账款÷每天的销货收入$$

$$应付账款周转期=平均应付账款÷每天的销货成本$$

所以，如果要减少现金周转期，可以从以下方面着手：加快制造与销售产成品来减少存货周转期；加速应收账款的回收来减少应收账款周转期；减缓支付应付账款来延长应付账款周转期。

例7-3（2012年计算分析题）D公司是一家服装加工企业，2011营业收入为3 600万元，营业成本为1 800万元，日购货成本为5万元。该公司与经营有关的购销业务均采用赊账方式。假设一年按360天计算。D公司简化的资产负债表如表7-1所示。

表7-1　资产负债简表（2011年12月31日）　　　　单位：万元

资　　产	金额	负债和所有者权益	金额
货币资金	211	应付账款	120
应收账款	600	应付票据	200
存货	150	应付职工薪酬	255
流动资产合计	961	流动负债合计	575
固定资产	850	长期借款	300
非流动资产合计	850	负债合计	875
		实收资本	600
		留存收益	336
		所有者权益合计	936
资产总计	1 811	负债和所有者权益总计	1 811

要求：

（1）计算D公司2011年的营运资金数额。

（2）计算D公司2011年的应收账款周转期、应付账款周转期、存货周转期以及现金周转期（为简化计算，应收账款、存货、应付账款的平均余额均以期末数据代替）。

（3）在其他条件相同的情况下，如果D公司利用供应商提供的现金折扣，则对现金周转期会产生何种影响？

（4）在其他条件相同的情况下，如果D公司增加存货，则对现金周转期会产生何种影响？

【参考答案】

（1）2011年营运资金数额=流动资产－流动负债=961－575=386（万元）

（2）应收账款周转期=360÷（3 600÷600）=60（天）

应付账款周转期=120÷5=24（天）

存货周转期=360÷（1 800÷150）=30（天）

现金周转期=60+30－24=66（天）

（3）利用现金折扣会缩短应付账款的周转期，则现金周转期增加。

（4）增加存货会延长存货周转期，则现金周转期增加。

（二）收款管理

1. 收账成本

一个高效率的收款系统能够使收款成本和收款浮动期达到最小，同时能够保证与客户汇款及其他现金流入来源相关的信息的质量。

收款系统成本包括浮动期成本，管理收款系统的相关费用（例如银行手续费）及第三方处理费用或清算相关费用。在获得资金之前，收款在途项目使企业无法利用这些资金，也会产生机会成本。信息的质量包括收款方得到的付款人的姓名，付款的内容和付款时间。信息要求及时、准确地到达收款人一方，以便收款人及时处理资金，做出发货的安排。

2. 收款浮动期

收款浮动期是指从支付开始到企业收到资金的时间间隔。收款浮动期主要是纸基支付工具导致的，有下列三种类型：

（1）邮寄浮动期：从付款人寄出支票到收款人或收款人的处理系统收到支票的时间间隔。

（2）处理浮动期：是指支票的接受方处理支票和将支票存入银行以收回现金所花的时间。

（3）结算浮动期：是指通过银行系统进行支票结算所需的时间。

（三）付款管理

现金支出管理的主要任务是尽可能延缓现金的支出时间。当然，这种延缓必须是合理合法的。

1. 使用现金浮游量

现金浮游量是指由于企业提高收款效率和延长付款时间所产生的企业账户上的现金余额和银行账户上的企业存款余额之间的差额。

2. 推迟应付款的支付

推迟应付款的支付，是指企业在不影响自己的信誉的前提下，充分运用供货方所提供的信用优惠，尽可能地推迟应付款的支付期。

3. 汇票代替支票

这一方式的优点是推迟了企业调入资金支付汇票的实际所需时间。这样企业就只需在银行中保持较少的现金余额。它的缺点是某些供应商可能并不喜欢用汇票付款，银行也不喜欢处理汇票，它们通常需要耗费更多的人力。同支票相比，银行会收取较高的手续费。

4. 改进员工工资支付模式

企业可以为支付工资专门设立一个工资账户，通过银行向职工支付工资。为了最大限度地减少工资账户的存款余额，企业要合理预测开出支付工资的支票到职工去银行兑现的具体时间。

5. 透支

企业开出支票的金额大于活期存款余额。它实际上是银行向企业提供的信用。透支的限额，由银行和企业共同商定。

6. 争取现金流出与现金流入同步

企业应尽量使现金流出与流入同步，这样，就可以降低交易性现金余额，同时可以减少有价证券转换为现金的次数，提高现金的利用效率，节约转换成本。

7. 使用零余额账户

即企业与银行合作，保持一个主账户和一系列子账户，企业只在主账户保持一定的安全储备，而在一系列子账户不需要保持安全储备。当从某个子账户签发的支票需要现金时，所需要的资金立即从主账户划拨过来，从而使更多的资金可以用作他用。

企业若能有效控制现金支出，同样可带来大量的现金结余。控制现金支出的目标是在不损害企业信誉条件下，尽可能推迟现金的支出。

第三节　应收账款管理

考点1　应收账款的功能

应收账款的功能指其在生产经营中的作用。主要有以下两方面：

（1）增加销售功能。

（2）减少存货功能。

考点2　应收账款的成本

应收账款作为企业为增加销售和盈利进行的投资，必然会发生一定的成本。应收账款的成本主要有：

（1）应收账款的机会成本。应收账款会占用企业一定量的资金，而企业若不把这部分资金投放于应收账款，便可以用于其他投资并可能获得收益。这种因投放于应收账款而放弃其他投资所带来的收益，即为应收账款的机会成本。

（2）应收账款的管理成本。主要是指在进行应收账款管理时，所增加的费用。主要包括：调查顾客信用状况的费用、收集各种信息的费用、账簿的记录费用、收账费用等。

（3）应收账款的坏账成本。在赊销交易中，债务人由于种种原因无力偿还债务，债权人就有可能无法收回应收账款而发生损失，这种损失就是坏账成本。可以说，企业发生坏账成本是不可避免的，而此项成本一般与应收账款发生的数量成正比。

例7-4（2013年单选题）某企业预计下年度销售净额为1 800万元，应收账款周转天数为90天（一年按360天计算），变动成本率为60%，资本成本为10%，则应收账款的机会成本是（　　　）万元。

A. 27　　　　　　　B. 45　　　　　　　C. 108　　　　　　　D. 180

【参考答案】A

【解析】本题主要考核"第七章"的"应收账款的成本"知识点。应收账款会占用企业一定量的资金，而企业若不把这部分资金投放于应收账款，便可以用于其他投资并可能获得收益，例如投资债券获得利息收入。这种因投放于应收账款而放弃其他投资所带来的收益，即为应收账款的机会成本。

其计算公式如下：应收账款机会成本＝全年变动成本÷360×平均收现期×资本成本

故本题中应收账款机会成本＝1 800÷360×90×60%×10%＝27（万元）。

（4）应收账款的管理目标

发生应收账款的原因，主要有以下两种：

第一，商业竞争。

第二，销售和收款的时间差距。

既然企业发生应收账款的主要原因是为扩大销售，增强竞争力，那么其管理目标就是求得利润。应收账款是企业的一项资金投放，是为了扩大销售和盈利而进行的投资。而投资肯定会发生成本，这就需要在应收账款信用政策所增加的盈利和这种政策的成本之间作出权衡。只有当应收账款所增加的盈利超过所增加的成本时，才应当实施应收账款赊销；如果应收账款赊销有着良好的盈利前景，就应当放宽信用条件增加赊销量。

考点3　信用政策

信用政策包括信用标准、信用条件和收账政策三个方面。

（一）信用标准

信用标准是指信用申请者获得企业提供信用所必须达到的最低信用水平，通常以预期的坏账损失率作为判别标准。如果企业执行的信用标准过于严格，可能会降低对符合可接受信用风险标准客户的赊销额，减少坏账损失，减少应收账款的机会成本，但不利于扩大企业销售量甚至会因此限制企业的销售机会；如果企业执行的信用标准过于宽松，可能会对不符合可接受信用风险标准的客户提供赊销，因此，会增加随后还款的风险并增加应收账款的管理成本与坏账成本。

1. 信息来源

当企业建立分析信用请求的方法时，必须考虑信息的类型、数量和成本。信息既可以从企业内部收集，也可以从企业外部收集。无论信用信息从哪儿收集，都必须将成本与预期的收益进行对比。企业内部产生的最重要的信用信息来源是信用申请人执行信用申请（协议）的情况和企业自己保存的有关信用申请人还款历史的记录。

企业可以使用各种外部信息来源来帮助其确定申请人的信誉。申请人的财务报表是该种信息主要来源之一。

获得申请人付款状况的第二个信息来源是一些商业参考资料或申请人过去获得赊销的供货商。另外，银行或其他贷款机构（如商业贷款机构或租赁公司）可以提供申请人财务状况和可使用信息额度方面的标准化信息，最后，一些地方性和全国性的信用评级机构收集、评价和报告有关申请人信用状况的历史信息。这些信用报告包括诸如以下内容的信息：还款历史、财务信息、最高信用额度、可获得的最长信用期限和所有未了结的债务诉讼。

2. 信用的定性分析

信用的定性分析是指对申请人"质"的方面的分析。常用的信用定性分析法是5C信用评价系统，即评估申请人信用品质的五个方面：品质、能力、资本、抵押和条件。

（1）品质（Character）：是指个人申请人或企业申请人管理者的诚实和正直表现。品质反映了个人或企业在过去的还款中所体现的还款意图和愿望。

（2）能力（Capacity）：能力是指经营能力，通常通过分析申请者的生产经营能力及获利情况，管理制度是否健全，管理手段是否先进，产品生产销售是否正常，在市场上有无竞争力，经营规模和经营实力是否逐年增长等来评估。

（3）资本（Capital）：资本是指如果企业或个人当前的现金流不足以还债，他们在短期和长期内可供使用的财务资源。

（4）抵押（Collateral）：抵押是指当企业或个人不能满足还款条款时，可以用作债务担保的资产或其他担保物。

（5）条件（Condition）：条件是指影响顾客还款能力和还款意愿的经济环境，对申请人的这些条件进行评价以决定是否给其提供信用。

3. 信用的定量分析

进行商业信用的定量分析可以从考察信用申请人的财务报表开始。通常使用比率分析法评价顾客的财务状况。常用的指标有：流动性和营运资本比率（如流动比率、速动比率以及现金对负债总额比率）、债务管理和支付比率（利息保障倍数、长期债务对资本比率、带息债务对资产总额比率，以及负债总额对资产总额比率）和盈利能力指标（销售回报率、总资产回报率和净资产收益率）。

将这些指标和信用评级机构及其他协会发布的行业标准进行比较可以洞察申请人的信用状况。

（二）信用条件

信用条件是销货企业要求赊购客户支付货款的条件，由信用期间、折扣期限和现金折扣三个要素组成。

1. 信用期间

信用期间是企业允许顾客从购货到付款之间的时间，或者说是企业给予顾客的付款期间，一般简称为信用期。

信用期的确定，主要是分析改变现行信用期对收入和成本的影响。延长信用期，会使销售额增加，产生有利影响；与此同时，应收账款、收账费用和坏账损失增加，会产生不利影响。当前者大于后者时，可以延长信用期，否则不宜延长。如果缩短信用期，情况与此相反。

2. 折扣条件

折扣条件包括现金折扣和折扣期两个方面。如果企业给顾客提供现金折扣，那么顾客在折扣期付款时少付的金额所产生的"成本"将影响企业收益。当顾客利用了企业提供的现金折扣，而现金折扣又没有促使销售额增长时，企业的净收益则会下降。当然上述收入方面的损失可能会全部或部分地由应收账款持有成本的下降所补偿。

现金折扣是企业对顾客在商品价格上的扣减。向顾客提供这种价格上的优惠，主要目的在于吸引顾客为享受优惠而提前付款，缩短企业的平均收款期。另外，现金折扣也能招揽一些视折扣为减价出售的顾客前来购货，借此扩大销售量。

现金折扣的表示常用如"5/10、3/20、N/30"这样的符号。这三个符号的含义分别为：5/10表示10天内付款，可享受5%的价格优惠，即只需支付原价的95%，如原价为10 000元，只需支付9 500元；3/20表示20天内付款，可享受3%的价格优惠，即只需支付原价的97%，若原价为10 000元，则只需支付9 700元；N/30表示付款的最后期限为30天，此时付款无优惠。

企业采用什么程度的现金折扣，要与信用期间结合起来考虑。

因为现金折扣是与信用期间结合使用的，所以确定折扣程度的方法与程序实际上与前述确定信用期间的方法与程序一致，只不过要把所提供的延期付款时间和折扣综合起来，计算各方案的延期与折扣能取得多大的收益增量，再计算各方案带来的成本变化，最终确定最佳方案。

（三）收账政策

收账政策是指信用条件被违反时，企业采取的收账策略。企业如果采取较积极的收账政策，可能会减少应收账款投资，减少坏账损失，但要增加收账成本。如果采用较消极的收账政策，则可能会增加应收账款投资，增加坏账损失，但会减少收账费用。企业需要做出适当的权衡。一般来说，可以参照评价信用标准、信用条件的方法来评价收账政策。

考点4 应收账款的监控

实施信用政策时，企业应当监督和控制每一笔应收账款和应收账款总额。

监督每一笔应收账款的理由是：

（1）在开票或收款过程中可能会发生错误或延迟。

（2）有些客户可能故意拖欠到企业采取追款行动才付款。

（3）客户财务状况的变化可能会改变其按时付款的能力，并且需要缩减该客户未来的赊销额度。

企业也必须对应收账款的总体水平加以监督，因为应收账款的增加会影响企业的流动性，还可能导致额外融资的需要。此外，应收账款总体水平的显著变化可能表明业务方面发生了改变，这可能影响公司的融资需要和现金水平。企业管理部门需要分析这些变化以确定其起因并采取纠正措施。可能引起重大变化的事件包括销售量的变化、季节性、信用标准政策的修改、经济状况的波动以及竞争对手采取的促销等行动。最后，对应收账款总额进行分析还有助于预测未来现金流入的金额和时间。

（一）应收账款周转天数

应收账款周转天数或平均收账期是衡量应收账款管理状况的一种方法。应收账款周转天数提供了一个简单的指标，将企业当前的应收账款周转天数与规定的信用期限、历史趋势以及行业正常水平进行比较，可以反映企业整体的收款效率。然而，应收账款周转天数可能会被销售量的变动趋势和剧烈的销售季节性所破坏。

（二）账龄分析表

账龄分析表将应收账款划分为未到信用期的应收账款和以30天为间隔的逾期应收账款，这是衡量应收账款管理状况的另外一种方法。企业既可以按照应收账款总额进行账龄分析，也可以分顾客进行账龄分析。账龄分析发可以确定逾期应收账款，随着逾期时间的增加，应收账款收回的可能性变小。假定信用期限为30天，表7-2中的账龄分析表反映出30%的应收账款为逾期收款。

表7-2　账龄分析表

账龄（天）	应收账款金额（元）	占应收账款总额的百分比（%）
0～30	1 750 000	70
31～60	375 000	15
61～90	250 000	10
91以上	125 000	5
合计	2 500 000	100

账龄分析表比计算应收账款周转天数更能揭示应收账款变化趋势，因为账龄分析表给出了应收账款分布的模式，而不仅仅是一个平均数。应收账款周转天数有可能与信用期限相一致，但是有一些账户可能拖欠很严重。因此应收账款周转天数不能明确地表现出账款拖欠情况。当各个月之间的销售额变化很大时，账龄分析表和应收账款周转天数都可能发出类似的错误信号。

（三）应收账款账户余额的模式

账龄分析表可以用于建立应收账款余额的模式，这是重要的现金流预测工具。应收账款余额的模式反映一定期间（如一个月）的赊销额在发生赊销的当月月末及随后的各月仍未偿还的百分比。企业收款的历史决定了其正常的应收账款余额的模式。企业管理部门通过将当前的模式和过去的模式进行对比来评价应收账款余额模式的任何变化。企业还可以运用应收账款账户余额的模式来进行应收账款金额水平的计划，衡量应收账款的收账效率以及预测未来的现金流。

（四）ABC分析法

ABC分析法是现代经济管理中广泛应用的一种"抓重点、照顾一般"的管理方法，又称重点管理法。它将企业的所有欠款客户按其金额的多少进行分类排队，然后分别采用不同的收账策略的一种方法。它一方面年加快应收账款收回，另一方面能将收账费用与预期收益联系起来。

先按所有客户应收账款逾期金额的多少分类排队，并计算出逾期金额所占比重。然后，对应各类不同的客户，采取不同的收款策略。

考点5　应收账款日常管理

应收账款的管理难度比较大，在确定合理的信用政策之后，还要做好应收账款的日常管理工作，包括对客户的信用调查和分析评价、应收账款的催收工作等。

（一）调查客户信用

信用调查是指收集和整理反映客户信用状况的有关资料的工作。信用调查是企业应收账款日常管理的基础，是正确评价客户信用的前提条件。企业对顾客进行信用调查主要通过两种方法。

1. 直接调查

直接调查是指调查人员通过与被调查单位进行直接接触，通过当面采访、询问、观看等方式获取信用资料的一种方法。直接调查可以保证收集资料的准确性和及时性，但也有一定的局限，往往获得的是感性资料，若不能得到被调查单位的合作，则会使调查工作难以开展。

2. 间接调查

间接调查是以被调查单位以及其他单位保存的有关原始记录和核算资料为基础，通过加工整理获得被调查单位信用资料的一种方法。这些资料主要来自以下几个方面：

（1）财务报表。

（2）信用评估机构。

（3）银行。

（4）其他途径。如财税部门、工商管理部门、消费者协会等机构都可能提供相关的信用状况资料。

（二）评估客户信用

收集好信用资料以后，就需要对这些资料进行分析、评价。企业一般采用"5C"系统来评价，并对客户信用进行等级划分。在信用等级方面，目前主要有两种：一种是三类九等，即将企业的信用状况分为AAA、AA、A、BBB、BB、B、CCC、CC、C等九等，其中AAA为信用最优等级，C为信用最低等级。另一种是三级制，即分为AAA、AA、A等三个信用等级。

（三）收款的日常管理

应收账款发生后，企业应采取各种措施，尽量争取按期收回款项。企业必须在对收账的收益与成本进行比较分析的基础上，制定切实可行的收账政策。通常企业可以采取寄发账单、电话催收、派人上门催收、法律诉讼等方式进行催收应收账款，然而催收账款要发生费用，某些催款方式的费用还会很高。一般说来，收账的花费越大，收账措施越有力，可收回的账款应越多，坏账损失也就越小。因此制定收账政策，又要在收账费用和所减少坏账损失之间作出权衡。制定有效、得当的收账政策很大程度上靠有关人员的经验；从财务管理的角度讲，也有一些数量化的方法可以参照。根据应收账款总成本最小化的原则，可以通过比较各收账方案成本的大小对其加以选择。

（四）应收账款保理

保理是保付代理的简称，是指保理商与债权人签订协议，转让其对应收账款的部分或全部权利与义务，并收取一定费用的过程。

保理又称托收保付，是指卖方（供应商或出口商）与保理商之间存在的一种契约关系；根据契约，卖方将其现在或将来的基于其与买方（债务人）订立的货物销售（服务）合同所产生的应收账款转让给保理商，由保理商提供下列服务中的至少两项：贸易融资、销售分户账管理、应收账款的催收、信用风险控制与坏账担保。可见，保理是一项综合性的金融服务方式，其同单纯的融资或收账管理有本质区别。

应收账款保理是企业将赊销形成的未到期应收账款在满足一定条件的情况下，转让给保理商，以获得银行的流动资金支持，加快资金的周转。保理可以分为有追索权保理（非买断型）和无追索权保理（买断型）、明保理和暗保理、折扣保理和到期保理。

有追索权保理是指供应商将债权转让给保理商，供应商向保理商融通资金后，如果购货商拒绝付款或无力付款，保理商有权向供应商要求偿还预付的现金，如购货商破产或无力支付，只要有关款项到期未能收回，保理商都有权向供应商进行追索，因而保理商具有全部"追索权"，这种保理方式在我国采用较多。无追索权保理是指保理商将销售合同完全买断，并承担全部的收款风险。

明保理是指保理商和供应商需要将销售合同被转让的情况通知购货商，并签订保理商、供应商、购货商之间的三方合同。暗保理是指供应商为了避免让客户知道自己因流动资金不足而转让应收账款，并不将债权转让情况通知客户，货款到期时仍由销售商出面催款，再向银行偿还借款。

折扣保理又称为融资保理，即在销售合同到期前，保理商将剩余未收款部分先预付给销售商，一般不超过全部合同额的70%~90%。到期保理是指保理商并不提供预付账款融资，而是在赊销到期时才支付，届时不管货款是否收到，保理商都必须向销售商支付货款。

应收账款保理对于企业而言，其理财作用主要体现在：

（1）融资功能。

（2）减轻企业应收账款的管理负担。

（3）减少坏账损失、降低经营风险。

（4）改善企业的财务结构。

例7-5（2011年计算分析题）B公司是一家制造类企业，产品的变动成本率为60%，一直采用赊销方式销售产品，信用条件为N/60。如果继续采用N/60的信用条件，预计2011年赊销收入净额为1 000万元，坏账损失为20万元，收账费用为12万元。

为扩大产品的销售量，B公司拟将信用条件变更为N/90。在其他条件不变的情况下，预计2011年赊销收入净额为1 100万元，坏账损失为25万元，收账费用为15万元。假定风险投资最低报酬率为10%，一年按360天计算，所有客户均于信用期满付款。

要求：

（1）计算信用条件改变后B公司收益的增加额。

（2）计算信用条件改变后B公司应收账款成本增加额。

（3）为B公司做出是否应改变信用条件的决策并说明理由。

【参考答案】

（1）增加收益=赊销收入净额的增加×（1-变动成本率）=（1 100-1 000）×（1-60%）=40（万元）；

（2）增加应计利息=1 100÷360×90×60%×10%-1 000÷360×60×60%×10%=6.5（万元）；

（3）增加坏账损失=25-20=5（万元）；增加收账费用=15-12=3（万元）；

增加的税前损益=40-6.5-5-3=25.5（万元）。

由于增加的税前损益大于0，故应该改变信用条件。

第四节 存货管理

考点1 存货管理的目标

存货是指企业在生产经营过程中为销售或者耗用而储备的物资，包括材料、燃料、低值易耗品、在产品、半成品、产成品、协作件、商品等。存货管理水平的高低直接影响着企业的生产经营能否顺利进行，并最终影响企业的收益、风险等状况。

企业持有存货的原因一方面是为了保证生产或销售的经营需要，另一方面是出自价格的考虑，零购物资的价格往往较高，而整批购买在价格上有优惠。但是，过多地存货要占用较多资金，并且会增加包括仓储费、保险费、维护费、管理人员工资在内的各项开支，因此，存货管理的目标，就是在保证生产或销售经营需要的前提下，最大限度地降低存货成本。具体包括以下几个方面：

（1）保证生产正常进行。

（2）有利于销售。

（3）便于维持均衡生产，降低产品成本。

（4）降低存货取得成本。

（5）防止意外事件的发生。

考点2 存货的成本

（一）取得成本

取得成本指为取得某种存货而支出的成本，通常用TCa来表示。其又分为订货成本和购置成本。

1. 订货成本

订货成本指取得订单的成本，如办公费、差旅费、邮资、电报电话费、运输费等支出。订货成本中有一部分与订货次数无关，如常设采购机构的基本开支等，称为固定的订货成本，用F_1表示；另一部分与订货次数有关，如差旅费、邮资等，称为订货的变动成本。每次订货的变动成本用K表示；订货次数等于存货年需要量D与每次进货量Q之商。订货成本的计算公式为：

$$订货成本 = F_1 + \frac{D}{Q}K$$

2. 购置成本

购置成本指为购买存货本身所支出的成本，即存货本身的价值，经常用数量与单价的乘积来确定。年需要量用D表示，单价用U表示，于是购置成本为DU。

订货成本加上购置成本，就等于存货的取得成本。其公式可表达为：

$$取得成本 = 订货成本 + 购置成本 = 订货固定成本 + 订货变动成本 + 购置成本$$

$$TC_a = F_1 + \frac{D}{Q}K + DU$$

（二）储存成本

储存成本指为保持存货而发生的成本，包括存货占用资金所应计的利息、仓库费用、保险费用、存货破损和变质损失，等等，通常用TC_C来表示。

储存成本也分为固定成本和变动成本。固定成本与存货数量的多少无关，如仓库折旧、仓库职工的固定工资等，常用F_2表示。变动成本与存货的数量有关，如存货资金的应计利息、存货的破损和变质损失、存货的保险费用等，单位储存变动成本用K_C来表示。用公式表达的储存成本为：

$$储存成本 = 储存固定成本 + 储存变动成本$$

$$TC_c = F_2 + K_C\frac{Q}{2}$$

（三）缺货成本

缺货成本指由于存货供应中断而造成的损失，包括材料供应中断造成的停工损失、产成品库存缺货造成的拖欠发货损失和丧失销售机会的损失及造成的商誉损失等；如果生产企业以紧急采购代用材料解决库存材料中断之急，那么缺货成本表现为紧急额外购入成本。缺货成本用TC_s表示。

如果以TC来表示储备存货的总成本，其计算公式为：

$$TC = TC_a + TC_c + TC_s = F_1 + \frac{D}{Q}K + DU + F_2 + K_C\frac{Q}{2} + TC_s$$

企业存货的最优化，就是使企业存货总成本即上式TC值最小。

考点3　最优存货量的确定

（一）经济订货基本模型

经济订货模型是建立在一系列严格假设基础上的。这些假设包括：①存货总需求量是已知常数；②订货提前期是常数；③货物是一次性入库；④单位货物成本为常数，无批量折扣；⑤库存持有成本与库存水平呈线性关系；⑥货物是一种独立需求的物品，不受其他货物影响。

设立上述假设后，前述的总成本公式可以简化为：

$$TC=F_1+\frac{D}{Q}K+DU+F_2+K_C\frac{Q}{2}$$

当F_1、K、D、U、F_2、K_C为常数时，TC的大小取决于Q。为了求出TC的极小值，对其进行求导演算，可以得出经济订货基本模型，公式如下：

$$EOQ=\sqrt{2KD/K}$$

（二）经济订货基本模型的扩展

放宽经济订货基本模型的相关假设，就可以扩展经济订货模型，以扩大其适用范围。

1. 再订货点

一般情况下，企业的存货不能做到随用随时补充，因此需要在没有用完时提前订货。再订货点就是在提前订货的情况下，为确保存货用完时订货刚好到达，企业再次发出订货单时应保持的存货库存量，它的数量等于平均交货时间和每日平均需用量的乘积：

$$R=L\times d$$

式中，R表示再订货点，L表示平均交货时间，d表示每日平均需用量。

2. 存货陆续供应和使用模型

经济订货基本模型是建立在存货一次全部入库的假设之上的。事实上，各批存货一般都是陆续入库，库存量陆续增加。特别是产成品入库和在产品转移，几乎总是陆续供应和陆续耗用的。在这种情况下，需要对经济订货的基本模型做一些修正。

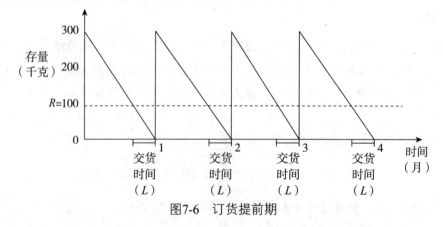

图7-6　订货提前期

假设每批订货数为Q，每日送货量为P，则该批货全部送达所需日数即送货期为：

$$送货期 = \frac{Q}{P}$$

假设每日耗用量为d，则送货期内的全部耗用量为：

$$送货期耗用量 = \frac{Q}{P} \times d$$

由于零件边送边用，所以每批送完时，则送货期内平均库存量为：

$$送货期内平均库存量 = \frac{1}{2}\left(Q - \frac{Q}{P} \times d\right)$$

假设存货年需用量为D，每次订货费用为K，单位存货储存费率为K_C，则与批量有关的总成本为：

$$TC(Q) = \frac{D}{Q}K + \frac{1}{2} \times \left(Q - \frac{Q}{P} \times d\right) \times K_C$$

$$= \frac{D}{Q}K + \frac{Q}{2}\left(1 - \frac{d}{p}\right) \times K_C$$

在订货变动成本与储存变动成本相等时，$TC(Q)$有最小值，故存货陆续供应和使用的经济订货量公式为：

$$\frac{D}{Q}K = \frac{Q}{2} \times \left(1 - \frac{d}{p}\right) \times K_C$$

$$EOQ = \sqrt{\frac{2KD}{K_C} \times \frac{P}{P-d}}$$

将这一公式代入上述$TC(Q)$公式，可得出存货陆续供应和使用的经济订货量相关总成本公式为：

$$TC(Q) = \sqrt{2KDK_C \times \left(1 - \frac{d}{p}\right)}$$

（三）保险储备

前面讨论的经济订货量是以供需稳定为前提的。但实际情况并非完全如此，企业对存货的需求量可能发生变化，交货时间也可能会延误。在交货期内，如果发生需求量增大或交货时间延误，就会发生缺货。为防止由此造成的损失，企业持有一定的保险储备。图7-9显示了在具有保险储备时的存货水平。图中，在再订货点，企业按EOQ订货。在交货期内，如果对存货的需求量很大，或交货时间由于某种原因被延误，企业可能发生缺货。为防止存货中断，再订货点应等于交货期内的预计需求与保险储备之和，即：

再订货点 = 预计交货期内的需求 + 保险储备

企业应保持多少保险储备才合适？这取决于存货中断的概率和存货中断的损失。较高的保险储备可降低缺货损失，但也增加了存货的持有成本。因此，最佳的保险储备应该是使缺货损失和保险储备的持有成本之和达到最低。

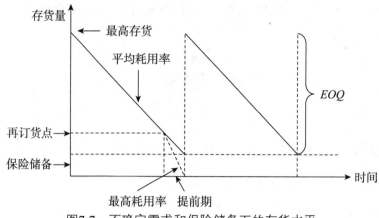

图7-7 不确定需求和保险储备下的存货水平

例7-6（2010年计算分析题）C公司是一家冰箱生产企业，全年需要压缩机360 000台，均衡耗用。全年生产时间为360天，每次的订货费用为160元，每台压缩机持有费率为80元，每台压缩机的进价为900元。根据经验，压缩机从发生订单到进入可使用状态一般需要5天，保险储备量为2 000台。

要求：

（1）计算经济订货批量。

（2）计算全年最佳订货次数。

（3）计算最低存货成本。

（4）计算再订货点。

【参考答案】 本题考查的是第七章的相关内容。

（1）经济订货批量=$\sqrt{2 \times 360\,000 \times 160 \div 80}$=1 200（台）

（2）全年最佳订货次数=360 000÷1 200=300（次）

（3）最低存货相关成本=$\sqrt{2 \times 360\,000 \times 160 \times 80}$=9 600（元）

最低存货总成本=96 000+900×360 000+2 000×80=324 256 000（元）

（4）再订货点=预计交货期内的需求+保险储备=5×（360 000÷360）+2 000=7 000（台）

■ 考点4 存货的控制系统

库存管理不仅需要各种模型帮助确定适当的库存水平，还需要建立相应的库存控制系统。传统的库存控制系统有定量控制系统和定时控制系统两种，定量控制系统是指当存货下降到一定存货水平时即发出订货单，订货数量是固定的和事先决定的。定时控制系统是每隔一固定时期，无论现有存货水平多少，即发出订货申请，这两种系统都较简单和易于理解，但不够精确。

现在许多大型公司都已采用了计算机库存控制系统。当库存数据输入计算机后，计算机即对这批货物开始跟踪。此后，每当有该货物取出时，计算机就及时作出记录并修正库存余额。当库存下降到订货点时，计算机自动发出订单，并在收到订货时记下所有的库存量。计算机系统能对大量种类的库存进行有效管理。

伴随着业务流程重组的兴起以及计算机行业的发展，库存管理系统也得到了很大的发展。下面将对两个典型的库存控制系统进行介绍。

（一）ABC控制系统

ABC控制法就是把企业种类繁多的存货，依据其重要程度、价值大小或者资金占用等标准分为三大类：A类高价值库存，品种数量约占整个库存的10%至15%，但价值约占全部库存的50%至70%；B类中等价值库存，品种数量约占全部库存的20%至25%，价值约占全部库存的15%至20%；C类低价值库存，品种数量多，约占整个库存的60%至70%，价值约占全部库存的10%至35%。针对不同类别的库存分别采用不同的管理方法，A类库存应作为管理的重点，实行重点控制、严格管理；而对B类和C类库存的重视程度则可依次降低，采取一般管理。

（二）适时制库存控制系统

适时制库存控制系统，又称零库存管理、看板管理系统。它最早是由丰田公司提出并将其应用于实践，是指制造企业事先与供应商和客户协调好，只有当制造企业在生产过程中需要原料或零件时，供应商才会将原料或零件送来；而每当产品生产出来就被客户拉走。这样，制造企业的库存持有水平就可以大大下降。显然，适时制库存控制系统需要的是稳定而标准的生产程序以及与供应商的诚信，否则，任何一环出现差错将导致整个生产线的停止。目前，已有越来越多的公司利用适时制库存控制系统减少甚至消除对库存的需求——即实行零库存管理，比如，沃尔玛、丰田、海尔等。适时制库存控制系统进一步的发展被应用于企业整个生产管理过程中——集开发、生产、库存和分销于一体，大大提高了企业运营管理效率。

例7-7（2013年单选题）采用ABC控制法进行存货管理时，应该重点控制的存货类别是（ ）。

A. 品种较多的存货　　　　　　　　B. 数量较多的存货

C. 库存时间较长的存货　　　　　　D. 单位价值较大的存货

【参考答案】D

【解析】本题主要考核"第七章"的"存货的控制系统"知识点。ABC控制法就是把企业种类繁多的存货，依据其重要程度、价值大小或者资金占用等标准分为三大类：A类高价值存货，品种数量约占整个存货的50%至70%，品种数量约占整个存货的10%至15%；B类中等价值存货，品种数量约占全部存货的20%至25%，价值约占全部存货的15%至20%；C类低价值存货，品种数量多，约占整个存货的60%至70%，价值约占全部存货的10%至35%。针对不同类别的存货分别采用不同的管理方法，A类存货应作为管理的重点，实行重点控制、严格管理；而对B类和C类存货的重视程度则可依次降低，采取一般管理。A类存货应作为管理的重点，所以本题答案为D。

第五节　流动负债管理

流动负债主要有三种主要来源：短期借款、商业信用和应付账项（包括应付账款和应计账款），各种来源具有不同的获取速度、灵活性、成本和风险。

考点1 短期借款

企业的借款通常按其流动性或偿还时间的长短，划分为短期借款和长期借款。短期借款是指企业同银行或其他金融机构借入的期限在一年（含一年）以下的各种借款。

目前我国短期借款按照目的和用途分为生产周转借款、临时借款、结算借款、票据贴现借款等。按照国际惯例，短期借款往往按偿还方式不同分为一次性偿还借款和分期偿还借款；按利息支付方式不同分为收款法借款、贴现法借款和加息法借款；按有无担保分为抵押借款和信用借款。

短期借款可以随企业的需要安排，便于灵活使用，但其突出的缺点是短期内要归还，且可能会附带很多附加条件。

（一）短期借款的信用条件

银行等金融机构对企业贷款时，通常会附带一定的信用条件。短期借款所附带的一些信用条件主要有：

（1）信贷额度。信贷额度亦即贷款限额，是借款企业与银行在协议中规定的借款最高限额，信贷额度的有效期限通常为一年。一般情况下，在信贷额度内，企业可以随时按需要支用借款。但是，银行并不承担必须贷款的义务。如果企业信誉恶化，即使在信贷限额内，企业也可能得不到借款。此时，银行不会承担法律责任。

（2）周转信贷协议。周转信贷协定是银行具有法律义务地承诺提供不超过某一最高限额的贷款协定。在协定的有效期内，只要企业借款总额未超过最高限额，银行必须满足企业任何时候提出的借款要求。企业要享用周转信贷协定，通常要对贷款限额的未使用部分付给银行一笔承诺费用。

周转信贷协定的有效期常超过一年，但实际上贷款每几个月发放一次，所以这种信贷具有短期和长期借款的双重特点。

（3）补偿性余额。补偿性余额是银行要求借款企业在银行中保持按贷款限额或实际借用额一定比例（通常为10%～20%）计算的最低存款余额。对于银行来说，补偿性余额有助于降低贷款风险，补偿其可能遭受的风险；对借款企业来说，补偿性余额则提高了借款的实际利率，加重了企业的负担。

（4）借款抵押。为了降低风险，银行发放贷款时往往需要有抵押品担保。短期借款的抵押品主要有应收账款、存货、应收票据、债券等。银行将根据抵押品面值的30%～90%发放贷款，具体比例取决于抵押品的变现能力和银行对风险的态度。

（5）偿还条件。贷款的偿还有到期一次偿还和在贷款期内定期（每月、季）等额偿还两种方式。一般来讲，企业不希望采用后一种偿还方式，因为这会提高借款的实际年利率；而银行不希望采用前一种偿还方式，是因为这会加重企业的财务负担，增加企业的拒付风险，同时会降低实际贷款利率。

（6）其他承诺。银行有时还要求企业为取得贷款而作出其他承诺，如及时提供财务报表、保持适当的财务水平（如特定的流动比率）等。如企业违背所作出的承诺，银行可要求企业立即偿还全部贷款。

（二）短期借款的成本

短期借款成本主要包括利息、手续费等。短期借款成本的高低主要取决于贷款利率的高低和利息的支付方式。短期贷款利息的支付方式有收款法、贴现法和加息法三种，付息方式不同，短期借款成本计算也有所不同。

1. 收款法

收款法是在借款到期时向银行支付利息的方法。银行向企业贷款一般都采用这种方法收取利息。采用收款法时，短期贷款的实际利率就是名义利率。

2. 贴现法

贴现法又称折价法，是指银行向企业发放贷款时，先从本金中扣除利息部分，到期时借款企业偿还全部贷款本金的一种利息支付方法。在这种利息支付方式下，企业可以利用的贷款只是本金减去利息部分后的差额，因此，贷款的实际利率要高于名义利率。

3. 加息法

加息法是银行发放分期等额偿还贷款时采用的利息收取方法。在分期等额偿还贷款情况下，银行将根据名义利率计算的利息加到贷款本金上，计算出贷款的本息和，要求企业在贷款期内分期偿还本息之和的金额。由于贷款本金分期均衡偿还，借款企业实际上只平均使用了贷款本金的一半，却支付了全额利息。这样企业所负担的实际利率便要高于名义利率大约一倍。

考点2　短期融资券

短期融资券是由企业依法发行的无担保短期本票。在我国，短期融资券是指，企业依照《银行间债券市场非金融企业债务融资工具管理办法》的条件和程序，在银行间债券市场发行和交易并约定在一定期限内还本付息的有价证券，是企业筹措短期（一年以内）资金的直接融资方式。

（一）发行短期融资券的相关规定

发行短期融资券须遵守以下规定：

（1）发行人为非金融企业，发行企业均应经过在中国境内工商注册且具备债券评级能力的评级机构的信用评级，并将评级结果向银行间债券市场公示。

（2）发行和交易的对象是银行间债券市场的机构投资者，不向社会公众发行和交易。

（3）融资券的发行由符合条件的金融机构承销，企业不得自行销售融资券，发行融资券募集的资金用于本企业的生产经营。

（4）融资券采用实名记账方式在中央国债登记结算有限责任公司（简称中央结算公司）登记托管，中央结算公司负责提供有关服务。

（5）债务融资工具发行利率、发行价格和所涉费率以市场化方式确定，任何商业机构不得以欺诈、操纵市场等行为获取不正当利益。

（二）短期融资券的种类

按发行人分类，短期融资券分为金融企业的融资券和非金融企业的融资券。在我国，目前发行和交易的是非金融企业的融资券。

按发行方式分类，短期融资券分为经纪人承销的融资券和直接销售的融资券。非金融企业发行融资券一般采用间接承销方式进行，金融企业发行融资券一般采用直接发行方式进行。

（三）发行短期融资券筹资的特点

通过发行短期融资券进行筹资，具有如下特点：

（1）短期融资券的筹资成本较低。

（2）短期融资券筹资数额比较大。

（3）发行短期融资券的条件比较严格。

考点3　商业信用

商业信用是指企业在商品或劳务交易中，以延期付款或预收货款方式进行购销活动而形成的借贷关系，是企业之间的直接信用行为，也是企业短期资金的重要来源。商业信用产生于企业生产经营的商品、劳务交易之中，是一种"自动性筹资"。

（一）商业信用的形式

1. 应付账款

应付账款是供应商给企业提供的一个商业信用。

商业信用条件常包括以下两种：①有信用期，但无现金折扣。如"N/30"表示30天内按发票金额全数支付。②有信用期和现金折扣，如"2/10，N/30"表示10天内付款享受现金折扣2%，若买方放弃折扣，30天内必须付清款项。供应商在信用条件中规定有现金折扣，目的主要在于加速资金回收。企业在决定是否享受现金折扣时，应仔细考虑。通常，放弃现金折扣的成本是高昂的。

（1）放弃现金折扣的信用成本。倘若买方企业购买货物后在卖方规定的折扣期内付款，可以获得免费信用，这种情况下企业没有因为取得延期付款信用而付出代价。

放弃现金折扣的信用成本为：

$$\text{放弃折扣的信用成本率} = \frac{\text{折扣\%}}{1-\text{折扣\%}} \times \frac{360\,\text{天}}{\text{付款期（信用期）} - \text{折扣期}}$$

公式表明，放弃现金折扣的信用成本率与折扣百分比大小、折扣期长短和付款期长短有关系，与货款额和折扣额没有关系。如果企业在放弃折扣的情况下，推迟付款的时间越长，其信用成本便会越小，但展期信用的结果是企业信誉恶化导致信用度的严重下降，日后可能招致更加苛刻的信用条件。

（2）放弃现金折扣的信用决策。企业放弃应付账款现金折扣的原因，可能是企业资金暂时的缺乏，也可能是基于将应付的账款用于临时性短期投资，以获得更高的投资收益。

2. 应付票据

应付票据是指企业在商品购销活动和对工程价款进行结算中，因采用商业汇票结算方式而产生的商业信用。商业汇票是指由付款人或存款人（或承兑申请人）签发，由承兑人承兑，并于到期日向收款人或被背书人支付款项的一种票据，它包括商业承兑汇票和银行承兑汇票。应付票据按是否带息分为带息应付票据和不带息应付票据两种。

3. 预收货款

预收货款是指销货单位按照合同和协议规定，在发出货物之前向购货单位预先收取部分或全部货款的信用行为。购买单位对于紧俏商品往往乐于采用这种方式购货；销货方对于生产周期长，造价较高的商品，往往采用预收货款方式销货，以缓和本企业资金占用过多的矛盾。

4. 应计未付款

应计未付款是企业在生产经营和利润分配过程中已经计提但尚未以货币支付的款项。主要包括应付职工薪酬、应交税费、应付利息或应付股利等。应计未付款随着企业规模的扩大而增加，企业使用这些自然形成的资金无需付出任何代价。但企业不是总能控制这些款项，因为其支付是有一定时间的，企业不能总拖欠这些款项。所以，企业尽管可以充分利用应计未付款，但并不能控制这些账目的水平。

（二）商业信用筹资的优缺点

1. 商业信用筹资的优点
（1）商业信用容易获得。
（2）企业有较大的机动权。
（3）企业一般不用提供担保。
2. 商业信用筹资的缺点
（1）商业信用筹资成本高。
（2）容易恶化企业的信用水平。
（3）受外部环境影响较大。

考点4 流动负债的利弊

（一）流动负债的经营优势

流动负债的主要经营优势包括：容易获得，具有灵活性，能有效地为季节性信贷需要进行融资。这创造了需要融资和获得融资之间的同步性。另外，短期借款一般比长期借款具有更少的约束性条款。如果仅在一个短期内需要资金，以短期为基础进行借款可以使企业维持未来借款决策的灵活性。如果一个企业签订了长期借款协议，该协议规定了约束性条款、大量的预付成本和（或）信贷合约的初始费用，那么流动负债就不具有那种灵活性。

流动负债的一个主要使用方面是为季节性行业的流动资产进行融资。为了满足增长的需要，一个季节性企业必须增加存货和（或）应收账款。流动负债是为流动资产中的临时性的、季节性的增长进行融资的主要工具。

（二）流动负债的经营劣势

流动负债的一个经营劣势是需要持续地重新谈判或滚动安排负债。贷款人由于企业财务状况的变化，或整体经济环境的变化，可能在到期日不愿滚动贷款，或重新设定信贷额度。而且，提供信贷额度的贷款人一般要求，用于为短期营运资金缺口而筹集的贷款，必须每年支付至少1至3个月的全额款项，这1至3个月被称为结清期。贷款人之所以这么做，是为了确认企业是否在长期负债是合适的融资来源时仍然使用流动负债。许多企业的实践说明，使用短期贷款来为永久性流动资产融资是一件危险的事情。

本章同步训练

一、单项选择题

1. 下列关于流动资产和流动负债的说法中，错误的是（　　）。

A. 流动资产具有占有时间短、周转快、收益高等特点

B. 企业拥有较多的流动资产，可在一定程度上降低财务风险

C. 流动负债又称短期负债，具有成本低、偿还期短的特点

D. 流动负债以应付金额是否确定为标准，可以分成应付金额确定的流动负债和应付金额不确定的流动负债

2. 以下关于激进的流动资产融资战略表述中，错误的是（　　）。

A. 公司以长期负债和权益为全部固定资产融资

B. 短期融资方式支持了部分临时性流动资产

C. 一部分永久性流动资产使用长期融资方式融资

D. 一部分永久性流动资产使用短期融资方式融资

3. 以下关于流动资产投资战略选择的说法，正确的是（　　）。

A. 运营经理通常喜欢紧缩的流动资产投资战略

B. 销售经理通常喜欢宽松的流动资产投资战略

C. 财务经理通常喜欢宽松的流动资产投资战略

D. 运营、销售和财务经理对于流动资产投资战略都有相同偏好

4. 下列有关流动资产融资战略的说法错误的是（　　）。

A. 期限匹配融资战略收益与风险居中　　　　B. 激进融资战略收益与风险较高

C. 保守融资战略收益与风险较低　　　　　　D. 保守融资战略收益与风险较高

5. 企业持有现金的动机包括交易性需求、预防性需求和投机性需求，企业为满足交易性需求而持有现金，所需考虑的主要因素是（　　）。

A. 企业维持日常周转及正常商业活动　　　　B. 企业临时融资能力

C. 企业对待风险的态度　　　　　　　　　　D. 金融市场投资机会的多少

6. 企业进行证券投资的主要目的不包括（   ）。

A. 满足目前的财务需求   B. 与筹集长期资金相配合

C. 获得对相关企业的控制权   D. 满足季节性经营对现金的需求

7. 下列有关现金周转期的公式中，错误的是（   ）。

A. 存货周转期=平均存货÷每天的销货成本

B. 应收账款周转期=平均应收账款÷每天的销货收入

C. 应付账款周转期=平均应付账款÷每天的购货成本

D. 现金周转期+存货周转期=应收账款周转期+应付账款周转期

8. 在现金管理中，下列关于成本模型的说法，不正确的是（   ）。

A. 成本模型强调持有现金是有成本的，最优的现金持有量是使得现金持有成本最小的持有量

B. 现金的机会成本，是指企业因持有一定现金余额而丧失的再投资收益

C. 管理成本在一定范围内和现金持有量之间没有明显的比例关系

D. 现金持有量越少，进行证券变现的次数少，相应的转换成本越少

9. 恒通公司估计现金流量的标准差为1 000元，持有现金的年机会成本为18%，每次的转换成本为150元，现金余额的最低控制线为20 000元，则平均现金余额为（   ）元。（一年按360天计算；计算结果取整）

A. 6 082   B. 16 082   C. 28 109   D. 14 579

10. 在使用存货模式进行最佳现金持有量的决策时，假设持有现金的机会成本率为8%，与最佳现金持有量对应的转换成本为2 000元，则企业的最佳现金持有量为（   ）元。

A. 30 000   B. 40 000   C. 50 000   D. 无法计算

二、多项选择题

1. 下列关于营运资金的特点，说法正确的有（   ）。

A. 营运资金的来源具有灵活多样性   B. 营运资金的数量具有波动性

C. 营运资金的周转具有短期性   D. 营运资金的实物形态具有变动性和易变现性

2. 下列关于流动资产投资战略的说法中，正确的有（   ）。

A. 对于不同的产业和公司规模，流动资产与销售额的比率的变动范围非常大

B. 公司的不确定性决定了在流动资产账户上的投资水平

C. 如果公司管理是保守的，它将选择一个高水平的流动资产——销售收入比率

D. 如果管理者偏向于为了产生更高的盈利能力而承担风险，它将以一个低水平的流动资产——销售收入比率来运营

3. 在企业的流动资产投资战略中，一般会考虑（   ）因素。

A. 公司的风险忍受程度   B. 销售额是否具有稳定性

C. 销售额的可预测性   D. 公司的管理风格

4. 在现金收支两条线管理模式下，对于支出环节，应该本着（   ）的原则从收入户按照支出预算安排将资金定期划拨到支出户，支出户平均资金占用额应压缩到最低限度。

A. 以收定支   B. 资金收益最大化   C. 加速资金周转   D. 最低限额资金占用

5. 在应收账款管理中，应收账款的成本包括（   ）。

A. 应收账款机会成本　　　　　　　　　B. 应收账款管理成本

C. 应收账款坏账成本　　　　　　　　　D. 应收账款信用成本

6. 影响信用标准的基本因素包括（   ）。

A. 企业自身的资信程度　　　　　　　　B. 同行业竞争对手的情况

C. 客户资信程度　　　　　　　　　　　D. 企业承担风险的能力

7. 对于应收账款保理对于企业而言，它的财务管理作用主要表现在（   ）。

A. 融资功能　　　　　　　　　　　　　B. 减轻企业应收账款的管理负担

C. 减少坏账损失，降低经营风险　　　　D. 改善企业的财务结构

8. 下列关于应收账款日常管理的表述中，正确的有（   ）。

A. 应收账款的日常管理包括对客户的信用调查和分析评价、应收账款的催收工作等

B. 企业对顾客进行信用调查的主要方法是直接调查法和间接调查法

C. 应收账款的保理可以分为有追索权保理、无追索权保理、明保理和暗保理

D. 到期保理是指保理商并不提供预付账款融资，而是在赊销到期时才支付，届时不管货款是否收到，保理商都必须向销售商支付货款

9. 关于存货的成本下列说法正确的是（   ）。

A. 存货进货成本又称购置成本，是指存货本身的价值

B. 企业为持有存货而发生的费用属于存货的储存成本

C. 因存货不足而给企业造成的停产损失属于存货的缺货成本

D. 存货经济订货批量基本模型中需要考虑的成本是变动性进货费用和变动性储存成本

10. 下列与持有存货成本有关的各成本计算中，不正确的有（   ）。

A. 取得成本=购置成本

B. 储备存货的总成本=订货成本+储存成本+缺货成本

C. 订货成本=订货固定成本+订货变动成本

D. 存储成本=储存固定成本+储存变动成本

三、判断题

1. 营运资金的管理是指流动资产的管理。（   ）

2. 一个财务管理者必须作两个决策，一是企业运营需要多少营运资金；二是如何筹集企业运营所需要的营运资金。（   ）

3. 流动资产、流动负债以及二者之间的关系可以较好地反映企业的偿债能力。（   ）

4. 公司该选择何种流动资产投资战略，取决于公司对风险和收益的权衡特性。（   ）

5. 企业目前正处于生产经营活动的淡季，临时性流动负债为零，由此可得出结论，该企业采用的是保守型组合策略。（   ）

6. 现金持有量过多，它所提供的流动性边际效益便会随之上升，从而使企业的收益水平提高。（   ）

7. 在现金持有的成本分析模式中，就是要找到机会成本和短缺成本组成的总成本曲线中最低点所对应

的现金持有量，把它作为最佳现金持有量。（　　）

8. 在成本模式和米勒-奥尔模式下，均需要考虑持有现金的机会成本。（　　）

9. 在现金管理中随机模式适用于未来现金流量稳定的企业。（　　）

10. 现金管理随机模型下的最高控制线数额取决于以下因素：短缺现金的风险程度、公司借款能力、公司日常周转所需资金、银行要求的补偿性余额。（　　）

四、计算分析题

1. 某企业2009年A产品销售收入为4 800万元，总成本为3 500万元，其中固定成本为620万元，目前采用的信用政策为（N/30），收账费用20万元，坏账损失率为1%。该企业要改变现有信用政策，新政策为（2/30，N/60），预计销售收入为5 000万元，会有50%的客户享受现金折扣，坏账损失50万元，收账费用25万元。新信用政策下变动成本率和固定成本总额保持不变，等风险投资的最低报酬率为8%。

要求：计算并分析该企业是否应改变信用政策。

2. 某公司每年需用某种材料32 000吨，每次订货成本1 600元，每件材料的年储存成本为160元，该种材料买价为1 500元/吨。

要求：

（1）每次购入多少吨，可使全年与进货批量相关的总成本达到最低？此时相关总成本为多少？

（2）若一次订购量在2 000吨以上时可获2%的折扣，在4 000吨以上时可获3%折扣，要求填写下表，并判断公司经济订货量为多少？

订购量	平均库存	储存成本	订货次数	进货费用	进价成本	相关总成本
800						
2 000						
4 000						

3. 某企业年需用甲材料180 000千克，单价为20元/千克，每次订货费用为400元，单位存货的年持有成本为1元。

要求计算：

（1）该企业的经济订货批量；

（2）经济订货批量平均占用资金；

（3）经济订货批量的存货相关总成本；

（4）年度最佳订货批次；

（5）最佳订货周期（1年按365天计算）。

4. 某公司每年需要某种原材料540 000千克，已经计算得到经济订货批量为180 000千克，材料单价为10元，变动储存费占材料成本的10%，单位材料缺货成本为8元。企业计划的订货点为15 000，到货期及其概率分布如下：

天数	8	9	10	11	12
概率	0.1	0.2	0.4	0.2	0.1

要求：确定该企业合理的保险储备。

本章同步训练答案与解析

一、单项选择题

1.【参考答案】A

【答案解析】流动资产是指可以在一年以内或超过一年的一个营业周期内变现或运用的资产，流动资产具有占用时间短、周转快、易变现等特点；企业拥有较多的流动资产，可在一定程度上降低财务风险。所以，选项A不正确，选项B正确。流动负债是指需要在一年或者超过一年的一个营业周期内偿还的债务。流动负债又称短期负债，具有成本低、偿还期短的特点，所以选项C正确。流动负债以应付金额是否确定为标准，可以分成应付金额确定的流动负债和应付金额不确定的流动负债，所以选项D也是正确的。

2.【参考答案】B

【答案解析】在激进的流动资产融资战略中，短期融资方式支持了一部分永久性流动资产和所有的临时性流动资产，所以选项B是错误的。

3.【参考答案】B

【答案解析】流动资产投资战略的一个影响因素是哪类决策者影响公司政策。运营经理通常喜欢高水平的原材料存货或部分产成品，以便满足生产所需，所以选项A错误；相似的，销售经理也喜欢高水平的产成品存货以便满足顾客的需要，而且喜欢宽松的信用政策以便刺激销售，所以选项B正确；相反地，财务管理者喜欢最小化存货和应收账款，以便以最小化的成本为这些流动资产进行融资，所以选项C错误；综上所述，可以得出选项D也错误。

4.【参考答案】D

【答案解析】在流动资产的融资战略中，期限匹配融资战略收益与风险居中，激进融资战略收益与风险较高，保守融资战略收益与风险较低。

5.【参考答案】A

【答案解析】企业为满足交易性需求所持有的现金余额主要取决于企业维持日常周转及正常商业活动所需持有的现金额。

6.【参考答案】A

【答案解析】企业进行证券投资的目的主要有以下几个方面：①暂时存放闲置资金；②与筹集长期资金相配合；③满足未来的财务需求；④满足季节性经营对现金的需求；⑤获得对相关企业的控制权。

7.【参考答案】D

【答案解析】现金周转期+应付账款周转期=存货周转期+应收账款周转期

8.【参考答案】D

【答案解析】根据教材的相关表述，选项A、B、C都是正确的；现金持有量越少，进行证券变现的次数越多，相应的转换成本就越大，所以选项D不正确。

9.【参考答案】C

【答案解析】最优解$=\sqrt[3]{3\times150\times1\,000^2\div(4\times0.005)}=6\,082$（元），所以平均现金余额$=20\,000+4/3\times6\,082$

=28 109（元）。

10.【参考答案】C

【答案解析】在存货模式下最佳现金持有量是交易成本等于机会成本的现金持有量，所以与最佳现金持有量对应的机会成本也是2 000元，机会成本=最佳现金持有量/2×机会成本率=最佳现金持有量/2×8%=2 000，所以最佳现金持有量=50 000元。

二、多项选择题

1.【参考答案】ABCD

【答案解析】营运资金具有如下特点：

（1）营运资金的来源具有灵活多样性。

（2）营运资金的数量具有波动性。

（3）营运资金的周转具有短期性。

（4）营运资金的实物形态具有变动性和易变现性。本题的四个选项都是正确的。

2.【参考答案】ACD

【答案解析】公司的不确定性和忍受风险的程度决定了在流动资产账户上的投资水平，所以选项B不正确。对于不同的产业和公司规模，流动资产与销售额的比率的变动范围非常大；一个公司必须选择与其业务需要和管理风格相符合的流动资产投资战略。如果公司管理是保守的，它将选择一个高水平的流动资产销售收入比率，这将导致更高的流动性（安全性），但更低的盈利能力；然而，如果管理者偏向于为了产生更高的盈利能力而承担风险，那么它将以一个低水平的流动资产——销售收入比率来运营。

3.【参考答案】ABCD

【答案解析】企业不确定性和风险忍受的程度决定了其在流动资产账户上的投资水平。销售额的稳定性和可预测性的相互作用对流动资产投资策略非常重要。一个企业必须选择与其业务需要和管理风格相符合的流动资产投资战略。在企业的流动资产投资战略中，一般会考虑公司的风险容忍程度、销售额是否具有稳定性、销售额的可测性、公司的管理风格等方面的因素。

4.【参考答案】AD

【答案解析】在现金收支两条线管理模式下，对于支出环节，应该本着"以收定支"和"最低限额资金占用"的原则从收入户按照支出预算安排将资金定期划拨到支出户，支出户平均资金占用额应压缩到最低限度。

5.【参考答案】ABC

【答案解析】应收账款的成本包括机会成本、管理成本和坏账成本。

6.【参考答案】BCD

【答案解析】影响信用标准的基本因素包括：①同行业竞争对手的情况；②企业承担风险的能力；③客户的资信程度。

7.【参考答案】ABCD

【答案解析】应收账款保理对于企业而言，它的财务管理作用主要表现在：

（1）融资功能；

（2）减轻企业应收账款的管理负担；

（3）减少坏账损失，降低经营风险；

（4）改善企业的财务结构。所以，本题的四个选项都是正确的。

8.【参考答案】ABD

【答案解析】应收账款的保理可以分为有追索权保理、无追索权保理、明保理、暗保理以及折扣保理和到期保理，所以选项C的表述不正确。

9.【参考答案】BCD

【答案解析】存货进货成本包括存货进价和进货费用，其中存货进价又称购置成本，是指存货本身的价值。

10.【参考答案】AB

【答案解析】取得成本=订货成本+购置成本，因此选项A不正确；储备存货的总成本=取得成本+储存成本+缺货成本=订货成本+购置成本+储存成本+缺货成本，因此选项B不正确。

三、判断题

1.【参考答案】×

【答案解析】营运资金的管理既包括流动资产的管理，也包括流动负债的管理。

2.【参考答案】√

【答案解析】一个财务管理者必须作两个决策：一是企业运营需要多少营运资金；二是如何筹集企业运营所需要的营运资金。所以本题的说法是正确的。

3.【参考答案】×

【答案解析】偿债能力分为短期偿债能力和长期偿债能力，流动资产、流动负债以及二者之间的关系可以较好地反映企业的短期偿债能力，所以本题的说法不正确。

4.【参考答案】√

【答案解析】一个公司该选择何种流动资产投资战略，取决于该公司对风险和收益的权衡特性。

5.【参考答案】×

【答案解析】企业目前正处于生产经营活动的淡季，临时性流动负债为零，由此可得出结论，该企业采用的是保守型组合策略。

6.【参考答案】×

【答案解析】库存现金是唯一不创造价值的资产，对其持有量不是越多越好。现金持有量过多，它所提供的流动性边际效益便会随之下降，从而使企业的收益水平下降，所以本题的说法不正确。

7.【参考答案】×

【答案解析】在现金持有的成本分析模式中，就是要找到机会成本、短缺成本和管理成本组成的总成本曲线中最低点所对应的现金持有量，把它作为最佳现金持有量。

8.【参考答案】√

【答案解析】在成本分析模式下，需要考虑机会成本、管理成本和短缺成本；米勒-奥尔模型最优解的公式中考虑了现金的机会成本，因此，该模型也是考虑了机会成本的，所以本题的说法是正确的。

9.【参考答案】×

【答案解析】在现金管理中，随机模式求得的货币资金持有量符合随机思想，所以该模式适用于所有企业货币资金最佳持有量的测算。

10.【参考答案】×

【答案解析】最低控制线L取决于模型之外的因素，其数额是由现金管理部经理在综合考虑短缺现金的风险程度、公司借款能力、公司日常周转所需资金、银行要求的补偿性余额等因素的基础上确定的。最高控制线$H=3R-2L$，而回归线R：

$$R = \left(\frac{3b \times \delta^2}{4i}\right)^{\frac{1}{3}} + L$$

式中，b为证券转换为现金或现金转换为证券的成本；δ为公司每日现金流变动的标准差；i为以日为基础计算的现金机会成本。

四、计算分析题

1.【参考答案】

（1）收益增加

原信用政策下变动成本率=（3 500-620）÷4 800=60%

改变信用政策后收益增加=（5 000-4 800）×（1-60%）=80（万元）

（2）应收账款占用资金应计利息的增加

原信用政策下应收账款平均余额=（4 800÷360）×30=400（万元）

原信用政策下应收账款占用资金=400×60%=240（万元）

原信用政策下应收账款占用资金应计利息=240×8%=19.2（万元）

新信用政策下应收账款平均余额=[（5 000×50%）÷360]×30+[（5 000×50%）÷360]×60=625（万元）

新信用政策下应收账款占用资金=625×60%=375（万元）

新信用政策下应收账款占用资金应计利息=375×8%=30（万元）

应收账款占用资金应计利息的增加=30-19.2=10.8（万元）

（3）收账费用和坏账损失的增加

收账费用的增加=25-20=5（万元）

坏账损失的增加=50-4 800×1%=2（万元）

（4）现金折扣成本的增加

现金折扣成本的增加=5 000×50%×2%=50（万元）

（5）改变信用政策后的税前损益=收益增加-成本增加=80-10.8-5-2-50=12.2（万元）

由于收益增加大于成本增加，应该改变信用政策。

2.【参考答案】

（1）$Q = \sqrt{2 \times 32\,000 \times 1\,600 \div 160} = 800$（吨）

年相关总成本=$Q = \sqrt{2 \times 32\,000 \times 1\,600 \times 160} = 128\,000$（元）

（2）

订购量	平均库存	储存成本	订货次数	进货费用	进价成本	相关总成本
800	400	400×160 =64 000	32 000÷800 =40	40×1 600 =64 000	1 500×32 000 =48 000 000	64 000+64 000+48 000 000 =48 128 000
2 000	1 000	1 000×160 =160 000	32 000÷2 000 =16	16×1 600 =25 600	1 500×32 000× （1-2%）=47 040 000	160 000+25 600+47 040 000 =47 225 600
4 000	2 000	2 000×160 =320 000	32 000÷4 000 =8	8×1 600 =12 800	1500×32000× （1-3%）=46560000	320 000+12 800+46 560 000 =46 892 800

从上表可以看出，在存在数量折扣的情况下，经济订货量为4 000吨时相关成本最低，所以在存在数量折扣的情况下最佳经济进货批量为4 000吨。

3.【参考答案】

（1）经济订货批量=$\sqrt{2 \times 180\,000 \times 400 / 1}$=12 000（千克）

（2）经济订货批量平均占用资金=12 000÷2×20=120 000（元）

（3）经济订货批量的存货相关总成本=$\sqrt{2 \times 180\,000 \times 400 \times 1}$=12 000（元）

（4）年度最佳订货批次=180 000÷12 000=15（次）

（5）最佳订货周期=365÷15=24.33（天）

4.【参考答案】

每日耗用量=540 000÷360=1 500（千克）

全年订货次数=540 000÷180 000=3（次）

平均交货期=8×0.1+9×0.2+10×0.4+11×0.2+12×0.1=10（天）

假设保险储备量为0

平均缺货量=（1×0.2+2×0.1）×1 500=600（千克）

缺货成本=600×8×3=14 400（元）

保险储备相关总成本=14 400+0=14 400（元）

假设保险储备量为1 500千克

平均缺货量=0.1×1×1 500=150（千克）

缺货成本=150×8×3=3 600（元）

保险储备的持有成本=1 500×10×10%=1 500（元）

保险储备相关总成本=3 600+1 500=5 100（元）

假设保险储备量为3 000千克

保险储备的持有成本=3000×10×10%=3 000（元）

保险储备相关总成本=0+3 000=3 000（元）

所以，该企业合理的保险储备应该是3 000千克。

考情分析与考点提示

本章为近几年新考点，把握真题复习主要内容。本章讲述的是成本管理的相关内容，涉及到了成本管理的内容、量本利分析与应用、标准成本控制与分析和作业成本与责任成本。本章考查的内容主观题、客观题均有涉及，因此，在看书的时候需要全面掌握，认真学习相关的知识点。

从历年试题分布来看，本章为近几年新考点，且所占分值不低。主观题与客观题的考查频率相当，主观题主要在计算分析题中出现，考查的内容相对独立，与其他章节的相关性不大。学习本章内容时，需要了解成本管理的意义、目标和主要内容；熟悉量本利分析的含义和应用；掌握标准成本控制与分析和作业成本与责任成本。

最近五年考试题型、分值分布

年份	单选	多选	判断	计算分析	综合题	合计
2013	2	2	1	5		10
2012	1		1	10		12
2011	2	2			15	19
2010						
2009						

说明：综合题涉及两章或两章以上内容的，所涉及的每一章均统计一次分数。

重点突破及真题解析

第一节 成本管理的主要内容

考点1 成本管理的意义

成本管理是企业日常经营管理的一项中心工作，对企业生产经营有着重要的意义。成本管理的意义主要体现在以下几个方面：

（1）通过成本管理降低成本，为企业扩大再生产创造条件；

（2）通过成本管理增加企业利润，提高企业经济效益；

（3）通过成本管理能帮助企业取得竞争优势，增强企业的竞争能力和抗压能力。

考点2　成本管理的目标

从成本管理活动所涉及的层面来看，成本管理的目标可以区分为总体目标和具体目标两个方面。

（一）总体目标

成本管理的总体目标服从于企业的整体经营目标。在竞争性经济环境中，成本管理系统的总体目标主要依据竞争战略而定：成本领先战略中，成本管理的总体目标是追求成本水平的绝对降低；差异化战略中，成本管理的总体目标则是在保证实现产品、服务等方面差异化的前提下，对产品全生命周期成本进行管理，实现成本的持续降低。

（二）具体目标

成本管理的具体目标是对总体目标的进一步细分，主要包括成本计算的目标和成本控制的目标。

成本计算的目标是为所有内、外部信息使用者提供成本信息。外部信息使用者关注的信息主要是资产价值和盈亏情况。因此，成本计算的目标之一是确定存货等资产价值和企业盈亏状况，即按照成本会计制度的规定计算成本，满足编制会计报表的需要。内部信息使用者使用成本信息，除了了解资产价值及盈亏情况外，重点用于经营管理。因此，成本计算的目标又包括：通过向管理人员提供成本信息，借以提高人们的成本意识；通过成本差异分析，评价管理人员的业绩，促进管理人员采取改善措施；通过盈亏平衡分析等方法，提供成本管理信息，有效地满足现代经营决策对成本信息的需求。

成本控制的目标是降低成本水平。在成本管理的发展过程中，成本控制目标经历了通过提高工作效率和减少浪费来降低成本，通过提高成本效益比来降低成本和通过保持竞争优势来降低成本等几个阶段。在竞争性经济环境中，成本控制目标因竞争战略的不同而有所差异。实施成本领先战略的企业中，成本控制的目标是在保证一定产品质量和服务的前提下，最大程度地降低企业内部成本，表现为对生产成本和经营费用的控制。实施差异化战略的企业中，成本控制的目标则是在保证企业实现差异化战略的前提下，降低产品全生命周期成本，实现持续性的成本节省，表现为对产品所处生命周期不同阶段发生成本的控制，如对研发成本、供应商成本和消费成本的重视和控制。

考点3　成本管理的主要内容

一般来说，成本管理具体包括成本规划、成本核算、成本控制、成本分析和成本考核五项内容。

（一）成本规划

成本规划是进行成本管理的第一步，主要是指成本管理的战略制定。

（二）成本核算

成本核算是成本管理的基础环节，是指对生产费用发生和产品成本形成所进行的会计核算，它是成本分析和成本控制的信息基础。

（三）成本控制

成本控制是成本管理的核心，是指企业采取经济、技术、组织等手段降低成本或改善成本的一系列活动。

成本控制的原则主要有以下三方面：一是全面控制原则，即成本控制要全部、全员、全程控制。二是经济效益原则。提高经济效益不单单是依靠降低成本的绝对数，更重要的是实现相对的节约，以较少的消耗取得更多的成果，取得最佳的经济效益。三是例外管理原则。即成本控制要将注意力集中在不同寻常的情况上。

（四）成本分析

成本分析是成本管理的重要组成部分，是指利用成本核算，结合有关计划、预算和技术资料，应用一定的方法对影响成本升降的各种因素进行科学的分析和比较，了解成本变动情况，系统地研究成本变动的因素和原因。通过成本分析，可以深入了解成本变动的规律，寻求成本降低的途径，为有关人员进行成本规划和经营决策提供参考依据。

成本分析的方法主要有对比分析法、连环替代法和相关分析法。其中：对比分析法是对成本指标在不同时期（或不同情况）的数据进行对比来揭露矛盾，具体包括绝对数比较、增减数比较和指数比较三种形式；连环替代法是确定引起某经济指标变动的各个因素影响程度的一种方法，适用于几个相互联系的因素共同影响某一指标的情况；相关分析法主要利用数学方法对具有依存关系的各种指标进行相关分析，从而找出有关经济指标之间的规律性联系。

（五）成本考核

成本考核是定期对成本计划及有关指标实际完成情况进行总结和评价，对成本控制的效果进行评估。其目的在于改进原有的成本控制活动并激励约束员工和团体的成本行为，更好地履行经济责任，提高企业成本管理水平。成本考核的关键是评价指标体系的选择和评价结果与约束激励机制的衔接。考核指标可以是财务指标，也可以是非财务指标，例如实施成本领先战略的企业应主要选用财务指标，而实施差异化战略的企业则大多选用非财务指标。

上述五项活动中，成本分析贯穿于成本管理的全过程，成本规划在战略上对成本核算、成本控制、成本分析和成本考核进行指导，成本规划的变动是企业外部经济环境和企业内部竞争战略变动的结果，而成本核算、成本控制、成本分析和成本考核则通过成本信息的流动互相联系。

第二节　量本利分析与应用

考点1　量本利分析概述

利润是企业经营成果的一个重要衡量指标，而企业利润的高低取决于成本和收入的多少，其中收入主要由售价和销售量来决定。企业要想获利，必须尽可能地降低成本，提高售价，增加销售量，显而易见，成本、业务量和利润三者之间存在着密切关系。为了获得最大利润，必须客观分析这三者之间的内在规律，寻找三者之间的均衡点，为企业经营决策和目标控制提供有效的管理信息。

（一）量本利分析的含义

量本利分析，也叫本量利分析，简称CVP分析（Cost-Volume-Profit Analysis），它是在成本性态分析和变动成本计算模式的基础上，通过研究企业在一定期间内的成本、业务量和利润三者之间的内在联系，揭示变量之间的内在规律性，为企业预测、决策、规划和业绩考评提供必要的财务信息的一种定量分析方法。量本利分析主要包括保本分析、安全边际分析、多种产品量本利分析、目标利润分析、利润的敏感性分析等内容。

（二）量本利分析的基本假设

一般来说，量本利分析主要基于以下四个假设前提：

（1）总成本由固定成本和变动成本两部分组成。该假设要求企业所发生的全部成本可以按其性态区分为变动成本和固定成本，并且变动成本总额与业务量成正比例变动，固定成本总额保持不变。

（2）销售收入与业务量呈完全线性关系。

（3）产销平衡。假设当期产品的生产量与业务量相一致，不考虑存货水平变动对利润的影响。

（4）产品产销结构稳定。假设同时生产销售多种产品的企业，其销售产品的品种结构不变。

（三）量本利分析的基本原理

1.量本利分析的基本关系式

量本利分析所考虑的相关因素主要包括销售量、单价、销售收入、单位变动成本、固定成本、营业利润等。这些因素之间的关系可以用下列基本公式来反映：

$$利润=销售收入-总成本$$
$$=销售收入-（变动成本+固定成本）$$
$$=销售量×单价-销售量×单位变动成本-固定成本$$
$$=销售量×（单价-单位变动成本）-固定成本$$

这个方程式是明确表达量本利之间数量关系的基本关系式，它含有五个相互联系的变量，给定其中四个变量，便可求出另外一个变量的值。量本利分析的基本原理就是在假设单价、单位变动成本和固定成本为常量以及产销一致的基础上，将利润、产销量分别作为自变量与因变量，给定产销量，便可以求出其利润，或者给定目标利润，计算出目标产量。

2. 边际贡献

边际贡献，又称为边际利润、贡献毛益等，是指产品的销售收入减去变动成本后的余额。边际贡献的表现形式有两种：一种是以绝对额表现的边际贡献，分为边际贡献总额和单位边际贡献；另一种是以相对数表示的边际贡献率，是边际贡献与销售额的比率。

边际贡献总额是产品销售收入减去变动成本后的余额；单位边际贡献是产品销售单价减去单位变动成本后的差额；边际贡献率是指边际贡献总额与销售收入的百分比，或单位边际贡献与单价的百分比。三者之间可以相互转换，其计算公式及转换关系可以表示为：

$$边际贡献总额=销售收入-变动成本$$

$$=销售量\times单位边际贡献$$

$$=销售收入\times边际贡献率$$

$$单位边际贡献=单价-单位变动成本$$

$$=单价\times边际贡献率$$

$$边际贡献率=\frac{边际贡献总额}{销售收入}=\frac{单位边际贡献}{单价}$$

另外，还可以根据变动成本率计算边际贡献率：

$$变动成本率=\frac{变动成本总额}{销售收入}=\frac{单位边际贡献}{单价}$$

$$边际贡献率=1-变动成本率$$

根据量本利基本关系，利润、边际贡献及固定成本之间的关系可以表示为：

$$利润=边际贡献-固定成本$$

$$=销售量\times单位边际贡献-固定成本$$

$$=销售收入\times边际贡献率-固定成本$$

从上述公式可以看出，企业的边际贡献与营业利润有着密切的关系：边际贡献首先用于补偿企业的固定成本，只有当边际贡献大于固定成本时才能为企业提供利润，否则企业将亏损。

考点2 单一产品量本利分析

（一）保本分析

所谓保本，是指企业在一定时期内的收支相等、损益平衡的一种状态，此时企业利润为零。当企业处于当期销售收入与当期成本费用刚好相等时，可称之为达到了保本状态。保本是企业能持续经营的起码条件，企业经营必须首先保住成本，进而才能谈盈利。

保本分析，又称盈亏临界分析，是研究当企业恰好处于保本状态时量本利关系的一种定量分析方法，是量本利分析的核心内容。

1. 保本点

保本分析的关键是保本点的确定。保本点，又称盈亏临界点，是指企业达到保本状态的业务量或金额，即企业一定时期的总收入等于总成本、利润为零时的业务量或金额。

单一产品的保本点有两种表现形式：一种是以实物量来表现，称为保本销售量；另一种是以货币单位表示，称为保本销售额。根据量本利分析基本关系式：

$$利润=销售量×单价-销售量×单位变动成本-固定成本$$

当利润为零时，求出的销售量就是保本销售量，即：

$$保本销售量=\frac{固定成本}{单价-单位变动成本}$$

$$保本销售量=\frac{固定成本}{单位边际贡献}$$

若用销售额来表示，则保本销售额计算公式为：

$$保本销售额=保本销售量×单价=\frac{固定成本}{1-\frac{单位变动成本}{单价}}=\frac{固定成本}{边际贡献率}$$

保本分析的主要作用在于使企业管理者在经营活动发生之前，对该项经营活动的盈亏临界情况做到心中有数。企业经营管理者总是希望企业的保本点越低越好，保本点越低，企业的经营风险就越小。从保本点的计算公式可以看出，降低保本点的途径主要有三个：

（1）降低固定成本总额。在其他因素不变时，保本点的降低幅度与固定成本的降低幅度相同。

（2）降低单位变动成本。在其他因素不变时，可以通过降低单位变动成本来降低保本点，但两者降低的幅度并不一致。

（3）提高销售单价。在其他因素不变时，可以通过提高单价来降低保本点，同降低单位变动成本一样，销售单价与保本点的变动幅度也不一致。

例8-1（2013多选题）下列各项指标中，与保本点呈同向变化关系的有（　　　　）

A. 单位售价　　　　　　B. 预计销量　　　　　　C. 固定成本总额　　　　　　D. 单位变动成本

【参考答案】CD

【解析】本题主要考核"第八章"的"保本分析"知识点。所谓保本，是指企业在一定时期内的收支相等、损益平衡的一种状态，此时企业利润为零。保本分析的关键是保本点的确定。保本点，又称盈亏临界点，是指企业达到保本状态的业务量或金额，即企业一定时期的总收入等于总成本、利润为零时的业务量或金额。单一产品的保本点有两种表现形式：一种是以实物量来表现，称为保本销售量；另一种是以货币单位表示，称为保本销售额。根据量本利分析基本关系式：保本销售量=固定成本÷（单价-单位变动成本）可知，固定成本总额和单位变动成本越大，保本点越大。故本题选CD。

2. 保本作业率

以保本点为基础，还可以得到另一个辅助性指标，即保本作业率，或称为盈亏临界点作业率。保本作业率是指保本点销售量（额）占正常经营情况下的销售量（额）的百分比，其计算公式为：

$$保本作业率 = \frac{保本销售量}{正常经营销售量} \times 100\% = \frac{保本点销售额}{正常经营销售额} \times 100\%$$

保本作业率表明企业保本的销售量在正常经营销售量中所占的比重。由于企业通常应该按照正常的销售量来安排产品的生产，在合理库存的条件下，产品生产量与正常的销售量应该大体相同。所以，该指标也可以提供企业在保本状态下对生产能力利用程度的要求。

（二）量本利分析图

1. 基本的量本利分析图

基本的量本利分析图是根据量本利的基本关系绘制的，也称保本点图。在量本利分析图中，以横坐标代表销售量，以纵坐标代表收入和成本，则销售收入线和总成本线的交叉点就是保本点，如图8-1所示。

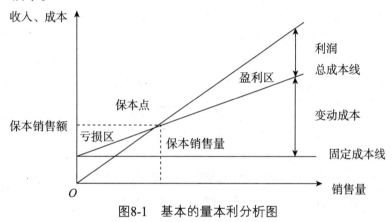

图8-1　基本的量本利分析图

基本的量本利分析图表达的意义有：

（1）固定成本与横轴之间的区域为固定成本值，它不因产量增减而变动，总成本线与固定成本线之间的区域为变动成本，它随产量而呈正比例变化。

（2）总收入线与总成本线的交点是保本点，通过图示可以直观地看出保本销售量和保本销售额。

（3）在保本点以上的总收入线与总成本线相夹的区域为盈利区，保本点以下的总收入线与总成本线相夹的区域为亏损区。因此，只要知道销售数量或销售金额信息，就可以在图上判明该销售状态下的结果是亏损还是盈利，易于理解，直观方便。

2. 边际贡献式量本利分析图

图8-2主要反映销售收入减去变动成本后形成的边际贡献，而边际贡献在弥补固定成本后形成利润。此图的主要优点是可以表示边际贡献的数值。边际贡献随销量增加而扩大，当其达到固定成本值时（即在保本点），企业处于保本状态；当边际贡献超过固定成本后，企业进入盈利状态。

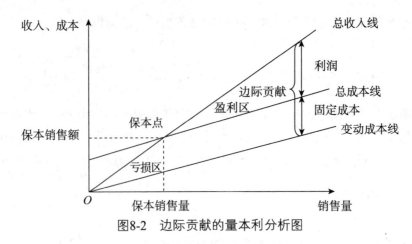

图8-2　边际贡献的量本利分析图

（三）安全边际分析

保本点是企业经营成果允许下降的下限，作为经营者，总是希望企业在保本的基础上获取更大的利润。在企业经营活动开始前，根据企业的具体条件，通过分析制订出实现目标利润的销售数量（或销售金额），形成安全边际。

1. 安全边际

安全边际是指企业实际（或预计）销售量与保本销售量之间的差额，或实际（或预计）销售额与保本销售额之间的差额。它表明销售量、销售额下降多少，企业仍不至于亏损。

安全边际有两种表现形式：一种是绝对数，即安全边际量（额）；另一种是相对数，即安全边际率。其计算公式为：

$$安全边际量=实际或预计销售量-保本点销售量$$

$$安全边际额=实际或预计销售额-保本点销售额=安全边际量×单价$$

$$安全边际率=\frac{安全边际量}{实际后预计销售量}×100\%=\frac{安全边际额}{实际或预计销售额}×100\%$$

一般来讲，安全边际体现了企业在生产经营中的风险程度大小。由于保本点是下限，所以，目标销售量（或销售金额）和实际销售量（或销售金额）两者与保本点销售量（或销售金额）差距越大，安全边际或安全边际率越大，反映出该企业经营风险越小；反之则相反。

通常采用安全边际率这一指标来评价企业经营是否安全。

2. 保本作业率与安全边际率的关系

保本作业率和安全边际率可用图8-3表示。

根据图8-3可以看出，保本点把正常销售量分为两部分：一部分是保本销售量；另一部分是安全边际量，即：

$$保本销售量+安全边际量=正常销售量$$

上述公式两端同时除以正常销售量，便得到：

$$保本作业率+安全边际率=1$$

根据图8-3可以看出，只有安全边际才能为企业提供利润，而保本销售额扣除变动成本后只为企业收回固定成本。安全边际销售额减去其自身变动成本后成为企业利润，即安全边际中的边际贡献等于企业利润。这个结论可以通过下式推出：

$$利润=边际贡献-固定成本=销售收入×边际贡献率-保本销售额×边际贡献率$$

所以：

$$利润=安全边际额×边际贡献率$$

若将上式两端同时除以销售收入，便得到：

$$销售利润率=安全边际率×边际贡献率$$

从上述关系式可以看出，要提高企业的销售利润率水平主要有两种途径：一是扩大现有销售水平，提高安全边际率；二是降低变动成本水平，提高边际贡献率。

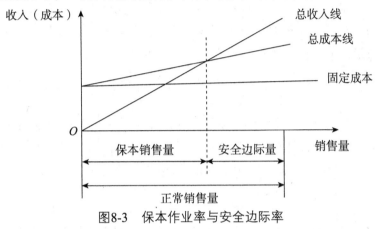

图8-3　保本作业率与安全边际率

考点3　多种产品量本利分析

在市场经济环境下，企业不可能只有一种产品，大多数企业都同时进行着多种产品的生产和经营。由于各种产品的销售单价、单位变动成本、固定成本不一样，从而造成各种产品的边际贡献或边际贡献率不一致。因此，对多种产品进行保本分析，在遵循单一产品的保本分析的基础上，应根据不同情况采用相应的具体方法来确定。目前，进行多种产品保本分析的方法包括加权平均法、联合单位法、分算法、顺序法、主要产品法等。

（一）加权平均法

加权平均法是指在各种产品边际贡献的基础上，以各种产品的预计销售收入占总收入的比重为权数，确定企业加权平均的边际贡献率，进而分析多品种条件下保本点销售额的一种方法。

采用加权平均法计算多种产品保本点销售额的关键，是根据各种产品的销售单价、单位变动成本和销售数量计算出一个加权平均的边际贡献率，然后根据固定成本总额和加权平均的边际贡献率计算出保本点销售额。其计算公式如下：

$$加权平均边际贡献率=\frac{\sum(某种产品销售额-某种产品变动成本)}{\sum 各种产品销售额}×100\%$$

$$综合保本点销售额=\frac{固定成本总额}{加权平均边际贡献率}$$

（二）联合单位法

联合单位法是指在事先确定各种产品间产销实物量比例的基础上，将各种产品产销实物量的最小比例作为一个联合单位，确定每一联合单位的单价、单位变动成本，进行量本利分析的一种分析方法。

所谓联合单位，是指固定实物比例构成的一组产品。例如，企业同时生产甲、乙、丙三种产品，且三种产品之间的产销量长期保持固定的比例关系，产销量比为1∶2∶3。那么，1件甲产品、2件乙产品和3件丙产品就构成一组产品，简称联合单位。该方法将多种产品保本点的计算问题转换为单一产品保本点的计算问题。根据存在稳定比例关系的产销量比，可以计算出每一联合单位的联合单位边际贡献和联合单位变动成本，并以此计算整个企业的联合保本点销售量以及各产品的保本点销售量。其计算公式为：

$$联合保本量=\frac{固定成本总额}{联合单价-联合单位变动成本}$$

上式中，联合单价等于一个联合单位的全部收入，联合单位变动成本等于一个联合单位的全部变动成本。在此基础上，计算出每种产品的保本量。其计算公式如下：

$$某产品保本量=联合保本量×该产品的销售量比重$$

（三）分算法

分算法是在一定的条件下，将全部固定成本按一定标准在各种产品之间进行合理分配，确定每种产品应补偿的固定成本数额，然后再对每一种产品按单一品种条件下的情况分别进行量本利分析的方法。

该方法的关键是要合理地进行固定成本的分配。在分配固定成本时，对于专属于某种产品的固定成本应直接计入产品成本；对于应由多种产品共同负担的公共性固定成本，则应选择适当的分配标准（如销售额、边际贡献、工时、产品重量、长度、体积等）在各产品之间进行分配。鉴于固定成本需要山边际贡献来补偿，故按照各种产品的边际贡献比重分配固定成本的方法最为常见。

由于分算法可以提供各种产品计划与控制所需要的详细资料，故受到基层管理部门的重视与欢迎。但在选择分配固定成本的标准时容易出现问题，尤其在品种较多时较为繁琐。

（四）顺序法

顺序法是指按照事先确定的各种产品销售顺序，依次用各种产品的边际贡献补偿整个企业的全部固定成本，直至全部由产品的边际贡献补偿完为止，从而完成量本利分析的一种方法。

该方法通常以事掌握的各种产品的边际贡献和销售收入计划数为前提，并按照各种产品边际贡献率的高低来确定各种产品的销售顺序。由于人们对风险的态度不同，在确定补偿顺序时会导致两种截然不同的结果：一种是乐观的排列，即按照各种产品的边际贡献由高到低排列，边际贡献率高的产品先销售、先补偿，边际贡献率低的产品后出售、后补偿；另一种是悲观的排列，即假定各品种销售顺序与乐观排列相反。此外，产品的销售顺序也可按照市场实际销路是否顺畅来确定，但这种顺序的确定缺乏统一的标准，存在一定的主观性。

（五）主要产品法

在企业产品品种较多的情况下，如果存在一种产品是主要产品，它提供的边际贡献占企业边际贡献总额的比重较大，代表了企业产品的主导方向，则可以按该主要品种的有关资料进行量本利分析，视同于单一品种。确定主要品种应以边际贡献为标志，并只能选择一种主要产品。

主要产品法的依据是：主要产品必须是企业生产经营的重点。因此，固定成本应主要由该产品负担。这样分析的结果往往存在一些误差，但只要在合理的范围内就不会影响决策的正确性。主要产品法计算方法与单一品种的量本利分析相同。

考点4 目标利润分析

保本分析是假定企业在盈亏平衡、利润为零的状态下进行的量本利分析。虽然它有助于简化量本利分析的过程，了解企业最低生产条件以及评价企业经营的安全程度，并且为企业的经营决策提供有用的信息，但是，保本并不是企业经营的最终目的。在竞争的市场经济中，企业经营的目的是为了追求利润，在不断盈利中扩大自身规模，求生存空间、求发展机会。因此，企业不会满足于利润为零的保本分析，更加注重于盈利条件下的量本利分析。

（一）目标利润分析

目标利润分析将目标利润引进量本利分析的基本模型，在单价和成本水平既定、确保目标利润实现的前提下，揭示成本、业务量和利润三者之间的关系。目标利润分析是保本分析的延伸和拓展。如果企业在经营活动开始之前，根据有关收支状况确定了目标利润，那么，就可以计算为实现目标利润而必须达到的销售数量和销售金额。计算公式如下：

$$目标利润=（单价-单位变动成本）×销售量-固定成本$$

$$目标利润销售量=\frac{固定成本+目标利润}{单位边际贡献}$$

$$目标利润销售额=\frac{固定成本+目标利润}{边际贡献率}$$

或：

$$目标利润销售额=目标利润销售量×单价$$

应该注意的是，目标利润销售量公式只能用于单种产品的目标利润控制；而目标利润销售额既可用于单种产品的目标利润控制，又可用于多种产品的目标利润控制。

还应注意的是，上述公式中的目标利润一般是指息税前利润。其实，从税后利润来进行目标利润的规划和分析，更符合企生产经营的需要。如果企业预测的目标利润是税后利润，则上述公式应作如下调整。

由于：

$$税后利润=（息税前利润-利息）×（1-企业所得税税率）$$

因此，

$$实现目标利润的销售量=\frac{固定成本+\dfrac{税后利润}{1-企业所得税税率}+利息}{单位边际贡献}$$

$$实现目标利润的销售额=\frac{固定成本+\dfrac{税后利润}{1-企业所得税税率}+利息}{边际贡献率}$$

（二）实现目标利润的措施

目标利润是量本利分析的核心要素，它既是企业经营的动力和目标，也是量本利分析的中心。如果企业在经营中根据实际情况规划了目标利润，那么为了保证目标利润的实现，需要对其他因素做出相应的调整。通常情况下企业要实现目标利润，在其他因素不变时，销售数量或销售价格应当提高，而固定成本或单位变动成本则应下降。

考点5 利润敏感性分析

在计算保本点时，假定单价、固定成本、单位变动成本等诸多因素均不变动，但实际上，这种静态平衡不可能维持很久，这些因素也会发生变化，如价格波动、成本升降等。所谓利润敏感性分析，就是研究量本利分析的假设前提中的诸因素发生微小变化时，对利润的影响方向和影响程度。

量本利分析的基本内容是确定企业的保本点，并规划目标利润。因此，基于量本利分析的利润敏感性分析主要应解决两个问题：一是各因素的变化对最终利润变化的影响程度；二是当目标利润要求变化时允许各因素的升降幅度。

（一）各因素对利润的影响程度

各相关因素变化都会引起利润的变化，但其影响程度各不相同。如有些因素虽然只发生了较小的变动，却导致利润很大的变动，利润对这些因素的变化十分敏感，称这些因素为敏感因素。与此相反，有些因素虽然变动幅度很大，却有可能只对利润产生较小的影响，称之为不敏感因素。反映各因素对利润敏感程度的指标为利润的敏感系数，其计算公式为：

$$敏感系数=\frac{利润变动百分比}{因素变动百分比}$$

分析上述各因素敏感系数的计算公式，可以得到以下几点规律性的结论：

第一，关于敏感系数的符号。某一因素的敏感系数为负号，表明该因素的变动与利润的变动为反向关系；反之亦然。

第二，关于敏感系数的大小。由于"销售量×单价"大于"销售量×（单价-单位变动成本）"，所以单价的敏感系数一定大于销售量、单位变动成本的敏感系数。在不亏损状态下，"销售量×单价"也大于固定成本，所以单价的敏感系数一般应该是最大的。

第三，在不亏损状态下，销售量的敏感系数一定大于固定成本的敏感系数；所以，敏感系数最小的因素，不是单位变动成本就是固定成本。

（二）目标利润要求变化时允许各因素的升降幅度

当目标利润有所变化时，只有通过调整各因素现有水平才能达到目标利润变动的要求。因此，对各因素允许升降幅度的分析，实质上是各因素对利润影响程度分析的反向推算，在计算上表现为敏感系数的倒数。

■ 考点6　量本利分析在经营决策中的应用

量本利分析在经营决策中得到大量的应用。它可以根据各个备选方案的成本、业务量与利润三者之间的相互依存关系，在特定情况下确定最优决策方案。在经营决策中应用量本利分析法的关键在于确定"成本分界点"。所谓"成本分界点"就是两个备选方案预期成本相同情况下的业务量。找到了成本分界点，就可以在一定的业务量范围内，选择出最优的方案。

（一）生产工艺设备的选择

企业进行生产经营活动的最终目的是获取利润，企业管理者的各种经营决策也应围绕着这个目标，在分析时应考虑哪个方案能够为企业提供更多的边际贡献，能够在最大程度上弥补发生的固定成本，从而使企业获得最大的利润。

不同的生产工艺设备，购置成本不同，效率也不同。效率高的设备购置成本高，每年的折旧费用高，造成固定成本高；然而，效率高的生产工艺设备单位变动成本低于效率低的生产工艺设备。因此，需要计算两套方案的成本分界点，进而进行决策。

（二）新产品投产的选择

投产新产品将为企业带来边际贡献，但企业在决策时也需要考虑投产新产品可能减少原有产品的产销量（投产新产品的机会成本），且投产新产品可能会增加专属设备投资，进而增加固定资产折旧费用（增加固定成本）。因此，企业在决策时需要比较各套方案的剩余边际贡献（方案本身的边际贡献减去机会成本和增加的固定成本）的大小。

第三节　标准成本控制与分析

■ 考点1　标准成本控制与分析的相关概念

（一）标准成本及其分类

标准成本是指通过调查分析、运用技术测定等方法制定的，在有效经营条件下所能达到的目标成本。标准成本主要用来控制成本开支，衡量实际工作效率。企业在确定标准成本时，可以根据自身的技术条件和经营水平，在以下类型中进行选择：

一是理想标准成本，这是一种理论标准，它是指在现有条件下所能达到的最优成本水平，即在生产过程无浪费、机器无故障、人员无闲置、产品无废品的假设条件下制定的成本标准。

二是正常标准成本，是指在正常情况下，企业经过努力可以达到的成本标准，这一标准考虑了生产过程中不可避免的损失、故障、偏差等。

通常来说，理想标准成本小于正常标准成本。由于理想标准成本要求异常严格，一般很难达到，而正常标准成本具有客观性、现实性、激励性等特点，所以，正常标准成本在实践中得到广泛应用。

（二）标准成本控制与分析

标准成本控制与分析，又称标准成本管理，是以标准成本为基础，将实际成本与标准成本进行对比，揭示成本差异形成的原因和责任，进而采取措施，对成本进行有效控制的管理方法。它以标准成本的确定作为起点，通过差异的计算、分析等得出结论性报告，然后据以采取有效措施，巩固成绩或克服不足。

■ 考点2 标准成本的制定

标准成本包括用量标准和价格标准两部分。

用量标准的潜在来源主要有历史经验、工艺研究及生产操作人员的意见。虽然历史经验能够为制定标准提供依据，但由于工序常常不能高效地运行，若采用依据历史数据得出的投入产出关系，很可能导致低效状况长期持续下去；工艺上的标准往往过于严格，操作人员很可能无法达到，仅能作为参考；操作人员负有达到标准的责任，他们理应在制定标准的过程中担任重要角色。

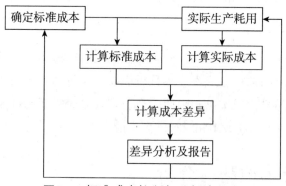

图8-4 标准成本控制与分析流程图

制定价格标准是生产、采购、人事和会计部门的共同责任。生产部门确定对投入原材料的质量需求；采购部门有责任以最低的价格购买符合质量要求的原材料；人事部门必须考虑采购人员的薪酬和胜任资格等；会计部门负责记录价格标准并编制报告，以便将实际业绩与标准进行比较。

产品成本由直接材料、直接人工和制造费用三个项目组成。无论是确定哪一个项目的标准成本，都需要分别确定其用量标准和价格标准，两者的乘积就是每一成本项目的标准成本，将各项目的标准成本汇总，即得到单位产品的标准成本。其计算公式为：

$$单位产品的标准成本=直接材料标准成本+直接人工标准成本+制造费用标准成本$$
$$=\sum（用量标准×价格标准）$$

（一）直接材料标准成本的制定

直接材料的标准成本，是由材料的用量标准和价格标准来确定的。

材料的用量标准是指在现有生产技术条件下，生产单位产品所需的材料数量。它包括构成产品实体的材料和有助于产品形成的材料，以及生产过程中必要的损耗和难以避免的损失所耗用的材料。材料的用量标准一般应根据科学的统计调查，以技术分析为基础计算确定。

材料的价格标准通常采用企业编制的计划价格，它通常是以订货合同的价格为基础，并考虑到未来物价、供求等各种变动因素后按材料种类分别计算的。一般由财务部门、采购部门等共同制定。

在制定直接材料标准成本时，其基本程序是：首先，区分直接材料的种类；其次，逐一确定它们在单位产品中的标准用量和标准价格；然后，按照种类分别计算各种直接材料的标准成本；最后，汇总得出单位产品的直接材料标准成本。其计算公式是：

$$直接材料标准成本=\sum（单位产品材料用量标准×材料价格标准）$$

（二）直接人工标准成本的制定

直接人工的标准成本，是由直接人工用量和直接人工的价格两项标准决定的。

人工用量标准，即工时用量标准，它是指在现有的生产技术条件下，生产单位产品所耗用的必要的工作时间，包括对产品直接加工工时、必要的间歇或停工工时，以及不可避免的废次品所耗用的工时等。一般由生产技术部门、劳动工资部门等运用特定的技术测定方法和分析统计资料后确定。

直接人工的价格标准就是工资率标准，它通常由劳动工资部门根据用工情况制定。当采用计时工资时，工资率标准就是小时工资率标准，是由标准工资总额与标准总工时的商来确定的，即：

$$标准工资率=\frac{标准工资总额}{标准总工时}$$

因此，

$$直接人工标准成本=工时用量标准×工资率标准$$

（三）制造费用标准成本

制造费用的标准成本，是由制造费用用量标准和制造费用价格标准两项因素决定的。

制造费用的用量标准，即工时用量标准，其含义与直接人工用量标准相同。

制造费用价格标准，即制造费用的分配率标准。其计算公式为：

$$标准制造费用分配率=\frac{标准制造费用总额}{标准总工时}$$

因此，　　　　　　制造费用标准成本=工时用量标准×制造费用分配率标准

成本按照其性态分为变动成本和固定成本。前者随着产量的变动而变动；后者相对固定，不随产量波动。所以，制定费用标准时，也应分别制定变动制造费用和固定制造费用的成本标准。

考点3　成本差异的计算及分析

成本差异是指一定时期生产一定数量的产品所发生的实际成本与相关的标准成本之间的差额。凡实际成本大于标准成本的称为超支差异；凡实际成本小于标准成本的则称为节约差异。

从标准成本的制定过程可以看出，任何一项费用的标准成本都是由用量标准和价格标准两个因素决定的。因此，差异分析就应该从这两个方面进行。差异的计算公式为：

总差异=实际产量下实际成本-实际产量下标准成本

　　　=实际用量×实际价格-实际产量下标准用量×标准价格

　　　=（实际用量-实际产量下标准用量）×标准价格+实际用量×（实际价格-标准价格）

　　　=用量差异+价格差异

　　　　　其中，用量差异=标准价格×（实际用量-实际产量下标准用量）

　　　　　　　　价格差异=（实际价格-标准价格）×实际用量

（一）直接材料成本差异的计算分析

直接材料成本差异，是指直接材料的实际总成本与实际产量下标准总成本之间的差异。它可进一步分解为直接材料用量差异和直接材料价格差异两部分。有关计算公式如下：

直接材料成本差异=实际产量下实际成本-实际产量下标准成本

　　　　　　　　=实际用量×实际价格-实际产量下标准用量×标准价格

　　　　　　　　=直接材料用量差异+直接材料价格差异

　　　直接材料用量差异=（实际用量-实际产量下标准用量）×标准价格

　　　直接材料价格差异=实际用量×（实际价格-标准价格）

直接材料的用量差异形成的原因是多方面的，有生产部门原因，也有非生产部门原因。如产品设计结构、原料质量、工人的技术熟练程度、废品率的高低等等都会导致材料用量的差异。材料用量差异的责任需要通过具体分析才能确定，但主要往往应由生产部门承担。

材料价格差异的形成受各种主客观因素的影响，较为复杂，如市场价格、供货厂商、运输方式、采购批量等等的变动，都可以导致材料的价格差异。但由于它与采购部门的关系更为密切，所以其差异应主要由采购部门承担责任。

例8-2（2013年单选题）在标准成本管理中，成本总差异是成本控制的重要内容，其计算公式是（　　）。

A. 实际产量下实际成本-实际产量下标准成本

B. 实际产量下标准成本-预算产量下实际成本

C. 实际产量下实际成本-预算产量下标准成本

D. 实际产量下实际成本-标准产量下标准成本

【参考答案】A

【解析】本题主要考核"第八章"的"成本差异的计算及分析"知识点。成本差异是指一定时期生产一定数量的产品所发生的实际成本与相关的标准成本之间的差额。凡实际成本大于标准成本的称为超支差异；凡实际成本小于标准成本的则称为节约差异。从标准成本的制定过程可以看出，任何一项费用的标准成本都是由用量标准和价格标准两个因素决定的。因此，差异分析就应该从这两个方面进行。差异的计算公式为：

成本总差异=实际产量下实际成本−实际产量下标准成本

工资率差异是价格差异，其形成原因比较复杂，工资制度的变动、工人的升降级、加班或临时工的增减等都将导致工资率差异。一般地，这种差异的责任不在生产部门，劳动人事部门更应对其承担责任。

（二）变动制造费用成本差异的计算和分析

变动制造费用成本差异是指实际发生的变动制造费用总额与实际产量下标准变动费用总额之间的差异。它可以分解为耗费差异和效率差异两部分。其计算公式如下：

变动制造费用成本差异=实际总变动制造费用−实际产量下标准变动制造费用=实际工时×实际变动制造费用分配率−实际产量下标准工时×标准变动制造费用分配率=变动制造费用效率差异+变动制造费用耗费差异

变动制造费用效率差异=（实际工时−实际产量下标准工时）×变动制造费用标准分配率

变动制造费用耗费差异=实际工时×（变动制造费用实际分配率−变动制造费用标准分配率）

其中，效率差异是用量差异，耗费差异属于价格差异。变动制造费用效率差异的形成原因与直接人工效率差异的形成原因基本相同。

（三）固定制造费用成本差异的计算分析

固定制造费用成本差异是指实际发生的固定制造费用与实际产量下标准固定制造费用的差异。其计算公式为：

固定制造费用成本差异=实际产量下实际固定制造费用−实际产量下标准固定制造费用

=实际工时×实际分配率−实际产量下标准工时×标准分配率

其中，标准分配率=固定制造费用预算总额÷预算产量下标准总工时

由于固定制造费用相对固定，实际产量与预算产量的差异会对单位产品所应承担的固定制造费用产生影响，所以，固定制造费用成本差异的分析有其特殊性，分为两差异分析法和三差异分析法。

1. 两差异分析法。它是指将总差异分为耗费差异和能量差异两部分。其中，耗费差异是指固定制造费用的实际金额与固定制造费用预算金额之间的差额；而能量差异则是指固定制造费用预算金额与固定制造费用标准成本的差额。计算公式如下：

耗费差异=实际固定制造费用−预算产量下标准固定制造费用

=实际固定制造费用−标准工时×预算产量×标准分配率

=实际固定制造费用−预算产量下标准工时×标准分配率

能量差异=预算产量下标准固定制造费用−实际产量下标准固定制造费用

=预算产量下标准工时×标准分配率−实际产量下标准工时×标准分配率

=（预算产量下标准工时−实际产量下标准工时）×标准分配率

2. 三差异分析法。它是将两差异分析法下的能量差异进一步分解为产量差异和效率差异，即将固定制造费用成本差异分为耗费差异、产量差异和效率差异三个部分，其中耗费差异的概念和计算与两差异法下一致。相关计算公式为：

$$耗费差异=实际固定制造费用-预算产量下标准固定制造费用$$
$$=实际固定制造费用-预算产量×工时标准×标准分配率$$
$$=实际固定制造费用-预算产量下标准工时×标准分配率$$
$$产量差异=（预算产量下标准工时-实际产量下实际工时）×标准分配率$$
$$效率差异=（实际产量下实际工时-实际产量下标准工时）×标准分配率$$

（四）分析结果的反馈

标准成本差异分析是企业规划与控制的重要手段。通过差异分析，企业管理人员可以进一步揭示实际执行结果与标准不同的深层次原因。差异分析的结果，可以更好地凸显实际生产经营活动中存在的不足或在必要时修改成本标准，这对企业成本的持续降低、责任的明确划分以及经营效率的提高具有十分重要的意义。

第四节　作业成本与责任成本

■ 考点1　作业成本管理

作业成本计算法，最开始是作为一种产品成本的计算方法，对传统成本计算方法进行改进，主要表现在采用多重分配标准分配制造费用的变革上。随着成本计算方法的完善，开始兼顾对制造费用和销售费用的分析，以及对价值链成本的分析，并将成本分析的结果应用到战略管理中，从而形成了作业成本管理。

（一）作业成本计算法的相关概念

作业成本计算法不仅是一种成本计算方法，更是成本计算与成本管理的有机结合。它认为，企业是一个为最终满足顾客需要而设计的"一系列作业"的有序集合体，也就是一个作业链。在这个作业链上，存在着"资源—作业—成本对象"的联结关系，即"作业耗用资源，产品耗用作业"。企业每完成一项作业活动，就有一定的资源被消耗，同时通过一定量的产出转移到下一作业，如此逐一进行，直至最终形成产品。因此，作业成本计算法基于资源耗用的因果关系进行成本分配：根据作业活动耗用资源的情况，将资源耗费分配给作业；再依照成本对象消耗作业的情况，把作业成本分配给成本对象。

在作业成本法下，对于直接费用的确认和分配与传统的成本计算方法一样，而间接费用的分配对象不再是产品，而是作业活动。成本分配时，首先根据作业中心的资源耗费情况，将资源耗费的成本（即间接费用）分配到作业中心去，然后再将分配到作业中心的成本，依据作业活动的数量分配到各产品上去。

作业成本法很好地克服了传统成本方法中间接费用责任划分不清的缺点，使以往一些不可控的间接费用变为可控，这样可以更好地发挥决策、计划和控制的作用，以促进作业管理和成本控制水平的不断提高。要正确理解作业成本计算法，需要明确以下几个概念。

1. 资源

资源是企业生产耗费的原始形态，是成本产生的源泉。企业作业活动系统所涉及的人力、物力、财力都属于资源。一个企业的资源包括直接人工、直接材料、间接制造费用等。

2. 作业

作业是指在一个组织内为了某一目的而进行的耗费资源动作，它是作业成本计算系统中最小的成本归集单元。作业贯穿产品生产经营的全过程，从产品设计、原料采购、生产加工，直至产品的发运销售。在这一过程中，每个环节、每道工序都可以视为一项作业。

作业按其层次分类，可以分为单位作业、批次作业、产品作业和支持作业。其中：单位作业是指使单位产品受益的作业，作业的成本与产品的数量成正比，如加工零件、对每件产品进行的检验等。批次作业是指使一批产品受益的作业，作业的成本与产品的批次数量成正比，如设备调试、生产准备等作业活动。产品作业是指使某种产品的每个单位都受益的作业，如产品工艺设计作业等。支持作业是指为维持企业正常生产，而使所有产品都受益的作业，作业的成本与产品数量无相关关系，如厂房维修、管理作业等。通常认为单位作业、批次作业、产品作业以外的所有作业均是支持作业。

3. 成本动因

成本动因亦称成本驱动因素，是指导致成本发生的因素，即成本的诱因。成本动因通常以作业活动耗费的资源来进行度量，如质量检查次数、用电度数等。在作业成本法下，成本动因是成本分配的依据。成本动因又可以分为资源动因和作业动因。

资源动因是引起作业成本变动的驱动因素，反映作业量与耗费之间的因果关系。资源动因被用来计量各项作业对资源的耗用，根据资源动因可以将资源成本分配给各有关作业。按照作业成本计算法，作业量的多少决定着资源的耗用量，但资源耗用量的高低与最终的产品数量没有直接关系。

作业动因是引起产品成本变动的驱动因素，反映产品产量与作业成本之间的因果关系。作业动因计量各种产品对作业耗用的情况，并被用来作为作业成本的分配基础，是沟通资源消耗与最终产出的中介。如：材料搬运作业的衡量标准是搬运的零件数量，生产调度作业的衡量标准是生产订单数量，加工作业的的衡量标准是直接人工工时，自动化设备作业的衡量标准是机器作业小时数等。

4. 作业中心

作业中心又称成本库，是指构成一个业务过程的相互联系的作业集合，用来汇集业务过程及其产出的成本。换言之，按照统一的作业动因，将各种资源耗费项目归结在一起，便形成了作业中心。作业中心有助于企业更明晰地分析一组相关的作业，以便进行作业管理以及企业组织机构和责任中心的设计与考核。

（二）作业成本计算法与传统成本计算法的比较

如图8-5所示，作业成本计算法与传统成本计算法下，直接材料成本与直接人工成本都可以直接归集到成本对象，两者的区别集中在对间接费用的分配上，主要是制造费用的分配。传统成本计算法下，制造费用以直接人工工时或机器工时为分配依据，当企业生产多样性明显时，生产量小、技术要求高的产品成本分配偏低，而生产量大、技术要求低的产品成本分配偏高。在作业成本计算法下，首先确认发生制造费用的一个或多个作业环节，如维修机器作业、搬运作业、质量检验作业等；然后根据作业量的大小，将制造费用成本分配到各作业中；最后依据相应的成本动因，如维修工时、搬运数量、检查次数等将各作业中心的成本分配到成本对象。采用作业成本计算法，制造费用按照成本动因直接分配，避免了传统成本计算法下的成本扭曲。

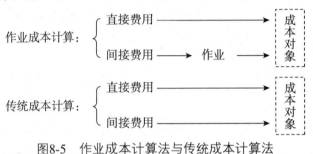

图8-5　作业成本计算法与传统成本计算法

（三）作业成本计算法的成本计算

作业成本计算法的具体步骤如下所述。

1. 设立资源库，并归集资源库价值

企业在生产产品或提供劳务过程中会消耗各种资源，如货币资金、原材料、人力、动力、厂房设备等。企业首先应为各类资源设置相应的资源库，并对一定期间内耗费的各种资源价值进行计量，将计量结果归入各资源库中。

2. 确认主要作业，并设立相应的作业中心

在进行作业确认时，理论上要求将有关费用划分得越细越好，但基于成本效益的考虑，一般按重要性和同质性的要求进行作业划分，纳入同一个作业组。纳入同一个作业组的作业应具备两个条件：一是属于同一类作业；二是对于不同产品来说，有着大致相同的消耗比率。如"材料搬运"是一项作业，也可以作为一个作业中心，所有与材料搬运相关的费用都归属到"材料搬运"这一作业中心。

3. 确定资源动因，并将各资源库汇集的价值分派到各作业中心

资源动因是把资源库价值分派到各作业中心的依据。首先，企业应根据不同的资源，选择合适的资源动因。如电力资源可以选择"消耗的电力度数"作为资源动因。然后，根据各项作业所消耗的资源动因数，将各资源库的价值分配到各作业中心。如："产品质量检验"作业消耗了1 000度电，而每度电的成本为0.55元。那么，"产品质量检验"作业中所含的"电力成本"为550元。当然，该项作业还会消耗其他资源，将该作业所消耗的所有资源的价值，按照相应的资源动因，分别分配到该作业中心，汇总后就会得到该作业的作业成本。如果某项作业所消耗的资源具有专属性，那么该作业所消耗的资源部分的价值可直接计入到该作业的作业中心。如"产品质量检验"作业中检验人员的工资、专用设备的折旧费等成本，一般可以直接归属于检验作业。

4. 选择作业动因，并确定各作业成本的成本动因分配率

影响企业成本的因素有很多，但并非所有这些因素都要被确定为成本动因。在每个环节中，成本动因的数量不能太多，也不能太少，必须要选定一个比较适当的成本动因数量，使这些成本动因能充分合理地成为间接资源成本的分配基础。一般来说，成本动因的选择有企业工程技术人员、成本会计师等组成的专门小组讨论确定。选择成本动因时，要确保作业消耗量与成本动因消耗量相关，综合权衡收益与成本，并考虑确认成本动因后的行为结果。

当各作业中心已经建立，成本动因已经选定后，就可以将各作业成本除以成本动因单位数，计算出以成本动因为单位的分配率。作业成本分配率可以分为实际作业成本分配率和预算作业成本分配率两种形式。

（1）实际作业成本分配率。实际作业成本分配率是根据各作业中心实际发生的成本和作业的实际产出，计算得出的单位作业产出的实际成本，计算公式为：

$$实际作业成本分配率=当期实际发生的作业成本÷当期实际作业产出$$

实际作业成本分配率主要用于作业产出比较稳定的企业。其主要优点在于计算的成本是实际成本，无需分配实际成本与预算成本的差异。主要缺点表现在三个方面：一是作业成本资料只能在会计期末才能取得，不能随时提供进行决策的有关成本信息；二是不同会计期间作业成本不同，作业需求量也不同。因此，计算出的成本分配率时高时低；三是容易忽视作业需求变动对成本的影响，不利于划清造成成本高低的责任归属。

（2）预算作业成本分配率。预算作业成本分配率根据预算年度预计的作业成本和预计作业产出计算，其计算公式为：

$$预算作业成本分配率=预计作业成本÷预计作业产出$$

预算作业成本分配率可以克服实际作业成本分配率的缺点，能够随时提供决策所需的成本信息，可以避免因作业成本变动和作业需求不足引起的产品成本波动，并且有利于及时查清成本升高的原因。

5. 计算作业成本和产品成本

根据每种产品所耗用的成本动因单位数和该作业分配率，可以计算该产品应负担的作业成本和单位成本。

首先计算耗用的作业成本，计算公式为：

$$某产品耗用的作业成本=\sum（该产品耗用的作业量×实际作业成本分配率）$$

然后计算当期发生成本，即产品成本。直接材料成本、直接人工成本和各项作业成本共同构成某产品当期发生的总成本，计算公式为：

$$某产品当期发生成本=当期投入该产品的直接成本+当期该产品耗用的各项作业成本$$
$$其中：直接成本=直接材料成本+直接人工成本$$

（四）作业成本管理

作业成本管理是以提高客户价值、增加企业利润为目的，基于作业成本法的新型集中化管理方法。它通过对作业及作业成本的确认、计量，最终计算产品成本，同时将成本计算深入到作业层次，对企业所有作业活动进行追踪并动态反映。此外还要进行成本链分析，包括动因分

析、作业分析等，从而为企业决策提供准确的信息，指导企业有效地执行必要的作业，消除和精简不能创造价值的作业，以达到降低成本、提高效率的目的。作业成本管理是一种符合战略管理思想要求的现代成本计算和管理模式。它既是精确的成本计算系统，也是改进业绩的工具。作业成本管理包含两个维度的含义：成本分配观和流程观，如图8-6所示。

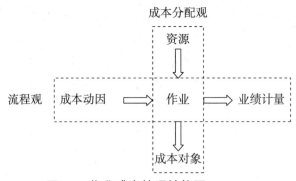

图8-6　作业成本管理结构图

图中垂直部分反映了成本分配观，它说明成本对象引起作业需求，而作业需求又引起资源的需求。因此，成本分配是从资源到作业，再从作业到成本对象，而这一流程正是作业成本计算的核心。

图中水平部分反映了流程观，它为企业提供引起作业的原因（成本动因）以及作业完成情况（业绩计量）的信息。流程观关注的是确认作业成本的根源、评价已经完成的工作和已实现的结果。企业利用这些信息，可以改进作业链，提高从外部顾客获得的价值。

流程价值分析关心的是作业的责任，包括成本动因分析、作业分析和业绩考核三个部分。其基本思想是：以作业来识别资源，将作业分为增值作业和非增值作业，并把作业和流程联系起来，确认流程的成本动因，计量流程的业绩，从而促进流程的持续改进。

1. 成本动因分析

要进行作业成本管理，必须找出导致作业成本发生的原因。每项作业都有投入和产出。作业投入是为取得产出而由作业消耗的资源，而作业产出则是一项作业的结果或产品。比如说，原料搬运，搬运到指定地点的材料数量，则是该"搬运"作业的产出量，也可以称为作业动因。然而，产出量指标不一定是作业成本发生的根本原因，必须进一步进行动因分析，找出形成作业成本的根本原因。例如，搬运材料的根本原因，可能是车间布局不合理造成的。一旦得知了根本原因，就可以采取相应的措施改善作业，如改善车间布局，减少搬运成本。

2. 作业分析

作业分析的主要目标是认识企业的作业过程，以便从中发现持续改善的机会及途径。分析和评价作业、改进作业和消除非增值作业构成了流程价值分析与管理的基本内容。按照对顾客价值的贡献，作业可以分为增值作业和非增值作业。改进流程首先需要将每一项作业分为增值作业或非增值作业，明确增值成本和非增值成本，然后再进一步确定如何将非增值成本减至最小。

所谓增值作业，就是那些顾客认为可以增加其购买的产品或服务的有用性，有必要保留在企业中的作业。一项作业必须同时满足下列三个条件才可断定为增值作业：

（1）该作业导致了状态的改变；

（2）该状态的变化不能由其他作业来完成；

（3）该作业使其他作业得以进行。

非增值作业，是指即便消除也不会影响产品对顾客服务的潜能，不必要的或可消除的作业。如果一项作业不能同时满足增值作业的三个条件，就可断定其为非增值作业。执行非增值作业发生的成本全部是非增值成本。持续改进和流程再造的目标就是寻找非增值作业，将非增值成本降至最低。

在区分了增值成本与非增值成本之后，企业要尽量消除或减少非增值成本，最大化利用增值作业，以减少不必要的耗费，提升经营效率。作业成本管理中进行成本节约的途径，主要有以下四种形式：

（1）作业消除。作业消除是指消除非增值作业或不必要的作业，降低非增值成本。

（2）作业选择。作业选择是指对所有能够达到同样目的的不同作业，选取其中最佳的方案。

（3）作业减少。作业减少是指以不断改进的方式降低作业消耗的资源或时间。

（4）作业共享。作业共享是指利用规模经济来提高增值作业的效率。

作业分析是流程价值分析的核心。通过对作业的分析研究，进而采取措施，消除非增值作业，改善低效作业，优化作业链，对于削减成本、提高效益具有非常重要的意义。

3. 作业业绩考核

实施作业成本管理，其目的在于找出并消除所有非增值作业，提高增值作业的效率，削减非增值成本。当利用作业成本计算系统识别出流程中的非增值作业及其成本动因后，就为业绩改善指明了方向。若要评价作业和流程的执行情况，必须建立业绩指标，可以是财务指标，也可以是非财务指标，以此来评价是否改善了流程。财务指标主要集中在增值成本和非增值成本上，可以提供增值与非增值报告，以及作业成本趋势报告。而非财务指标主要体现在效率、质量和时间三个方面，如投入产出比、次品率、生产周期等。

■ 考点2　责任成本管理

（一）责任成本管理的含义

责任成本管理，是指将企业内部划分成不同的责任中心，明确责任成本，并根据各责任中心的权、责、利关系来考核其工作业绩的一种成本管理模式。其中，责任中心也叫责任单位，是指企业内部具有一定权力并承担相应工作责任的部门或管理层次。责任成本管理的流程如图8-7所示。

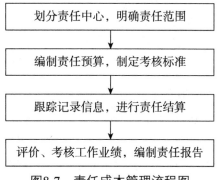

图8-7　责任成本管理流程图

（二）责任中心及其考核

按照企业内部责任中心的权责范围以及业务活动的不同特点，责任中心一般可以划分为成本中心、利润中心和投资中心三类。每一类责任中心均对应着不同的决策权力及不同的业绩评价指标。

1. 成本中心

成本中心是指有权发生并控制成本的单位。成本中心一般不会产生收入，通常只计量考核发生的成本。成本中心是责任中心中应用最为广泛的一种形式，只要是对成本的发生负有责任的单位或个人都可以成为成本中心。例如，负责生产产品的车间、工段、班组等生产部门或确定费用标准的管理部门等。成本中心具有以下特点：

成本中心不考核收入，只考核成本。一般情况下，成本中心不能形成真正意义上的收入，故只需衡量投入，而不衡量产出，这是成本中心的首要特点。

成本中心只对可控成本负责，不负责不可控成本。可控成本是指成本中心可以控制的各种耗费，它应具备三个条件：第一，该成本的发生是成本中心可以预见的；第二，该成本是成本中心可以计量的；第三，该成本是成本中心可以调节和控制的。

凡不符合上述三个条件的成本都是不可控成本。可控成本和不可控成本的划分是相对的。它们与成本中心所处的管理层级别、管理权限与控制范围大小有关。对于一个独立企业而言，几乎所有的成本都是可控的。

责任成本是成本中心考核和控制的主要内容。成本中心当期发生的所有可控成本之和就是其责任成本。

成本中心考核和控制主要使用的指标包括预算成本节约额和预算成本节约率。其计算公式为：

$$预算成本节约额=实际产量预算责任成本-实际责任成本$$

$$预算成本节约率=预算成本节约额÷实际产量预算责任成本×100\%$$

2. 利润中心

利润中心是指既能控制成本，又能控制收入和利润的责任单位。它不但有成本发生，而且还有收入发生。因此，它要同时对成本、收入以及收入成本的差额即利润负责。利润中心有两种形式：一是自然利润中心，它是自然形成的，直接对外提供劳务或销售产品以取得收入的责任中心；二是人为利润中心，它是人为设定的，通过企业内部各责任中心之间使用内部结算价格结算半成品内部销售收入的责任中心。利润中心往往处于企业内部的较高层次，如分店或分厂等。利润中心与成本中心相比，其权利和责任都相对较大，它不仅要降低绝对成本，还要寻求收入的增长使之超过成本，即更要强调相对成本的降低。

在通常情况下，利润中心采用利润作为业绩考核指标，分为边际贡献、可控边际贡献和部门边际贡献。相关公式为：

$$边际贡献=销售收入总额-变动成本总额$$

$$可控边际贡献=边际贡献-该中心负责人可控固定成本$$

$$部门边际贡献=可控边际贡献-该中心负责人不可控固定成本$$

其中：

边际贡献是将收入减去随生产能力的使用而变化的成本，反映了该利润中心的盈利能力，但它对业绩评价没有太大的作用。

可控边际贡献也称部门经理边际贡献，它衡量了部门经理有效运用其控制下的资源的能力，是评价利润中心管理者业绩的理想指标。可控边际贡献忽略了应追溯但又不可控的生产能力成本，不能全面反映该利润中心对整个公司所做的经济贡献。

部门边际贡献，又称部门毛利，它扣除了利润中心管理者不可控的间接成本，因为，对于公司最高层来说，所有成本都是可控的。部门边际贡献反映了部门为企业利润和弥补与生产能力有关的成本所作的贡献，它更多地用于评价部门业绩而不是利润中心管理者的业绩。

3. 投资中心

投资中心是指既能控制成本、收入和利润，又能对投入的资金进行控制的责任中心。投资中心是最高层次的责任中心，它拥有最大的决策权，也承担最大的责任。投资中心必然是利润中心，但利润中心并不都是投资中心。利润中心没有投资决策权，而且在考核利润时也不考虑所占用的资产。

对投资中心的业绩进行评价时，不仅要使用利润指标，还需要计算、分析利润与投资的关系，主要有投资报酬率和剩余收益等指标。

例8-3（2012年单选题）下列各项中，最适用于评价投资中心业绩的指标是（　　　）。

A. 边际贡献　　　　B. 部门毛利　　　　C. 剩余收益　　　　D. 部门净利润

【参考答案】C

【解析】对投资中心的业绩进行评价时，不仅要适用利润指标，还需要计算、分析利润与投资的关系，主要有投资报酬率和剩余收益等指标。

（1）投资报酬率。投资报酬率是投资中心获得的利润与投资额的比率，其计算公式为：

$$投资报酬率=营业利润÷平均营业资产$$
$$平均营业资产=（期初营业资产+期末营业资产）÷2$$

其中，营业利润是指扣减利息和企业所得税之前的利润，即息税前利润。由于利润是整个期间内实现并累积形成的，属于期间指标，而营业资产属于时点指标，故取其平均数。

投资报酬率主要说明了投资中心运用公司的每单位资产对公司整体利润贡献的大小。它根据现有的会计资料计算，比较客观，可用于部门之间，以及不同行业之间的比较。因此，不仅可以促使经理人员关注营业资产运用效率，而且，尤为重要的是，它有利于资产存量的调整，优化资源配置。然而，过于关注投资利润率也会引起短期行为的产生，追求局部利益最大化而损害整体利益最大化目标，导致经理人员为眼前利益而牺牲长远利益。

（2）剩余收益。剩余收益是指投资中心的营业收益扣减营业资产按要求的最低投资报酬率计算的收益额之后的余额。其计算公式为：

$$剩余收益=经营利润-（经营资产×最低投资报酬率）$$

公式中的最低投资报酬率是根据资本成本来确定的，一般等于或大于资本成本，通常可以采用企业整体的最低期望投资报酬率，也可以是企业为该投资中心单独规定的最低投资报酬率。

剩余收益指标弥补了投资报酬率指标会使局部利益与整体利益相冲突这一不足之处，但由于其是一个绝对指标，故而难以在不同规模的投资中心之间进行业绩比较。另外，剩余收益同样仅反映当期业绩，单纯使用这一指标也会导致投资中心管理者的短视行为。

（三）内部转移价格的制定

内部转移价格是指企业内部有关责任单位之间提供产品或劳务的结算价格。内部转移价格直接关系到不同责任中心的获利水平，其制定可以有效地防止成本转移引起的责任中心之间的责任转嫁，使每个责任中心都能够作为单独的组织单位进行业绩评价，并且可以作为一种价格信号引导下级采取正确决策，保证局部利益和整体利益的一致。

内部转移价格的制定，可以参照以下几种类型：

（1）市场价格，即根据产品或劳务的现行市场价格作为计价基础。

（2）协商价格，即内部责任中心之间以正常的市场价格为基础，并建立定期协商机制，共同确定双方都能接受的价格作为计价标准。

（3）双重价格，即是由内部责任中心的交易双方采用不同的内部转移价格作为计价基。

以成本为基础的转移定价。采用以成本为基础的转移定价是指所有的内部交易均以某种形式的成本价格进行结算，它适用于内部转移的产品或劳务没有市价的情况，包括全部成本费用、全部成本费用加成、变动成本以及变动成本加固定制造费用四种形式。

例8-4（2013计算分析题）甲公司为某企业集团的一个投资中心，X是甲公司下设的一个利润中心，相关资料如下：

资料一：2012年X利润中心的营业收入为120万元，变动成本为72万元，该利润中心副主任可控固定成本为10万元，不可控但应由该利润中心负担的固定成本为8万元。

资料二：甲公司2013年初已投资700万元，预计可实现利润98万元，现有一个投资额为300万元的投资机会，预计可获利润36万元，该企业集团要求的较低投资报酬率为10%。

要求：

（1）根据资料一，计算X利润中心2012年度的部门边际贡献。

（2）根据资料二，计算甲公司接受新投资机会前的投资报酬率和剩余收益。

（3）根据资料二，计算甲公司接受新投资机会后的投资报酬率和剩余收益。

（4）根据（2）、（3）的计算结果从企业集团整体利润的角度，分析甲公司是否应接受新投资机会，并说明理由。

【参考答案】

（1）由：①边际贡献=销售收入总额-变动成本总额

②可控边际贡献=边际贡献-该中心负责人可控固定成本

③部门边际贡献=可控边际贡献-该中心负责人不可控固定成本

可知，所求部门边际贡献=120-72-10-8=30（万元）

（2）①投资报酬率是投资中心获得的利润与投资额的比率，其计算公式为：

投资报酬率=营业利润÷平均营业资产

故接受新投资机会前：

所求投资报酬率=98÷700×100%=14%

②剩余收益是指投资中心的营业收益扣减营业资产按要求的最低投资报酬率计算的收益额之后的余额。其计算公式为：

剩余收益=经营利润−（经营资产×最低投资报酬率）

故所求剩余收益=98−700×10%=28（万元）

（3）接受新投资机会后：

投资报酬率=（98+36）÷（700+300）×10%=13.4%

剩余收益=（98+36）−（700+300）×10%=34（万元）

（4）接受新投资之前剩余收益为28万元，接受新投资之后剩余收益为34万元，以剩余收益作为评价指标，实际上是分析该项投资是否给投资中心带来了更多的超额收入，所以如果用剩余收益指标来衡量投资中心的业绩，投资后剩余收益增加了6万元（34−28），则从企业集团整体利益角度，甲公司应该接受新投资机会。因为接受新投资机会后，甲公司的剩余收益增加了。

本章同步训练

一、单项选择题

1. 下列各项中，不属于成本计算目标的是（   ）。

A. 降低成本水平

B. 通过向管理人员提供成本信息，借以提高人们的成本意识

C. 通过成本差异分析，评价管理人员的业绩，促进管理人员采取改善措施

D. 通过盈亏平衡分析等方法，提供成本管理信息，有效地满足现代经营决策对成本信息的需求

2. 进行成本管理的第一步是（   ）。

A. 成本核算   B. 成本控制

C. 成本分析   D. 成本规划

3. 某企业每月固定制造费用20 000元，固定销售费用5 000元，固定管理费用50 000元。单位变动制造成本50元，单位变动销售费用9元，单位变动管理费用1元。该企业生产一种产品，单价100元，企业所得税税率为25%，如果保证本年不亏损，则至少应销售（   ）件产品。

A. 22 500   B. 1 875   C. 7 500   D. 3 750

4. 若保本作业率为60%，变动成本率为50%，安全边际量为1 200台，单价为500元，则实际销售额为（   ）万元。

A. 120   B. 100   C. 150   D. 无法计算

5. 某企业生产甲产品，已知该产品的单价为20元，单位变动成本为8元，销售量为600件，固定成本总额为2 800元，则边际贡献率和安全边际率分别为（　　）。

A. 60%和61.11%　　　　　　　　　　　　B. 60%和40%

C. 40%和66.11 %　　　　　　　　　　　　D. 40%和60%

6. 下列各项中，不属于降低保本点途径的是（　　）。

A. 降低固定成本总额　　　　　　　　　　B. 降低单位变动成本

C. 提高销售单价　　　　　　　　　　　　D. 降低销售单价

7. 产品的销售单价为8元/件，单位边际贡献是4元/件，固定成本为10 000元，税后目标利润（假设利息为零）为22 500元，企业所得税税率为25%，则实现目标利润的销售额为（　　）元。

A. 60 000　　　　　B. 80 000　　　　　C. 50 000　　　　　D. 40 000

8. A产品的单位变动成本6元，固定成本300元，单价10元，目标利润为500元，则实现目标利润的销售量为（　　）件。

A. 200　　　　　　B. 80　　　　　　　C. 600　　　　　　D. 100

9. 假设某企业只生产销售一种产品，单价50元，边际贡献率40%，每年固定成本300万元，预计下年产销量20万件，则价格对利润影响的敏感系数为（　　）。

A. 10　　　　　　　B. 8　　　　　　　C. 4　　　　　　　D. 40%

10. 已知单价对利润的敏感系数为5，本年盈利，为了确保下年度企业不亏损，单价下降的最大幅度为（　　）。

A. 50%　　　　　　B. 100%　　　　　　C. 20%　　　　　　D. 40%

二、多项选择题

1. 成本分析的方法主要包括（　　）。

A. 对比分析法　　　　　　　　　　　　　B. 连环替代法

C. 相关分析法　　　　　　　　　　　　　D. 综合分析法

2. 下列各项中，属于量本利分析的基本假设的有（　　）。

A. 总成本由固定成本和变动成本两部分组成　　B. 销售收入与业务量呈完全线性关系

C. 产销平衡　　　　　　　　　　　　　　D. 产品产销结构稳定

3. 某企业生产一种产品，单价20元，单位变动成本12元，固定成本80 000元/月，每月实际销售量为25 000件。以一个月为计算期，下列说法正确的有（　　）。

A. 保本点销售量为10 000件　　　　　　B. 安全边际额为300 000元

C. 保本作业率为40%　　　　　　　　　D. 销售利润率为24%

4. 已知某企业生产销售甲乙两种产品，2010年销售量分别为20万件和30万件，单价分别为40元和60元，单位变动成本分别为24元和30元，单位变动销售费用和管理费用分别为20元和25元，固定成本总额为200万元，则下列说法正确的有（　　）（计算结果保留两位小数）。

A. 加权平均边际贡献率为56.92%　　　　B. 加权平均边际贡献率为46.92%

C. 保本点销售额为426.26万元　　　　　D. 甲产品保本点销售量为3.28万件

5. 下列各项中，属于正常标准成本特点的有（　　　）。

A. 客观性　　　　　　　B. 现实性　　　　　　　C. 激励性　　　　　　　D. 一致性

6. 某产品的单位产品标准成本为：工时消耗3小时，变动制造费用小时分配率5元，固定制造费用小时分配率为2元，本月生产产品750件，实际使用工时2 100小时，预算产量下标准工时为2 430小时，实际发生变动制造费用11 550元，实际发生固定制造费用5 250元，则下列有关制造费用差异的计算中，正确的有（　　　）。

A. 变动制造费用耗费差异为1 050元　　　　　　B. 变动制造费用效率差异为-750元

C. 固定制造费用耗费差异360元　　　　　　　　D. 固定制造费用产量差异560元

7. 本月生产产品1 200件，使用材料7 500千克，材料单价为0.55元/千克；直接材料的单位产品标准成本为3元，每千克材料的标准价格为0.5元。实际使用工时2 670小时，支付工资13 617元；直接人工的标准成本是10元/件，每件产品标准工时为2小时。则下列结论正确的有（　　　）。

A. 直接材料成本差异为525元　　　　　　　　　B. 直接材料价格差异为375元

C. 直接人工效率差异为1 350元　　　　　　　　D. 直接人工工资率差异为240元

8. 作业成本管理中进行成本节约的途径包括（　　　）。

A. 作业消除　　　　　　B. 作业选择　　　　　　C. 作业增加　　　　　　D. 作业共享

9. 甲利润中心某年的销售收入10 000元，已销产品的变动成本为3 000元，变动销售费用1 000元，可控固定成本1 000元，不可控固定成本500元。则下列计算中正确的有（　　　）。

A. 边际贡献为6 000元　　　　　　　　　　　　B. 可控边际贡献为5 000元

C. 部门边际贡献为4 500元　　　　　　　　　　D. 部门边际贡献为5 500元

三、判断题

1. 成本考核是成本管理的核心。（　　　）

2. 成本核算是成本分析和成本控制的信息基础。（　　　）

3. 边际贡献是指产品的销售收入减去总成本后的余额。（　　　）

4. 保本点越低，企业的经营风险越大。（　　　）

5. 净利润是量本利分析的核心要素。（　　　）

6. 在敏感分析中，敏感系数最小的因素是固定成本。（　　　）

7. 材料的价格标准由采购部门制定。（　　　）

8. 通常来说，正常标准成本小于理想标准成本。（　　　）

9. 增值作业中因为低效率所发生的成本属于非增值成本。（　　　）

10. 双重价格的上限是市场价格，下限是单位变动成本。（　　　）

四、计算分析题

1. 甲企业只生产一种产品，年产销量为5万件，单位产品售价为20元。为了降低成本，计划购置新生产线。买价为200万元，预计使用寿命10年，到期收回残值2万元。据预测可使变动成本降低20%，产销量不变。现有生产线的年折旧额为6万元，购置新生产线后现有的生产线不再计提折旧。其他的固定成本不变。目前生产条件下的变动成本为40万元，固定成本为24万元。

要求：

（1）计算目前的安全边际率和利润；

（2）计算购置新生产线之后的安全边际率和利润；

（3）判断购置新生产线是否经济；

（4）如果购置新生产线，企业经营的安全性水平有何变化？

2. NH公司下设A、B两个投资中心。A投资中心的经营资产为200万元，投资报酬率为15%；B投资中心的投资报酬率为17%，剩余收益为20万元；NH公司要求的平均最低投资报酬率为12%。NH公司决定追加投资100万元，若投向A投资中心，每年可增加经营利润20万元；若投向B投资中心，每年可增加经营利润15万元。

要求：

（1）计算追加投资前A投资中心的剩余收益；

（2）计算追加投资前B投资中心的经营资产；

（3）计算追加投资前NH公司的投资报酬率；

（4）若A投资中心接受追加投资，计算其剩余收益；

（5）若B投资中心接受追加投资，计算其投资报酬率。

本章同步训练答案与解析

一、单项选择题

1.【正确答案】A

【答案解析】本题考核成本管理的目标。选项A是成本控制的目标，不是成本计算的目标。

2.【正确答案】D

【答案解析】本题考核成本管理的主要内容。成本规划是进行成本管理的第一步，主要是指成本管理的战略制定。

3.【正确答案】A

【答案解析】本题考核保本分析。保本销售量=（20 000+5 000+50 000）×12÷[100−（50+9+1）]=22 500（件）。

4.【正确答案】C

【答案解析】本题考核安全边际分析。安全边际率=1−60%=40%，实际销售量=12 00÷40%=3 000（台），实际销售额=3 000×500=1 500 000（元）=150（万元）。

5.【正确答案】A

【答案解析】本题考核保本分析和安全边际分析。边际贡献率=（20−8）÷20×100%=60%，保本销售量=2 800÷（20−8）=233.33（件），安全边际率=（600−233.33）÷600×100%=61.11%。

6.【正确答案】D

【答案解析】本题考核保本分析。从保本点的计算公式：保本销售量=固定成本÷（单价-单位变动成本）可以看出，降低保本点的途径主要有三个：降低固定成本总额、降低单位变动成本和提高销售单价。

7.【正确答案】B

【答案解析】本题考核目标利润分析。目标利润=22 500÷（1-25%）=30 000（元），实现目标利润的销售额=（10 000+30 000）÷（4÷8）=80 000（元）。

8.【正确答案】A

【答案解析】本题考核量目标利润分析。单位边际贡献=10-6=4（元），实现目标利润的销售量=（固定成本+目标利润）÷单位边际贡献=（300+500）÷4=200（件）。

9.【正确答案】A

【答案解析】题考核利润敏感性分析。预计下年利润=收入-变动成本-固定成本=20×50-20×50×（1-40%）-300=100（万元）。假设价格增长10%，达到55元，预计利润=20×55-20×30-300=200（万元），利润变动率=（200-100）÷100×100%=100%，单价的敏感系数=100%÷10%=10。

10.【正确答案】C

【答案解析】本题考核利润敏感性分析。单价对利润的敏感系数=利润变动百分比÷单价变动百分比，根据"利润=销售收入-总成本=单价×销量-总成本"可知，单价下降会导致利润下降，具体而言：单价下降的百分比=利润变动百分比÷单价对利润的敏感系数，如果利润下降的百分比超过100%，则下年就会出现亏损，因此"为了确保下年度企业不亏损"意味着"利润下降的最大幅度为100%"，所以单价下降的最大幅度为100%÷5=20%。

二、多项选择题

1.【正确答案】ABC

【答案解析】本题考核成本管理的主要内容。成本分析的方法主要有对比分析法、连环替代法和相关分析法。

2.【正确答案】ABCD

【答案解析】本题考核量本利分析的基本假设。一般来说，量本利分析主要基于以下四个假设前提：①总成本由固定成本和变动成本两部分组成；②销售收入与业务量呈完全线性关系；③产销平衡；④产品产销结构稳定。

3.【正确答案】ABCD

【答案解析】本题考核单一产品的量本利分析。保本点销售量=80 000÷（20-12）=10 000（件）；安全边际额=25 000×20-10 000×20=300 000（元）；保本作业率=10 000÷25 000×100%=40%，安全边际率=1-40%=60%，销售利润率=60%×40%=24%。

4.【正确答案】BCD

【答案解析】本题考核多种产品量本利分析。加权平均边际贡献率=[20×（40-24）+30×（60-30）]÷（20×40+30×60）×100%=46.92%，保本点销售额=200÷46.92%=426.26（万元），甲产品保本点销售额=20×40÷（20×40+30×60）×426.26=131.16（万元），甲产品保本点销售量=131.16÷40=3.28（万件）。

5.【正确答案】ABC

【答案解析】本题考核标准成本的分类。正常标准成本具有客观性、现实性和激励性等特点。

6.【正确答案】AB

【答案解析】本题考核固定制造费用差异分析。变动制造费用耗费差异=2 100×（11 550÷2 100−5）=1 050（元）；变动制造费用效率差异=（2 100−750×3）×5=−750（元）；固定制造费用耗费差异=5 250−2 430×2=390（元）；固定制造费用产量差异=（2 430−2 100）×2=660（元）。

7.【正确答案】ABC

【答案解析】本题考核直接人工成本差异计算。直接材料成本差异=7 500×0.55−1 200×3=525（元），直接材料价格差异=7 500×（0.55−0.5）=375（元），直接人工效率差异=（2 670−1 200×2）×10÷2=1 350（元），直接人工工资率差异=13 617−5×2 670=267（元）。

8.【正确答案】ABD

【答案解析】本题考核作业成本管理。作业成本管理中进行成本节约的途径，主要有以下四种形式：作业消除、作业选择、作业减少、作业共享。

9.【正确答案】ABC

【答案解析】本题考核利润中心的计算指标。边际贡献=销售收入总额−变动成本总额=10 000−3 000−1 000=6 000（元），可控边际贡献=边际贡献−该中心负责人可控固定成本=6 000−1 000=5 000（元），部门边际贡献=可控边际贡献−该中心负责人不可控固定成本=5 000−500=4 500（元）。

三、判断题

1.【正确答案】×

【答案解析】本题考核成本管理的主要内容。成本控制是成本管理的核心，是指企业采取经济、技术、组织等手段降低成本或改善成本的一系列活动。

2.【正确答案】√

【答案解析】本题考核成本管理的主要内容。成本核算是成本管理的基础环节，是指对生产费用发生和产品成本形成所进行的会计核算，它是成本分析和成本控制的信息基础。

3.【正确答案】×

【答案解析】本题考核量本利分析的基本原理。边际贡献，又称边际利润、贡献毛益等，是指产品的销售收入减去变动成本后的余额。

4.【正确答案】×

【答案解析】本题考核保本分析。企业经营管理者总是希望企业的保本点越低越好，保本点越低，企业经营风险就越小。

5.【正确答案】×

【答案解析】本题考核目标利润分析。目标利润是量本利分析的核心要素，它既是企业经营的动力和目标，也是量本利分析的中心。

6.【正确答案】×

【答案解析】本题考核利润敏感性分析。在不亏损的状态下，销售量的敏感系数一定大于固定成本的敏感系数；所以，敏感系数最小的因素，不是单位变动成本就是固定成本。

7.【正确答案】×

【答案解析】本题考核直接材料标准成本的制定。材料的价格标准一般由财务部门、采购部门等共同制定。

8.【正确答案】×

【答案解析】通常来说，理想标准成本应小于正常标准成本。

9.【正确答案】√

【答案解析】本题考核作业分析。增值成本即那些以完美效率执行增值作业所发生的成本，或者说，是高效增值作业产生的成本。而那些增值作业中因为低效率所发生的成本则属于非增值成本。

10.【正确答案】×

【答案解析】本题考核内部转移价格的制定。协商价格的上限是市场价格，下限则是单位变动成本。当双方协商陷入僵持时，会导致公司高层的干预。

四、计算分析题

1.【参考答案】

（1）目前的单位产品变动成本=40÷5=8（元）

单位产品边际贡献=20-8=12（元）

盈亏临界点销售量=24÷12=2（万件）

安全边际率=（5-2）÷5×100%=60%

利润=5×12-24=36（万元）

（2）购置新生产线之后的单位产品变动成本=8×（1-20%）=6.4（元）

单位产品边际贡献=20-6.4=13.6（元）

固定成本=24-6+（200-2）÷10=37.8（万元）

盈亏临界点销售量=37.8÷13.6=2.78（万件）

安全边际率=（5-2.78）÷5×100%=44.4%

利润=5×13.6-37.8=30.2（万元）

（3）由于利润下降，所以购置新生产线不经济。

（4）由于安全边际率降低，因此，企业经营的安全性水平下降。

2.【参考答案】

（1）A投资中心的经营利润=200×15%=30（万元）

A投资中心的剩余收益=30-200×12%=6（万元）

（2）B投资中心的经营利润=经营资产×17%

B投资中心的剩余收益=经营资产×17%-经营资产×12%=20（万元）

经营资产=20÷（17%-12%）=400（万元）

（3）投资报酬率=（200×15%+400×17%）÷（200+400）=16.33%

（4）剩余收益=（200×15%+20）-（200+100）×12%=14（万元）

（5）投资报酬率=（400×17%+15）÷（400+100）=16.60%

第九章
收入与分配管理

考情分析与考点提示

　　本章属于重要章节，近年来所占分值比重有增加的趋势，需要引起注意。本章主要讲述了收益与分配的管理，涉及收入管理、成本费用管理和利润分配管理。本章考查的内容主观题、客观题均有涉及，因此，在看书的时候需要全面掌握，同时注意与其他章节相结合的知识点，其正好是综合题的考点。

　　从历年试题分布来看，客观题和主观题出现的频率相当，近年来加大了对本章的考查，尤其是在综合题中的考查。学习本章内容时，需要掌握销售预测的方法和销售定价管理，成本归口分级管理，成本性态分析，标准成本、责任成本及作业成本管理；熟悉股利政策及其影响因素、股利支付形式、股票回购；了解收益分配管理的意义、内容。

最近五年考试题型、分值分布

年份	单选	多选	判断	计算分析	综合题	合计
2013	2	4	1			7
2012	2	2				4
2011	3					3
2010	5	4	1		10	20
2009	3	6	1	5	10	25

　　说明：综合题涉及两章或两章以上内容的，所涉及的每一章均统计一次分数。

重点突破及真题解析

第一节　收入与分配管理的主要内容

　　收入与分配管理是对企业收入与分配活动及其形成的财务关系的组织与调节，是企业进行销售预测和定价管理，并将一定时期内所创造的经营成果合理地在企业内、外部各利益相关者之间进行有效分配的过程。收入反映的是企业经济利益的来源，而分配反映的是企业经济利益的去向，两者共同构成企业经济利益流动的完整链条。收入的初次分配是对成本费用的弥补，这一过程随着再生产的进行而自然完成，而利润分配则是对收入初次分配的结果进行再分配。

考点1 收入与分配管理

企业通过经营活动取得收入后，要按照补偿成本、缴纳企业所得税、提取公积金、向投资者分配利润等顺序进行收益分配。对于企业来说，收益分配不仅是资产保值、保证简单再生产的手段，同时也是资产增值、实现扩大再生产的工具。收益分配可以满足国家政治职能与组织经济职能的需要，是处理所有者、经营者等各方面物质利益关系的基本手段。

（一）收入与分配管理的意义

收入与分配管理作为现代企业财务管理的重要内容之一，对于维护企业与各相关利益主体的财务管理、提升企业价值具有重要意义。具体而言，企业收益与分配管理的意义表现在以下三个方面：

（1）收益分配集中体现了企业所有者、经营者与职工之间的利益关系。

（2）收益与分配管理是企业再生产的条件以及优化资本结构的重要措施。

（3）收益与分配管理是国家建设资金的重要来源之一。

（二）收入与分配管理的原则

收入与分配管理的原则包括：①依法分配原则；②分配与积累并重原则；③兼顾各方利益原则；④投资与收入对等原则。

例9-1（2007年多选题）在下列各项中，属于企业进行收益分配应遵循的原则有（ ）。

A. 依法分配原则　　　　　　　　　　B. 资本保全原则

C. 分配与积累并重原则　　　　　　　D. 投资与收益对等原则

【参考答案】 ABCD

【解析】 本题考查的是第九章的相关内容。根据原教材内容，企业进行收益分配应遵循的原则包括依法分配原则、资本保全原则、兼顾各方面利益原则、分配与积累并重原则、投资与收益对等原则，因此，应该选择ABCD选项。但是，新教材内容对其进行了修改，企业进行收益分配应遵循的原则包括：依法分配原则、分配与积累并重原则、兼顾各方利益原则、投资与收益对等原则。因此，根据新教材，本题的最佳答案是ACD选项。

考点2 收入与分配管理的内容

企业通过销售产品、提供劳务、转让资产使用权等活动取得收入，而这些收入的去向主要是两个方面：一是弥补成本费用，即为取得收入而发生的资源耗费；二是形成利润，即收入匹配成本费用后的余额。收入、成本费用和利润三者之间的关系可以简单表述为：

$$收入 - 成本费用 = 利润$$

可以看出，对企业收入的分配，首先是对成本费用进行补偿，然后，对其余额（即利润）按照一定的程序进行再分配。对成本费用的补偿随着企业再生产的进行自然完成，成本管理的有关内容已在前面章节作了详细介绍，不再赘述。本章主要介绍收入管理和利润分配管理两方面内容。

（一）收入管理

根据《企业会计准则》的规定，收入是指企业在日常活动中形成的、会导致所有者权益增加的、与所有者投入资本无关的经济利益的总流入，一般包括销售商品收入、提供劳务收入和让渡资产使用权收入等。

销售收入是企业收入的主要构成部分，是企业能够持续经营的基本条件，销售收入的制约因素主要是销量与价格，销售预测分析与销售定价管理构成了收入管理的主要内容。

（二）分配管理

分配管理指的是对利润分配的管理。

值得说明的是，本章所指利润分配是指对净利润的分配。根据我国《公司法》及相关法律制度的规定，公司净利润的分配应按照下列顺序进行，并构成了分配管理的主要内容。

（1）弥补以前年度亏损。

（2）提取法定公积金。根据公司法的规定，法定盈余公积金的提取比例为当年税后利润（弥补亏损后）的10%。当年法定盈余公积的累积额已达注册资本的50%时，可以不再提取。提取法定盈余公积金的目的是为了增加企业内部积累，以利于企业扩大再生产。

（3）提取任意公积金。

例9-2（2012年单选题）下列关于提取任意盈余公积的表述中，不正确的是（　　　）。

A. 应从税后利润中提取　　　　　　　　B. 应经股东大会决议

C. 满足公司经营管理的需要　　　　　　D. 达到注册资本的50%时不再计提

【参考答案】D

【解析】根据公司法的规定，法定盈余公积金的提取比例为当年税后利润（弥补亏损后）的10%，当法定盈余公积金的累积额达到注册资本的50%时，可以不再提取。

（4）向股东（投资者）分配股利（利润）。根据公司法的规定，公司弥补亏损和提取公积金后所余税后利润，可以向股东（投资者）分配股利（利润）。

第二节　收入管理

企业销售收入是企业的主要财务指标，在资金运动过程中处于起点和终点的地位，具有重要的经济意义。它是企业简单再生产和扩大再生产的资金来源，是加速资金周转的前提。销售收入大小的制约因素主要是产品的销售数量和销售价格，因此，企业在经营管理过程中一定要做好销售预测分析以及销售定价管理。

考点1　销售预测分析

销售预测分析是指通过市场调查，以有关的历史资料和各种信息为基础，运用科学的预测方法或管理人员的实际经验，对企业产品在计划期间的销售量或销售额作出预计或估量的过程。企业在进行销售预测时，应充分研究和分析企业产品销售的相关资料。此外，对企业所处的市场环境、物价指数、市场占有率及经济发展趋势等情况也应进行研究分析。

销售预测的方法有很多种，主要包括定性分析法和定量分析法。

（一）销售预测的定性分析法

定性分析法，即非数量分析法，是指由专业人员根据实际经验，对预测对象的未来情况及发展趋势作出预测的一种分析方法。它一般适用于预测对象的历史资料不完备或无法进行定量分析时，主要包括推销员判断法、专家判断法和产品寿命周期分析法。

1. 营销员判断法

营销员判断法，又称意见汇集法，是由企业熟悉市场情况及相关变化信息的经营管理人员对由推销员调查得来的结果进行综合分析，从而作出较为正确预测的方法。这种方法用时短、耗费小，比较实用。在市场发生变化的情况下，能很快地对预测结果进行修正。

2. 专家判断法

专家判断法，是由专家根据他们的经验和判断能力对特定产品的未来销售量进行判断和预测的方法，主要有以下三种不同形式：

（1）个别专家意见汇集法，即分别向每位专家征求对本企业产品未来销售情况的个人意见，然后将这些意见再加以综合分析，确定预测值。

（2）专家小组法，即将专家分成小组，运用专家们的集体智慧进行判断预测的方法。此方法的缺陷是预测小组中专家意见可能受权威专家的影响，客观性较德尔菲法差。

（3）德尔菲法，又称函询调查法，它采用函询的方式，征求各方面专家的意见，各专家在互不通气的情况下，根据自己的观点和方法进行预测，然后由企业把各个专家的意见汇集在一起，通过不记名方式反馈给各位专家，请他们参考别人的意见修正本人原来的判断，如此反复数次，最终确定预测结果。

3. 产品寿命周期分析法

产品寿命周期分析法就是利用产品销售量在不同寿命周期阶段上的变化趋势，进行销售预测的一种定性分析方法，它是对其他预测分析方法的补充。产品寿命周期是指产品从投入市场到退出市场所经历的时间，一般要经过萌芽期、成长期、成熟期和衰退期四个阶段。判断产品所处的寿命周期阶段，可根据销售增长率指标进行。一般地，萌芽期增长率不稳定，成长期增长率最大，成熟期增长率稳定，衰退期增长率为负数。

（二）销售预测的定量分析法

定量分析法，也称数量分析法，是指在预测对象有关资料完备的基础上，运用一定的数学方法，建立预测模型作出预测。它一般包括趋势预测分析法和因果预测分析法两大类。

1. 趋势预测分析法

趋势预测分析法主要包括算术平均法、加权平均法、移动平均法和指数平滑法等。

（1）算术平均法，即将若干历史时期的实际销售量或销售额作为样本值，求出其算术平均数，并将该平均数作为下期销售量的预测值。其计算公式为：

$$Y = \frac{\sum X_i}{n}$$

式中，Y为预测值；X_i为第i期的实际销售量；n为期数。

算术平均法适用于每月销售量波动不大的产品的销售预测。

（2）加权平均法，同样是将若干历史时期的实际销售量或销售额作为样本值，将各个样本值按照一定的权数计算得出加权平均数，并将该平均数作为下期销售量的预测值。一般地，由于市场变化较大，离预测期越近的样本值对其影响越大，而离预测期越远的则影响越小，所以权数的选取应遵循"近大远小"的原则。其计算公式为：

$$Y = \sum_{i=1}^{n} W_i X_i$$

式中，Y为预测值；W_i为第i期的权数（$0 < W_i \leqslant W_{i+1} < 1$，且$\sum W_i = 1$）；$X_i$为第$i$期的实际销售量；$n$为期数。

加权平均法较算术平均法更为合理，计算也较方便，因而在实践中应用较多。

（3）移动平均法，是从n期的时间数列销售量中选取m期（m数值固定，且$m < n/2$）数据作为样本值，求其m期的算术平均数，并不断向后移动计算观测期平均值，以最后一个m期的平均数作为未来第$n+1$期销售预测值的一种方法。这种方法假设预测值主要受最近m期销售量的影响。其计算公式为：

$$Y_{n+1} = \frac{X_{n-(m-1)} + X_{n-(m-2)} + \cdots + X_{m-1} + X_n}{m}$$

为了使预测值更能反映销售量变化的趋势，可以对上述结果按趋势值进行修正，其计算公式为：

$$\overline{Y}_{n+1} = Y_{n+1} + (Y_{n+1} - Y_n)$$

由于移动平均法只选用了n期数据中的最后m期作为计算依据，故而代表性较差。此法适用于销售量略有波动的产品预测。

（4）指数平滑法，实质上是一种加权平均法，是以事先确定的平滑指数a及（$1-a$）作为权数进行加权计算，预测销售量的一种方法。其计算公式为：

$$Y_{n+1} = aX_n + (1-a)Y_n$$

式中，Y_{n+1}为未来第$n+1$期的预测值；Y_n为第n期预测值，即预测前期的预测值；X_n为第n期的实际销售量，即预测前期的实际销售量；a为平滑指数；n为期数。

一般地，平滑指数的取值通常在0.3～0.7之间，其取值大小决定了前期实际值与预测值对本期预测值的影响。采用较大的平滑指数，预测值可以反映样本值新近的变化趋势；采用较小的平滑指数，则反映了样本值变动的长期趋势。因此，在销售量波动较大或进行短期预测时，可选择较大的平滑指数；在销售量波动较小或进行长期预测时，可选择较小的平滑指数。

该方法运用比较灵活，适用范围较广，但在平滑指数的选择上具有一定的主观随意性。

2. 因果预测分析法

因果预测分析法是指通过影响产品销售量（因变量）的相关因素（自变量）以及它们之间

的函数关系，并利用这种函数关系进行产品销售预测的方法。因果预测分析法最常用的是回归分析法，本章主要介绍回归直线法。

回归直线法，也称一元回归分析法。它假定影响预测对象销售量的因素只有一个，根据直线方程 $y=a+bx$，按照最小二乘法原理，来确定一条误差最小的、能正确反映自变量 x 和因变量 y 之间关系的直线，其常数项 a 和系数 b 的计算公式为：

$$b = \frac{n\sum xy - \sum x \sum y}{n\sum x^2 - \left(\sum x\right)^2}, \quad a = \frac{\sum y - b\sum x}{n}$$

待求出 a、b 的值后，代入 $y=a+bx$，结合自变量 x 的取值，即可求得预测对象 y 的预测销售量或销售额。

考点2 销售定价管理

正确制定销售定价策略，直接关系到企业的生存和发展，加强销售定价管理是企业财务管理的重要内容。

（一）销售定价管理的含义

销售定价管理是指在调查分析的基础上，选用合适的产品定价方法，为销售的产品制定最为恰当的售价，并根据具体情况运用不同价格策略，以实现经济效益最大化的过程。

企业销售各种产品都必须确定合理的产品销售价格。产品价格的高低直接影响到销售量的大小，进而影响到企业的盈利水平。产品销售价格的高低，价格策略运用的恰当与否，都会影响到企业正常的生产经营活动，甚至影响到企业的生存和发展。进行良好的销售定价管理，可以使企业的产品更富有吸引力，扩大市场占用率，改善企业的相对竞争地位。

（二）影响产品价格的因素

影响产品价格的因素非常复杂，主要包括以下几个方面。

1. 价值因素

提高社会劳动生产率，缩短生产产品的社会必要劳动时间，可以相对地降低产品价格。

2. 成本因素

成本是影响定价的基本因素。企业必须获得可以弥补已发生成本费用的足够多的收入，才能长期生存发展下去。

3. 市场供求因素

市场供求变动对价格的变动具有重大影响。市场供求关系是永远矛盾着的两个方面，因此，产品价格也会不断地波动。

4. 竞争因素

产品竞争程度不同，对定价的影响也不同。竞争越激烈，对价格的影响也越大。为了做好定价决策，企业必须充分了解竞争者的情况，最重要的是竞争对手的定价策略。

5. 政策法规因素

企业在制定定价策略时一定要很好地了解本国及所在国有关方面的政策和法规。

（三）企业的定价目标

定价目标是指企业在一定的经营环境中，制定产品价格，通过价格效用实现企业预期的经营目标。企业自身的实际情况及所面临的外部环境不同，企业的定价目标也多种多样，主要有以下几种：

（1）实现利润最大化；

（2）保持或提高市场占有率；

（3）稳定价格；

（4）应付和避免竞争；

（5）树立企业形象及产品品牌。

（四）产品定价方法

产品定价方法主要包括以成本为基础的定价方法和以市场需求为基础的定价方法两大类。

1. 以成本为基础的定价方法

企业成本范畴基本上有三种成本可以作为定价基础，即变动成本、制造成本和全部成本费用。

变动成本是指在特定的业务量范围内，其总额会随业务量的变动而变动的成本。变动成本可以作为增量产量的定价依据，但不能作为一般产品的定价依据。

制造成本是指企业为生产产品或提供劳务等发生的直接费用支出，一般包括直接材料、直接人工和制造费用。利用制造成本定价不利于企业简单再生产的继续进行。

全部生产费用是指企业为生产、销售一定种类和数量的产品所发生的费用总额，包括制造成本和管理费用、销售费用及财务费用等各种期间费用。在全部成本费用基础上制定价格，既可以保证企业简单再生产的正常进行，又可以使劳动者为社会劳动所创造的价值得以全部实现。因此，当前产品定价的基础，仍然是产品的全部成本费用。

> **例9-3**（2012年多选题）使用以成本为基础的定价方法时，可以作为产品定价基础的成本类型有（　　）。
>
> A. 变动成本　　　　　　B. 制造成本　　　　　　C. 完全成本　　　　　　D. 固定成本
>
> 【参考答案】ABC
>
> 【解析】以成本为基础的定价方法下，可以作为产品定价基础的成本类型有变动成本、制造成本和完全成本。

（1）全部成本费用加成定价法，是在全部成本费用的基础上，加合理利润来定价。合理利润的确定，在工业企业一般是根据成本利润率，而在商业企业一般是根据销售利润率。在考虑税金的情况下，有关计算公式为：

① 成本利润率定价：

$$成本利润率 = \frac{预测利润总额}{预测成本总额} \times 100\%$$

$$单位产品价格=\frac{单位成本×\left(1+成本利润率\right)}{1-适用税率}$$

② 销售利润率定价：

$$销售利润率=\frac{预测利润总额}{预测销售总额}×100\%$$

$$单位产品价格=\frac{单位成本}{1-销售利润率-适用税率}$$

上述公式中，单位成本是指单位全部成本费用，可以用单位制造成本加上单位产品负担的期间费用来确定。

全部成本费用加成定价法可以保证全部生产耗费得到补偿，但它很难适应市场需求的变化，往往导致定价过高或过低。并且，当企业生产多种产品时，间接费用难以准确分摊，从而会导致定价不准确。

保本点定价法。

保本点定价法的基本原理，是按照刚好能够保本的原理来制定产品销售价格。即能够保持既不盈利也不亏损的销售价格水平，采用这一方法确定的价格是最低销售价格。其计算公式为：

$$单位产品价格=\frac{单位固定成本+单位变动成本}{1-适用税率}=\frac{单位完全成本}{1-适用税率}$$

（2）目标利润法，目标利润是指企业在预定时期内应实现的利润水平。目标利润定价法是根据预期目标利润和产品销售量、产品成本、适用税率等因素来确定产品销售价格的方法。其计算公式为：

$$单位产品价格=\frac{目标利润总额+完全成本总额}{产品销量×\left(1-适用税率\right)}$$

或

$$=\frac{单位目标利润+单位完全成本}{1-适用税率}$$

（3）变动成本定价法，是指企业在生产能力有剩余的情况下增加生产一定数量的产品所应分担的成本。这些增加的产品可以不负担企业的固定成本，只负担变动成本。在确定价格时产品成本仅以变动成本计算。此处所指变动成本是指完全变动成本，包括变动制造成本和变动期间费用。其计算公式为：

$$单位产品价格=\frac{单位变动成本×\left(1+成本利润率\right)}{1-适用税率}$$

2. 以市场需求为基础的定价方法

以成本为基础的定价方法，主要关注企业的成本状况而不考虑市场需求状况，因而这种方法制定的产品价格不一定满足企业销售收入或利润最大化的要求。最优价格应是企业取得最大销售收入或利润时的价格。以市场需求为基础的定价方法可以契合这一要求，主要有需求价格弹性系数定价法和需求函数定价法等。

（1）需求价格弹性系数定价法。在其他条件不变的情况下，某种产品的需求量随其价格的升降而变动的程度，就是需求价格弹性系数。其计算公式为：

$$E = \frac{\Delta Q / Q_0}{\Delta P / P_0}$$

式中，E为某种产品的需求价格弹性系数；ΔP为价格变动量；P_0为基期单位产品价格；ΔQ为需求变动量；Q_0为基期需求量。

运用需求价格弹性系数确定产品的销售价格时，其基本计算公式为：

$$P = \frac{P_0 Q_0^{a}}{Q^{a}}$$

式中，P_0为基期单位产品价格；P为单位产品价格；Q_0为基期销售数量；Q为预计销售数量；E为需求价格弹性系数；a为需求价格弹性系数绝对值的倒数，即$\frac{1}{|E|}$。

（2）边际分析定价法，是指基于微分极值原理，通过分析不同价格与销售量组合下的产品边际收入、边际成本和边际利润之间的关系，进行定价决策的一种定量分析方法。

按照微分极值原理，如果利润函数的一阶导数等于零，即边际利润等于零，边际收入等于边际成本，那么，利润将达到最大值。此时的价格就是最优销售价格。

当收入函数和成本函数均可微时，直接对利润函数求一阶导数，即可得到最优售价；当收入函数或成本函数为离散型函数时，可以通过列表法，分别计算各种价格与销售量组合下的边际利润，那么，在边际利润大于或等于零的组合中，边际利润最小时的价格就是最优售价。

（五）价格运用策略

企业之间的竞争在很大程度上表现为企业产品在市场上的竞争。市场占有率的大小是衡量产品市场竞争能力的主要指标。主要的价格运用策略有以下几种：

1. 折让定价策略

折让定价策略是指在一定条件下，以降低产品的销售价格来刺激购买者，从而达到扩大产品销售量的目的。价格的折让主要表现是折扣，一般表现为单位折扣、数量折扣、现金折扣、推广折扣和季节性折扣等形式。

2. 心理定价策略

心理定价策略是指针对购买者的心理特点而采取的一种定价策略，主要有声望定价、尾数定价、双位定价和高位定价等。

3. 组合定价策略

组合定价策略是针对相关产品组合所采取的一种方法。它根据相关产品在市场竞争中的不同情况，使互补产品价格有高有低，或使组合售价优惠。对于具有互补关系的相关产品，可以采取降低部分产品价格而提高互补产品价格，以促进销售，提高整体利润。对于具有配套关系的相关产品，可以对组合购买进行优惠。组合定价策略可以扩大销售量、节约流通费用，有利于企业整体效益的提高。

4. 寿命周期定价策略

寿命周期定价策略是根据产品从进入市场到退出市场的生命周期，分阶段确定不同价格的定价策略。产品在市场中的寿命周期一般分为推广期、成长期、成熟期和衰退期。

第三节 分配管理

考点1 股利政策与企业价值

股利政策是指在法律允许的范围内，企业是否发放股利、发放多少股利以及何时发放股利的方针及对策。

股利政策的最终目标是使公司价值最大化。股利政策关系到公司在市场上、在投资者中间的形象，成功的股利政策有利于提高公司的市场价值。

（一）股利分配理论

企业的股利分配方案既取决于企业的股利政策，又取决于决策者对股利分配的理解与认识，即股利分配理论。股利分配理论是指人们对股利分配的客观规律的科学认识与总结，其核心问题是股利政策与公司价值的关系问题。股利分配与财务目标之间关系的认识主要有以下两种较流行的观点。

1. 股利无关论

股利无关论认为，在一定的假设条件限制下，股利政策不会对公司的价值或股票的价格产生任何影响，投资者不关心公司股利的分配。公司市场价值的高低，是由公司所选择的投资决策的获利能力和风险组合所决定，而与公司的利润分配政策无关。

该理论是建立在完全资本市场理论之上的，假定条件包括：第一，市场具有强式效率；第二，不存在任何公司或个人所得税；第三，不存在任何筹资费用；第四，公司的投资决策与股利决策彼此独立。

2. 股利相关理论

与股利无关理论相反，股利相关理论认为，企业的股利政策会影响股票价格和公司价值。主要观点有以下几种：

（1）"手中鸟"理论。该理论认为，用留存收益再投资给投资者带来的收益具有较大的不确定性，并且投资的风险随着时间的推移会进一步加大。该理论认为公司的股利政策与公司的股票价格是密切相关的，即当公司支付较高的股利时，公司的股票价格会随之上升，公司价值将得到提高。

（2）信号传递理论。该理论认为，在信息不对称的情况下，公司可以通过股利政策向市场传递有关公司未来获利能力的信息，从而会影响公司的股价。一般来讲，预期未来获利能力强的公司，往往愿意通过相对较高的股利支付水平吸引更多的投资者。对于市场上的投资者来讲，股利政策的差异或许是反映公司预期获利能力的有价值的信号。

（3）所得税差异理论。该理论认为，由于普遍存在的税率和纳税时间的差异，资本利得收入比股利收入更有助于实现收益最大化目标，公司应当采用低股利政策。一般来说，对资本利得收入征收的税率低于对股利收入征收的税率；再者，即使两者没有税率上的差异，由于投资者对资本利得收入的纳税时间选择更具有弹性，投资者仍可以享受延迟纳税带来的收益差异。

（4）代理理论。该理论认为，股利政策有助于减缓管理者与股东之间的代理冲突，即股利政策是协调股东与管理者之间代理关系的一种约束机制。该理论认为,股利的支付能够有效地降低代理成本。首先,股利的支付减少了管理者对自由现金流量的支配权,这在一定程度上可以抑制公司管理者的过度投资或在职消费行为,从而保护外部投资者的利益;其次,较多的现金股利发放,减少了内部融资,导致公司进入资本市场寻求外部融资,从而公司将接受资本市场上更多的、更严格的监督,这样便通过资本市场的监督减少了代理成本。因此,高水平的股利政策降低了企业的代理成本,但同时增加了外部融资成本,理想的股利政策应当使两种成本之和最小。

例9-4(2011年单选题)股利的支付可减少管理层可支配的自由现金流量,在一定程度上和抑制管理层的过度投资或在职消费行为。这种观点体现的股利理论是( )。

A. 股利无关理论　　　B. 信号传递理论　　　C. "手中鸟"理论　　　D. 代理理论

【参考答案】D

【解析】本题考查代理理论的相关知识。该理论认为,股利政策有助于减缓管理者与股东之间的代理冲突,即股利政策是协调股东与管理者之间代理关系的一种约束机制。该理论认为,股利的支付能够有效地降低代理成本。首先,股利的支付减少了管理者对自由现金流量的支配权,这在一定程度上可以抑制公司管理者的过度投资或在职消费行为,从而保护外部投资者的利益;其次,较多的现金股利发放,减少了内部融资,导致公司进入资本市场寻求外部融资,从而公司将接受资本市场上更多的、更严格的监督,这样便通过资本市场的监督减少了代理成本。因此,高水平的股利政策降低了企业的代理成本,但同时增加了外部融资成本,理想的股利政策应当使两种成本之和最小。因此,本题D选项正确。

(二)股利政策

股利政策既要保持相对稳定,又要符合公司财务目标和发展目标。在实际工作中,通常有以下几种股利政策可供选择。

1. 剩余股利政策

剩余股利政策是指公司在有良好的投资机会时,根据目标资本结构,测算出投资所需的权益资本额,先从盈余中留用,然后将剩余的盈余作为股利来分配,即净利润首先满足公司的资金需求,如果还有剩余,就派发股利;如果没有,则不派发股利。剩余股利政策的理论依据是MM股利无关理论。采用剩余股利政策时,公司要遵循如下四个步骤:

(1)设定目标资本结构,在此资本结构下,公司的加权平均资本将达到最低水平;

(2)确定公司的最佳资本预算,并根据公司的目标资本结构预计资金需求中所需增加的权益资本数额;

(3)最大限度地使用留存收益来满足资金需求中所需增加的权益资本数额;

(4)留存收益在满足公司权益资本增加需求后,若还有剩余再用来发放股利。

剩余股利政策的优点是:留存收益优先保证再投资的需要,有助于降低再投资的资金成本,保持最佳的资本结构,实现企业价值的长期最大化。

剩余股利政策的缺陷是:若完全遵照执行剩余股利政策,股利发放额就会每年随着投资机会和盈利水平的波动而波动。在盈利水平不变的前提下，股利发放额与投资机会的多寡呈反方向变动；而在投资机会维持不变的情况下，股利发放额将与公司盈利呈同方向波动。剩余股利政策不利于投资者安排收入与支出，也不利于公司树立良好的形象，一般适用于公司初创阶段。

2. 固定或稳定增长的股利政策

固定或稳定增长的股利政策是指公司将每年派发的股利额固定在某一特定水平或是在此基础上维持某一固定比率逐年稳定增长。公司只有在确信未来应予不会发生逆转时才会宣布实施固定或稳定增长的股利政策。在这一政策下，应首先确定股利分配额，而且该分配额一般不随资金需求的波动而波动。

固定或稳定增长股利政策的优点有：①稳定的股利向市场传递着公司正常发展的信息，有利于树立公司的良好形象，增强投资者对公司的信心，稳定股票的价格。②稳定的股利额有助于投资者安排股利收入和支出，有利于吸引那些打算进行长期投资并对股利有很高依赖性的股东。③稳定的股利政策可能会不符合剩余股利理论，但考虑到股票市场会受多种因素影响（包括股东的心理状态和其他要求），为了将股利维持在稳定的水平上，即使推迟某些投资方案或暂时偏离目标资本结构，也可能比降低股利或股利增长率更为有利。

固定或稳定增长股利政策的缺点有，股利的支付与企业的盈利相脱节，即不论公司盈利多少，均要支付固定的或按固定比率增长的股利，这可能会导致企业资金紧缺，财务状况恶化。此外，在企业无利可分的情况下，若依然实施固定或稳定增长的股利政策，也是违反《公司法》的行为。

因此，采用固定或稳定增长的股利政策，要求公司对未来的盈利和支付能力能作出准确的判断。一般来说，公司确定的固定股利额不宜太高，以免陷入无力支付的被动局面。固定或稳定增长的股利政策通常适用于经营比较稳定或正处于成长期的企业，且很难被长期采用。

3. 固定股利支付率政策

固定股利支付率政策是指公司将每年净利润的某一固定百分比作为股利分派给股东。这一百分比通常称为股利支付率，股利支付率一经确定，一般不得随意变更。在这一股利政策下，只要公司的税后利润一经计算确定，所派发的股利也就相应确定了。固定股利支付率越高，公司留存的净利润越少。

固定股利支付率的优点：①采用固定股利支付率政策，股利与公司盈余紧密地配合，体现了"多盈多分、少盈少分、无盈不分"的股利分配原则。②由于公司的获利能力在年度间是经常变动的，因此，每年的股利也应当随着公司收益的变动而变动。采用固定股利支付率政策，公司每年按固定的比例从税后利润中支付现金股利，从企业的支付能力的角度看，这是一种稳定的股利政策。

固定股利支付率的缺点：①大多数公司每年的收益很难保持稳定不变，导致年度间的股利额波动较大，由于股利的信号传递作用，波动的股利很容易给投资者带来经营状况不稳定、投资风险较大的不良印象，称为公司的不利因素。②容易使公司面临较大的财务压力。③合适的固定股利支付率的确定难度比较大。

固定股利支付率政策只是比较适用于那些处于稳定发展且财务状况也较稳定的公司。

4. 低正常股利加额外股利政策

低正常股利加额外股利政策，是指公司事先设定一个较低的正常股利额，每年除了按正常股利额向股东发放股利外，还在公司盈余较多、资金较为充裕的年份向股东发放额外股利。但是，额外股利并不固定化，不意味着公司永久地提高了股利支付率。可以用以下公式表示：

$$Y = a + bX$$

其中，Y为每股股利；X为每股收益；a为低正常股利；b为股利支付比率。

低正常股利加额外股利政策的优点：①赋予公司较大的灵活性，使公司在股利发放上留有余地，并具有较大的财务弹性。②使那些依靠股利度日的股东每年至少可以得到虽然较低但比较稳定的股利收入，从而吸引住这部分股东。

低正常股利加额外股利政策的缺点：①由于年份之间公司盈利的波动使得额外股利不断变化，造成分派的股利不同，容易给投资者收益不稳定的感觉。②当公司在较长时间持续发放额外股利后，可能会被股东误认为"正常股利"，一旦取消，传递出的信号可能会使股东认为这是公司财务状况恶化的表现，进而导致股价下跌。

相对来说，对那些盈利随着经济周期而波动较大的公司或者盈利与现金流量很不稳定时，低正常股利加额外股利政策也许是一种不错的选择。

考点2　利润分配制约因素

在确定利润分配政策时，应当考虑各种相关因素的影响，主要包括法律、公司、股东及其他因素。

（一）法律因素

为了保护债权人和股东的利益，法律规定就公司的利润分配作出如下规定：

（1）资本保全约束。规定公司不能用资本（包括实收资本或股本和资本公积）发放股利，目的在于维持企业资本的完整性，保护企业完整的产权基础，保障债权人的利益。

（2）资本积累约束。规定公司必须按照一定的比例和基数提取各种公积金，股利只能从企业的可供分配利润中支付。另外，在进行利润分配时，一般应当贯彻"无利不分"的原则，即当企业出现年度亏损时，一般不进行利润分配。

（3）超额累积利润约束。由于资本利得与股利收入的税率不一致，如果公司为了避税而使得盈余的保留大大超过了公司目前及未来的投资需要时，将被加征额外的税款。

（4）偿债能力约束。要求公司考虑现金股利分配对偿债能力的影响，确定在分配后仍能保持较强的偿债能力，以维持公司的信誉和借贷能力，从而保证公司的正常资金周转。

（二）公司因素

公司基于短期经营和长期发展的考虑，在确定利润分配政策时，需要关注以下因素：

（1）现金流量。

（2）资产的流动性。

（3）盈余的稳定性。

（4）投资机会。

（5）筹资因素。

（6）其他因素。比如不同发展阶段、不同行业的公司股利支付比例会有差异，这就要求公司在进行政策选择时要考虑发展阶段以及所处行业状况。

> **例9-5**（2011年单选题）处于衰退期的企业在制定收益分配政策时，应当优先考虑企业积累。（   ）
>
> **【参考答案】** ×
>
> **【解析】** 由于企业处于衰退期，此时企业将留存收益用于再投资所得报酬低于股东个人单独将股利收入投资于其他投资机会所得的报酬，企业就不应多留存收益，而应多发股利，这样有利于股东价值的最大化。

（三）股东因素

股东在控制权、收入和税赋方面的考虑也会对公司的利润分配政策产生影响。

（1）控制权。现有股东往往将股利政策作为维持其控制地位的工具。股东会倾向于较低的股利支付水平，以便从内部的留存收益中取得所需资金。

（2）稳定的收入。如果股东以来现金股利维持生活，他们往往要求企业能够支付稳定的股利，而反对过多的留存。

（3）避税。由于股利收入的税率要高于资本利得的税率，一些高股利收入的股东处于避税的考虑而往往倾向于较低的股利支付水平。

（四）其他因素

其他因素包括以下两个方面。

（1）债务契约。为了保证自己的利益不受侵害，债权人通常都会在债务契约、租赁合同中加入关于借款企业股利政策的限制条款。

（2）通货膨胀。通货膨胀会带来货币购买力水平下降，导致固定资产重置资金不足，此时，企业往往不得不考虑留用一定的利润，以便弥补由于购买力下降而造成的固定资产重置资金缺口。因此，在通货膨胀时期，企业一般会采取偏紧的利润分配政策。

■ 考点3　股利支付形式与程序

（一）股利支付形式

股利支付形式可以分为不同的种类，主要有以下四种。

1.现金股利

现金股利是以现金支付的股利，它是股利支付的最常见的方式。公司选择发放现金股利除了要有足够的留存收益外，还要有足够的现金，而现金充足与否往往会成为公司发放现金股利的主要制约因素。

2. 财产股利

财产股利，是以现金以外的其他资产支付的股利，主要是以公司所拥有的其他公司的有价证券，如债券、股票等，作为股利支付给股东。

3. 负债股利

负债股利，是以负债方式支付的股利，通常以公司的应付票据支付给股东，有时也以发放公司债券的方式支付股利。

财产股利和负债股利实际上是现金股利的替代，但这两种股利支付形式在我国公司实务中很少使用。

4. 股票权利

股票权利，是公司以增发股票的方式所支付的股利，我国实务中通常也称其为"红股"。股票股利对公司来说，并没有现金流出企业，也不会导致公司的财产减少，而只是将公司的留存收益转化为股本。但股票权利会增加流通在外的股票数量，同时降低股票的每股价值。它不改变公司股东权益总额，但会改变股东权益的构成。

例9-6（2012年单选题）下列各项中，不影响股东额变动的股利支付形式是（　　　）。

A. 现金股利　　　　B. 股票股利　　　　C. 负债股利　　　　D. 财产股利

【参考答案】B

【解析】发放股票股利不会改变所有者权益总额，但会引起所有者权益内部结构的变化。所以选项B正确。

可见，发放股票股利，不会对公司股东权益总额产生影响，但会引起资金在各股东权益项目间的再分配。而股票股利派发前后每一位股东的持股比例也不会发生变化。需要说明的是，股票股利以市价计算价格的做法，是很多西方国家所通行的，但在我国，股票股利价格则是按照股票面值来计算的。

发放股票股利虽不直接增加股东的财富，也不增加公司的价值，但对股东和公司都有特殊意义。

对股东来讲，股票股利的优点主要有：

（1）理论上，派发股票股利后，理论上每股市价会成比例下降，但实务中这并非必然结果。

（2）由于股利收入和资本利得税率的差异，如果股东把股票股利出售，还会给他带来资本利得纳税上的好处。

对公司来讲，股票股利的优点主要有：

（1）发放股票股利不需要向股东支付现金，在再投资机会较多的情况下，公司就可以为再投资提供成本较低的资金，从而有助于公司的发展。

（2）发放股票股利可以降低公司股票的市场价格，既有利于促进股票的交易和流通，又利于吸引更多的投资者成为公司股东，进而使股权更为分散，有效地防止公司被恶意控制。

（3）股票股利的发放可以传递公司未来发展前景良好的信息，从而增强投资者的信心，在一定程度上稳定股票价格。

（二）股利支付程序

公司股利的发放必须遵守相关的要求，按照日程安排来进行。一般情况下，先由董事会提出分配预案，然后提交股东大会决议通过才能进行分配。股东大会决议通过分配预案后，要向股东宣布发放股利的方案，并确定股权登记日、除息日和股利发放日。

（1）股利宣告日，即股东大会决议通过并由董事会将股利支付情况予以公告的日期。公告中将宣布每股应支付的股利、股权登记日、除息日以及股利支付日。

（2）股权登记日，即有权领取本期股利的股东资格登记截止日期。凡是在此指定日期收盘之前取得公司股票，成为公司在册股东的投资者都可以作为股东享受公司分派的股利。在这一天之后取得股票的股东则无权领取本次分派的股利。

（3）除息日，即领取股利的权利与股票分离的日期。在除息日之前购买的股票才能领取本次股利，而在除息日当天或是以后购买的股票，则不能领取本次股利。由于失去了"付息"的权利，除息日的股票价格会下跌。

> **例9-7**〔2007年判断题〕在除息日之前，股利权利从属于股票；从除息日开始，新购入股票的投资者不能分享本次已宣告发放的股利。〔　　　〕
>
> 【参考答案】√
>
> 【解析】本章考查的是第九章的相关内容。在除息日，股票的所有权和领取股息的权利分离，股利权利不再从属于股票，所以在这一天购入公司股票的投资者不能享有已宣布发放的股利。因此，本题的说法正确。

（4）股利发放日，即公司按照公布的分红方案向股权登记日在册的股东实际支付股利的日期。

考点4　股票分割与股票回购

（一）股票分割

1.股票分割的概念

股票分割又称拆股，即将一股股票拆分成多股股票的行为。股票分割一般只会增加发行在外的股票总数，但不会对公司的资本结构产生任何影响。股票分割与股票股利非常相似，都是在不增加股东权益的情况下增加了股份的数量，所不同的是，股票股利虽不会引起股东权益总额的改变，但股东权益的内部结构会发生变化，而股票分割之后，股东权益总额及其内部结构都不会发生任何变化，变化的只是股票面值。

2.股票分割的作用

（1）降低股票价格。

（2）向市场和投资者传递"公司发展前景良好"的信号，有助于提高投资者对公司股票的信心。

3. 反分割

与股票分割相反,如果公司认为其股票价格过低,不利于其在市场上的声誉和未来的再筹资时,为提高股票的价格,会采取反分割措施。反分割又称股票合并或逆向分割,是指将多股股票合并为一股股票的行为。反分割显然会降低股票的流通性,提高公司股票投资的门槛,它向市场传递的信息通常都是不利的。

例9-8(2013年判断题)股票分割会使股票的每股市价下降,可以提高股票的流动性。(　　　)

【参考答案】√

【解析】本题主要考核"第九章"的"股票分割与股票回购"知识点。股票分割,又称拆股,即将一股股票拆分成多股股票的行为。股票分割一般只会增加发行在外的股票总数,但不会对公司的资本结构产生任何影响。股票分割有以下两个作用:①降低股票价格。股票分割会使每股市价降低,买卖该股票所需资金量减少,从而可以促进股票的流通和交易;②向市场和投资者传递"公司发展前景良好"的信号,有助于提高投资者对公司股票的信心。

(二)股票回购

1. 股票回购的含义及方式

股票回购是指上市公司出资将其发行在外的普通股以一定价格购买回来予以注销或作为库存股的一种资本运作方式。公司不得随意收购本公司的股份。只有满足相关法律规定的情形才允许股票回购。

股票回购的方式主要包括公开市场回购、要约回购和协议回购三种。其中,公开市场回购,是指公司在公开交易市场上以当前市价回购股票;要约回购是指公司在特定期间向股东发出的以高出当前市价回购股票;要约回购是指公司在特定期间向股东发出的以高于当前市价的某一价格回购既定数量股票的要约;协议回购则是指公司以协议价格直接向一个或几个主要股东回购股票。

例9-9(2013多选题)根据股票回购对象和回购价格的不同,股票回购的主要方式有(　　　)。

A. 要约回购　　　　　　B. 协议回购　　　　　　C. 杠杆回购　　　　　　D. 公开市场回购

【参考答案】ABD

【解析】本题主要考核"第九章"的"股票回购"知识点。股票回购是指上市公司出资将其发行在外的普通股以一定价格购买回来予以注销或作为库存股的一种资本运作方式。股票回购的方式主要包括公开市场回购、要约回购和协议回购三种。其中,公开市场回购,是指公司在公开交易市场上以当前市价回购股票;要约回购是指公司在特定期间向股东发出以高出当前市价的某一价格回购既定数量股票的要约,并根据要约内容进行回购;协议回购则是指公司以协议价格直接向一个或几个主要股东回购股票。故本题答案为ABD。

2. 股票回购的动机

在证券市场上,股票回购的动机多种多样,主要有以下几点:

(1)现金股利的替代。

（2）改变公司的资本结构。

（3）传递公司信息。

（4）基于控制权的考虑。

3.股票回购的影响

股票回购对上市公司的影响主要表现在以下几个方面：

（1）股票回购需要大量资金支付会构成本，容易造成资金紧张，降低资产流动性，影响公司的后续发展。

（2）股票回购无异于股东退股和公司资本的减少，也可能会使公司的发起人股东更注重创业利润的实现，从而不仅在一定程度上削弱了对债权人利益的保护，而且忽视了公司的长远发展，损害了公司的根本利益。

（3）股票回购容易导致公司操纵股价。

考点5　股权激励

（一）股票期权模式

股票期权是指股份公司赋予激励对象（如经理人员）在未来某一特定日期内以预先确定的价格和条件购买公司一定数量股份的选择权。持有这种权利的经理人可以按照特定价格购买公司一定数量的股票，也可以放弃购买股票的权利，但股票期权本身不可转让。

《上市公司股权激励管理办法》对股票期权行权的规定为股票期权授权日与获授股票期权首次可以行权日之间的间隔不得少于1年。股票期权的有效期从授权日计算不得超过10年。

股票期权模式的优点在于能够降低委托—代理成本，将经营者的报酬与公司的长期利益绑在一起，实现了经营者与企业所有者利益的高度一致，使二者的利益紧密联系起来，并且有利于降低激励成本。另外，可以锁定期权人的风险。由于期权人事先没有支付成本或支付成本较低，如果行权时公司股票价格下跌，期权人可以放弃行权，几乎没有损失。

股票期权激励模式存下以下缺点：

（1）影响现有股东的权益。

（2）可能遭遇来自股票市场的风险。

（3）可能带来经营者的短期行为。

股票期权模式比较适合那些初始资本投入较少，资本增值较快，处于成长初期或扩张期的企业，如网络、高科技等风险较高的企业等。

（二）限制性股票模式

限制性股票指公司为了实现某一特定目标，公司先将一定数量的股票赠与或以较低价格售予激励对象。只有当实现预定目标后，激励对象才可将限制性股票抛售并从中获利；若预定目标没有实现，公司有权将免费赠与的限制性股票收回或者将售出股票以激励对象购买时的价格回购。

由于只有达到限制性股票所规定的限制性期限时，持有人才能拥有实在的股票，因此在限制期间公司不需要支付现金对价，便能够留住人才。但限制性股票缺乏一个能推动企业股价上涨的激励机制，即在企业股价下跌的时候，激励对象仍能获得股份，这样可能达不到激励的效果，并使股东遭受损失。

对于处于成熟期的企业，由于其股价的上涨空间有限，因此采用限制性股票模式较为合适。

（三）股票增值权模式

股票增值权模式是指公司授予经营者一种权利，如果经营者努力经营企业，在规定的期限内，公司股票价格上升或业绩上升，经营者就可以按一定比例获得这种由股价上扬或业绩提升所带来的收益，收益为行权价与行权日二级市场股价之间的差价或净资产的增值额。激励对象不用为行权支付现金，行权后由公司支付现金、股票或股票和现金的组合。

股票增值权模式比较易于操作，股票增值权持有人在行权时，直接兑现股票升值部分。这种模式审批程序简单，无需解决股票来源问题。但由于激励对象不能获得真正意义上的股票，激励的效果相对较差。其次，公司方面需要提取奖励基金，从而使公司的现金支付压力较大。因此，股票增值权激励模式较适合现金流量比较充裕且比较稳定的上市公司和现金流量比较充裕的非上市公司。

（四）业绩股票激励模式

业绩股票激励模式指公司在年初确定一个合理的年度业绩目标，如果激励对象经过大量努力后，在年末实现了公司预定的年度业绩目标，则公司给予激励对象一定数量的股票，或奖励其一定数量的奖金来购买本公司的股票。业绩股票在锁定一定年限以后才可以兑现。因此，这种激励模式是根据被激励者完成业绩目标的情况，以普通股作为长期激励形式支付给经营者的激励机制。

业绩股票模式能够激励公司高管人员努力完成业绩目标，激励对象获得激励股票后便成为公司的股东，与原股东有了共同利益，会更加努力地去提升公司的业绩，进而获得因公司股价上涨带来的更多收益。但由于公司的业绩目标确定的科学性很难保证，容易导致公司高管人员为获得业绩股票而弄虚作假，同时，激励成本较高，可能造成公司支付现金的压力。

业绩股票激励模式只对公司的业绩目标进行考核，不要求股价的上涨，因此比较适合业绩稳定型的上市公司及其集团公司、子公司。

例9-10（2013年单选题）股份有限公司赋予激励对象在未来某一特定日期内，以预先确定的价格和条件购买公司一定数量股份的选择权，这种股权激励模式是（　　）。

A. 股票期权模式　　　　　　　　　　　B. 限制性股票模式

C. 股票增值权模式　　　　　　　　　　D. 业绩股票激励模式

【参考答案】A

【解析】本题主要考核"第九章"的"股权激励"知识点。股权激励是一种通过经营者获得公司股权形式给予企业经营者一定的经济权利，使他们能够以股东的身份参与企业决策、分享利润、承担风险，从而勤勉尽责地为公司的长期发展服务的一种激励方法。股权激励模式主要有四种：①股票期权模式。股票期权是指股份公司赋予激励对象（如经理人员）在未来某一特定日期内以预先确定的价格和条件购买公司一定数量股份的选择权。②限制性股票模式。限制性股票指公司为了实现某一特定目标，公司先将一定数量的股票赠与或以较低价格售予激励对象。③股票增值权模式。股票增值权模式是指公司授予经营者一种权利，如果经营者努力经营企业，在规定的期限内，公司股票价格上升或业绩上升，经营者就可以按一定比例获得这种由股价上扬或业绩提升所带来的收益，收益为行权价与行权日二级市场股价之间的差价或净资产的增值额。④业绩股票激励模式。业绩股票激励模式指公司在年初确定一个合理的年度业绩目标，如果激励对象经过大量努力后，在年末实现了公司预定的年度业绩目标，则公司给予激励对象一定数量的股票，或奖励其一定数量的奖金来购买本公司的股票。故本题答案为A。

本章同步训练

一、单项选择题

1. 收益分配的基本原则中，（　　　）是正确处理投资者利益关系的关键。

A. 依法分配原则 　　　　　　　　B. 兼顾各方面利益原则

C. 分配与积累并重原则 　　　　　　D. 投资与收益对等原则

2. 以下关于企业公司收益分配的说法中正确的有（　　　）。

A. 公司持有的本公司股份也可以分配利润

B. 企业在提取公积金前向股东分配利润

C. 公司的初创阶段和衰退阶段都适合采用剩余股利政策

D. 只要有盈余就要提取法定盈余公积金

3. 某公司目前的普通股2 400万股（每股面值1元），资本公积1 000万元，留存收益1 200万元。发放10%的股票股利后，股本增加（　　　）万元。

A. 200 　　　　　　B. 1 200 　　　　　　C. 240 　　　　　　D. 300

4. 销售预测的非数量分析法不包括（　　　）。

A. 函询调查法 　　　　　　　　　　B. 推销员法

C. 产品寿命周期分析法 　　　　　　D. 趋势预测分析法

5. 对于销售预测中的平滑指数法，下面表述错误的是（　　　）。

A. 采用较大的平滑指数，预测值可以反映样本值新近的变化趋势

B. 平滑指数大小决定了前期实际值和预测值对本期预测值的影响

C. 进行长期预测时，可选择较大的平滑指数

D. 在销售波动较大的时候，可选择较大的平滑指数

6. 以下关于企业产品价格运用策略说法错误的是（　　　）。

A. 折让定价策略是以降低产品的销售价格来刺激购买者，从而达到扩大产品销售量的目的

B. 名牌产品的价格相对较高，这是厂家利用了心理定价策略

C. 组合定价策略有利于企业整体效益的提高

D. 在寿命周期的成熟期，由于竞争日趋激烈，企业应该采用低价促销

7. 以下能够确定出最优售价的定价方法是（　　）。

A. 销售利润率定价 　　　　　　　　　　　B. 目标利润法

C. 边际分析定价法 　　　　　　　　　　　D. 需求价格弹性系数定价法

8. 某企业生产B产品，本期计划销售量为5 000件，目标利润总额为120 000元，全部成本费用总额为200 000元，适用的消费税税率为5%，根据以上资料，运用目标利润法预测单位B产品的价格为（　　）元。

A. 24 　　　　　　　B. 45.11 　　　　　　C. 64 　　　　　　D. 67.37

9. 被广泛地运用的标准成本是（　　）。

A. 现行标准成本 　　　B. 历史平均成本 　　　C. 正常标准成本 　　　D. 理想标准成本

10. 将全部成本分为固定成本、变动成本和混合成本所采用的分类标志是（　　）。

A. 成本的目标 　　　　B. 成本的可辨认性 　　　C. 成本的经济用途 　　　D. 成本的性态

二、多项选择题

1. 以下属于企业收益与分配意义的是（　　）。

A. 收益分配集中体现了企业所有者、经营者与劳动者之间的关系

B. 收益分配是企业再生产的条件以及优化资本结构的重要措施

C. 收益分配是国家建设资金的重要来源之一

D. 收益分配是企业扩大再生产的条件以及优化资本结构的重要措施

2. 根据《公司法》规定，下列关于盈余公积金的说法不正确的有（　　）。

A. 只要弥补亏损后，当年的税后利润还有剩余，就必须计提盈余公积金

B. 法定盈余公积的提取比例为当年税后利润（弥补亏损后）的10%

C. 法定盈余公积可用于弥补亏损、扩大公司生产经营或转增资本

D. 用盈余公积金转增资本后，法定盈余公积金的余额不得低于转增后公司注册资本的25%

3. 销售预测的定量分析方法包括（　　）。

A. 德尔菲法 　　　　　　　　　　　　　　B. 产品寿命周期分析法

C. 趋势预测分析法 　　　　　　　　　　　D. 回归分析法

4. 成本的分级管理主要是指按企业的生产组织形式，从上到下依靠各级、各部门的密切配合来进行成本费用管理，一般分为（　　）。

A. 厂部的成本费用管理 　　　　　　　　　B. 分部的标准成本管理

C. 车间的成本费用管理 　　　　　　　　　D. 班组的成本费用管理

5. 正常标准成本具有（　　）等特点。

A. 准确性 　　　　　　B. 现实性 　　　　　　C. 激励性 　　　　　　D. 科学性

6. 下列关于股票回购方式的说法正确的有（　　）。

A. 公司在股票的公开交易市场上按照高出股票当前市场价格的价格回购

B. 公司在股票的公开交易市场上按照公司股票当前市场价格回购

C. 公司在特定期间向市场发出以高于股票当前市场价格的某一价格回购既定数量股票的要约

D. 公司以协议价格直接向一个或几个主要股东回购股票，协议价格一般高于当前的股票市场价格

7. 下列属于酌量性成本的有（　　）。

A. 职工培训费　　　　　　　　　　　　B. 广告宣传费用

C. 直接材料和直接人工　　　　　　　　D. 研究开发费用

8. 下列成本差异中，通常不属于生产部门责任的有（　　）。

A. 直接材料价格差异　　　　　　　　　B. 直接人工工资率差异

C. 直接人工效率差异　　　　　　　　　D. 变动制造费用效率差异

9. 已知固定制造费用耗费差异为1 000元，能量差异为-600元，效率差异为200元，则下列说法正确的有（　　）。

A. 固定制造费用产量差异为-800元

B. 固定制造费用产量差异为-400元

C. 固定制造费用成本差异为400元

D. 固定制造费用成本差异为-800元

10. 关于作业成本管理的说法正确的有（　　）。

A. 作业成本管理以提高客户价值、增加企业利润为目的

B. 作业成本法下，间接费用的分配对象是产品

C. 作业成本法下间接费用责任划分不清

D. 作业成本管理符合战略管理思想的要求

三、判断题

1. 根据《公司法》的规定，法定盈余公积的提取比例为当年税后利润的10%。（　　）

2. 在变动成本费用基础上制定价格，既可以保证企业简单再生产的正常进行，又可以使劳动者为社会劳动所创造的价值得以全部实现。（　　）

3. 以成本为基础的产品定价方法，主要关注企业成本状况而不考虑市场需求状况，因而这种方法制定的产品价格不一定满足企业销售收入或利润最大化的需求。（　　）

4. 车间成本费用管理工作，是在厂长的领导下，由车间成本组或成本核算员负责组织执行的。（　　）

5. 直接材料用量差异的产生原因是市场价格的变动、供货厂商变动、运输方式的变动，采购批量的变动等。（　　）

6. 能量差异指的是固定制造费用的实际金额与固定制造费用预算金额之间的差额。（　　）

7. 固定制造费用能量差异等于实际产量下的标准工时与实际产量下的实际工时之差乘以固定制造费用标准分配率。（　　）

8. 增值成本即是那些执行增值作业所发生的成本。（　　）

9. 作业成本法下，分配间接费用的依据不再是产品，而是成本动因。（　　）

10. 在作业成本法下，间接费用分配的对象是产品而不是作业。（　　）

四、计算分析题

1. 某公司2005—2009年产品实际销售量资料如下表:

年度	2005	2006	2007	2008	2009
销售量（吨）	3 200	3 350	3 840	3 960	4 250

要求:

（1）从2005年至2009年，分别取W_1=0.1，W_2=0.12，W_3=0.15，W_4=0.28，W_5=0.35。采用加权平均法预测该公司2010年的销售量。

（2）采用2期移动平均法预测该公司2009年和2010年的销售量。

（3）结合（2）的结果，采用修正的移动平均法预测该公司2010年的销售量。

（4）结合（2）的结果，取平滑指数a=0.36，采用指数平滑法预测该公司2010年的销售量。

2. 某产品本月成本资料如下:

（1）单位产品标准成本。

直接材料	50千克/件×9元/千克	450元/件
直接人工	45小时/件×4元/小时	180元/件
变动制造费用	45小时/件×3元/小时	135元/件
固定制造费用	45小时/件×2元/小时	90元/件
合计		855元/件

本企业该产品预算产量的标准工时为1 000小时，制造费用均按人工工时分配。

（2）本月实际产量20件，实际耗用材料900千克，实际人工工时950小时，实际成本如下:

直接材料	9 000元
直接人工	3 325元
变动制造费用	2 375元
固定制造费用	2 850元
合计	17 550元

要求:

（1）计算本月产品成本差异总额;

（2）计算直接材料价格差异和用量差异;

（3）计算直接人工效率差异和工资率差异;

（4）计算变动制造费用耗费差异和效率差异;

（5）分别采用二差异法和三差异法计算固定制造费用差异。

3. 某公司下设甲、乙两个投资中心。甲投资中心的投资额为200万元，投资利润率为12%。乙投资中心的投资利润率为16%，剩余收益为18万元，该公司要求的最低投资利润率为10%。该公司决定追加投资200万元。若投向甲投资中心，每年可增加利润26万元;若投向乙投资中心，每年可增加利润34万元。

要求:

（1）计算追加投资前甲投资中心的剩余收益;

（2）计算追加投资前乙投资中心的投资额;

（3）计算追加投资前该公司的投资利润率;

（4）若向甲投资中心追加投资，计算追加投资后甲投资中心的剩余收益和投资利润率；

（5）若向乙投资中心追加投资，计算追加投资后乙投资中心的投资利润率和剩余收益；

（6）从集团公司的角度，应向哪一个投资中心追加投资？

（7）计算追加投资后集团公司的投资利润率。

五、综合题

1.（2008年真题）甲公司是一家上市公司，有关资料如下：

资料一：2008年3月31日甲公司股票每股市价25元，每股收益2元；股东权益项目构成如下：普通股4 000万股，每股面值1元，计4 000万元；资本公积500万元；留存收益9 500万元。公司实行稳定增长的股利政策，股利年增长率为5%，目前一年期国债利息率为4%，市场组合风险收益率为6%，不考虑通货膨胀因素。

资料二：2008年4月1日，甲公司公布的2007年度分红方案为：凡在2008年4月15日前登记在册的本公司股东，有权享有每股1.15元的现金股息分红，除息日是2008年4月16日，享有本次股息分红的股东可于5月16日领取股息。

资料三：2008年4月20日，甲公司股票市价为每股25元，董事会会议决定，根据公司投资计划拟增发股票1 000万股，并规定原股东享有优先认股权，每股认购价格为18元。

要求：

（1）根据资料一：①计算甲公司股票的市盈率；②若甲公司股票所含系统风险与市场组合的风险一致，确定甲公司股票的贝塔系数；③若甲公司股票的贝塔系数为1.05，运用资本资产定价模型计算其必要收益率。

（2）根据资料一和资料三计算下列指标：①原股东购买一股新发行股票所需要的认股权数；②登记日前的附权优先认股权价值；③无优先认股权的股票价格。

（3）假定目前普通股每股市价为23元，根据资料一和资料二，运用股利折现模型计算留存收益筹资成本。

（4）假定甲公司发放10%的股票股利替代现金分红，并于2008年4月16日完成该分配方案，结合资料一计算完成分红方案后的下列指标：①普通股股数；②股东权益各项目的数额。

（5）假定2008年3月31日甲公司准备用现金按照每股市价25元回购800万股股票，且公司净利润与市盈率保持不变，结合资料一计算下列指标：①净利润；②股票回购之后的每股收益；③股票回购之后的每股市价。

2. 某公司生产甲、乙、丙三种产品，预计甲产品的单位制造成本为120元，计划销售10 000件，计划期的期间费用总额为950 000元；乙产品的计划销售量为8 000件，应负担的固定成本总额为220 000元，单位产品变动成本为65元；丙产品本期计划销售量为12 000件，目标利润总额为280 000元，全部成本费用总额为540 000元；正保公司要求的最低成本利润率为15%，这三种产品适用的消费税税率均为5%。假设甲产品销售量只受广告费支出大小的影响，2010年预计广告费为100万元，以往年度的广告支出资料如下：

年度	2006	2007	2008	2009
销售量（件）	4 000	4 300	4 500	4 600
告费（万元）	80	87	90	95

要求：

（1）运用全部成本费用加成定价法计算单位甲产品的价格；

（2）运用保本点定价法计算乙产品的单位价格；

（3）运用目标利润法计算丙产品的单位价格；

（4）用回归直线法预测甲产品2010年的销售量，并结合第一问的计算结果，预测2010年该公司甲产品的销售额。

本章同步训练答案与解析

一、单项选择题

1.【参考答案】D

【答案解析】收益分配的基本原则包括：依法分配的原则；分配与积累并重原则；兼顾各方利益原则；投资与收益对等原则。其中投资与收益对等原则是正确处理投资者利益关系的关键。

2.【参考答案】C

【答案解析】根据公司法的规定，公司持有的本公司股份不得分配利润，因此，选项A的说法不正确。当法定盈余公积金达到注册资本的50%时，可以不再提取，因此，选项D的说法不正确。股利分配程序为：①弥补企业以前年度亏损；②提取法定盈余公积金；③提取任意盈余公积金；④向股东（投资者）分配股利（利润）。由此可知，选项B的说法不正确。剩余股利政策的含义是：公司生产经营所获得的净利润应收益首先应满足公司的资金需求，如果还有剩余，则派发股利；如果没有剩余，则不派发股利。在公司的初创阶段，公司经营风险高，有投资需求且融资能力差，所以，适用剩余股利政策；在公司的衰退阶段，公司业务锐减，获利能力和现金获得能力下降，因此，适用剩余股利政策。所以，选项C的说法正确。

3.【参考答案】C

【答案解析】股本=股数×每股面值，本题中发放10%的股票股利之后，普通股股数增加2 400×10%=240（万股），由于每股面值为1元，所以，股本增加240×1=240（万元）。

4.【参考答案】D

【答案解析】定性分析法又称非数量分析法，主要包括推销员判断法、专家判断法和产品寿命周期分析法，其中专业判断法又包括个别专家意见汇集法、专家小组法和德尔菲，德尔菲法又称函询调查法。趋势预测分析法是销售预测的定量分析法。

5.【参考答案】C

【答案解析】在销售量波动较大或进行短期预测时，可选择较大的平滑指数；在销售量较小或进行长期预测时，可选择较小的平滑指数。

6.【参考答案】D

【答案解析】在寿命周期的定价策略中，成熟期的产品市场知名度处于最佳状态，可以采用高价促销，但由于市场需求接近饱和，竞争激烈，定价时必须考虑竞争者的情况，以保持现有市场销售量。

7.【参考答案】C

【答案解析】边际分析定价法，是指基于微分极值原理，通过分析不同价格与销售量组合下的产品边际收入、边际成本和边际利润之间的关系，进行定价决策的一种定量分析方法。当收入函数和成本函数均可微时，直接对利润函数求一阶导数，即可得到最优售价；当收入函数或成本函数为离散型函数时，可以通过列表法，分别计算各种价格与销售量组合下的边际利润，那么，在边际利润大于或等于零的组合中，边际利润最小时的价格就是最优售价。

8.【参考答案】D

【答案解析】单位产品价格=（目标利润总额+全部成本费用总额）÷[产品销量×（1−适用税率）]=（120 000+200 000）÷[5 000×（1−5%）]=67.37（元）

9.【参考答案】C

【答案解析】正常标准成本具有客观性、现实性、激励性和稳定性等特点，因此被广泛地运用于具体的标准成本的制定过程中。

10.【参考答案】D

【答案解析】全部成本按其性态可以分为固定成本、变动成本和混合成本三大类。

二、多项选择题

1.【参考答案】ABC

【答案解析】收益与分配作为现代企业财务管理的重要内容之一，对于维护企业与各相关利益主体的财务关系、提升企业价值具有重要意义。具体而言，企业收益与分配管理的意义表现在以下三个方面：①收益分配集中体现了企业所有者、经营者与劳动者之间的关系；②收益分配是企业再生产的条件以及优化资本结构的重要措施；③收益分配是国家建设基金的重要来源之一。

2.【参考答案】AD

【答案解析】根据《公司法》规定，当年法定盈余公积金的累积额已达注册资本的50%时，可以不再提取，所以，弥补亏损后，当年的税后利润还有剩余时，可能出现不计提盈余公积金的情况，因此，选项A错误。用盈余公积金转增资本后，法定盈余公积金的余额不得低于转增前公司注册资本的25%，所以，选项D错误。

3.【参考答案】CD

【答案解析】销售预测的定量分析法一般包括趋势分析法和因果预测分析法，其中因果预测分析法最常用的是回归分析法。

4.【参考答案】ACD

【答案解析】成本的分级管理主要是指按企业的生产组织形式，从上到下依靠各级、各部门的密切配合来进行成本费用管理，一般分为三级，即厂部、车间和班组，同时开展企业的成本费用管理。

5.【参考答案】BC

【答案解析】正常标准成本具有客观性、现实性和激励性的特点。

6.【参考答案】BC

【答案解析】股票回购包括公开市场回购、要约回购及协议回购三种方式，在公开市场回购中，回购价格等于公司股票当前市场价格；在要约回购中；回购价格高于公司股票当前市场价格；在协议回购中，协议价格一般低于当前的股票市场价格。

7.【参考答案】ABD

【答案解析】酌量性成本的发生主要是为企业提供一定的专业服务，一般不能产生可以用货币计量的成果。在技术上，投入量与产出量之间没有直接联系。直接材料和直接人工属于技术性变动成本。

8.【参考答案】AB

【答案解析】直接材料价格差异是在采购过程中形成的，属于采购部门的责任；直接人工工资率差异是价格差异，一般地，这种差异的责任不在生产部门，劳动人事部门更应对其承担责任。

9.【参考答案】AC

【答案解析】固定制造费用成本差异=耗费差异-能量差异=1 000-600=400（元）；固定制造费用产量差异=固定制造费用能量差异-固定制造费用效率差异=-600-200=-800（元）。

10.【参考答案】AD

【答案解析】作业成本管理是以提高客户价值、增加企业利润为目的，基于作业成本法的新型集中化管理方法，所以A选项说法正确；作业成本法下，间接费用的分配对象不再是产品，而是作业，所以B选项的说法错误；作业成本法很好地克服了传统成本方法中间接费用责任划分不清的缺点，所以C选项的说法错误；作业成本管理是一种符合战略管理思想要求的现代化成本计算和管理模式，所以D选项的说法正确。

三、判断题

1.【参考答案】×

【答案解析】根据《公司法》的规定，法定盈余公积的提取比例为当年税后利润（弥补亏损后）的10%。

2.【参考答案】×

【答案解析】在全部成本费用基础上制定价格，既可以保证企业简单再生产的正常进行，又可以使劳动者为社会劳动所创造的价值得以全部实现。

3.【参考答案】√

【答案解析】根据教材内容，该题表述正确。

4.【参考答案】×

【答案解析】车间成本费用管理工作，是在车间主任直接领导下，由车间成本组或成本核算员负责组织执行的。

5.【参考答案】×

【答案解析】直接材料用量差异的产生原因是产品设计结构、原料质量、工人技术熟练程度、废品率的高低等；直接材料价格差异的产生原因是市场价格的变动、供货厂商变动、运输方式的变动，采购批量的变动等。

6.【参考答案】×

【答案解析】耗费差异指的是固定制造费用的实际金额与固定制造费用预算金额之间的差额；而能量差异则是指固定制造费用预算金额与固定制造费用标准成本的差额。

7.【参考答案】×

【答案解析】固定制造费用能量差异=（预算产量下的标准工时-实际产量下的标准工时）×标准分配率

8.【参考答案】×

【答案解析】增值成本是那些以完美效率执行增值作业所发生的成本，或者说，是高效增值作业产生的成本。

9.【参考答案】√

【答案解析】作业成本法与传统的成本分配方法相比较，区别在于分配间接费用的依据。作业成本法下，间接费用按照成本动因分配至成本对象，使得分配的结果更加准确。

10.【参考答案】×

【答案解析】在作业成本法下，间接费用分配的对象是作业而不是产品。

四、计算分析题

1.【参考答案】

（1）2010年的预测销售量=0.1×3 200+0.12×3 350+0.15×3 840+0.28×3 960+0.35×4 250=3 894.3（吨）。

（2）2009年的预测销售量=（3 840+3 960）÷2=3 900（吨）

2010年的预测销售量=（3 960+4 250）÷2=4 105（吨）。

（3）2010年的预测销售量=4 105+（4 105-3 900）=4 310（吨）。

（4）2010年的预测销售量=4 250×0.36+3 900×（1-0.36）=4 026（吨）。

2.【参考答案】

（1）本月产品成本差异总额=17 550-855×20=450（元）

（2）直接材料价格差异=（实际价格-标准价格）×实际用量=（9 000÷900-9）×900=900（元）

直接材料用量差异=（实际产量下实际用量-实际产量下标准用量）×标准价格

=（900-50×20）×9=-900（元）

（3）直接人工工资率差异= 实际产量下实际人工工时×（实际工资率-标准工资率）

=（3 325÷950-4）×950=-475（元）

直接人工效率差异=（实际产量下实际人工工时-实际产量下标准人工工时）×标准工资率=（950-45×20）×4=200（元）

（4）变动费用耗费差异= 实际产量下实际工时×（变动费用实际分配率-变动费用标准分配率）=（2 375÷950-3）×950=-475（元）

变动费用效率差异=（实际产量下实际工时-实际产量下标准工时）×变动制造费用标准分配率=（950-45×20）×3=150（元）

（5）二差异法：

固定制造费用耗费差异=实际固定制造费用-预算产量标准工时×标准分配率

=2 850-2×1 000=850（元）

能量差异=（预算产量下的标准工时-实际产量下的标准工时）×标准分配率

=（1 000-20×45）×2=200（元）

三差异法：

固定制造费用耗费差异=850元

固定制造费用产量差异（或能力差异）

=（预算产量下的标准工时-实际产量下的实际工时）×标准分配率

=（1 000-950）×2=100（元）

固定制造费用效率差异=（实际产量下的实际工时-实际产量下的标准工时）×标准分配率=（950-20×45）×2=100（元）

3.【参考答案】

（1）追加投资前甲投资中心剩余收益=200×（12%-10%）=4（万元）

（2）追加投资前乙投资中心投资额=18÷（16%-10%）=300（万元）

（3）追加投资前该公司投资利润率=（200×12%+300×16%）÷（200+300）×100%=14.4%

（4）甲投资中心接受追加投资后的剩余收益=（200×12%+26）-（200+200）×10%=10（万元）

甲投资中心接受追加投资后的投资利润率=（200×12%+26）÷（200+200）×100%=12.5%

（5）乙投资中心接受追加投资后的投资利润率=（300×16%+34）÷（300+200）×100%=16.4%

B投资中心接受追加投资后的剩余收益=（300×16%+34）-（300+200）×10%=32（万元）

（6）向甲投资中心追加投资可增加剩余收益=10-4=6（万元）

向乙投资中心追加投资后可增加剩余收益=32-18=14（万元）

所以，从集团公司的角度，应选择向乙投资中心追加投资。

（7）追加投资后集团公司的投资利润率

=（200×12%+300×16%+34）÷（200+300+200）×100%=15.14%

五、综合题

1.【参考答案】本题考查的是第三章、第六章、第八章的相关内容。

（1）①市盈率=25÷2=12.5

②甲股票的贝塔系数=1

③甲股票的必要收益率=4%+1.05×6%=10.3%

（2）①购买一股新股票需要的认股权数=4 000÷1 000=4

②登记日前附权优先认股权的价值=（25-18）÷（4+1）=1.4（元）

③无优先认股权的股票价格=25-1.4=23.6（元）

（3）留存收益筹资成本=1.15×（1+5%）÷23+5%=10.25%

（4）①普通股股数=4 000×（1+10%）=4 400（万股）

②股本=4 400×1=4 400（万元）

资本公积=500（万元）

留存收益=9 500-400=9 100（万元）

（5）①净利润=4 000×2=8 000（万元）

②每股收益=8 000÷（4 000-800）=2.5（元）

③每股市价=2.5×12.5=31.25（元）

2.【参考答案】

（1）单位甲产品价格

=单位成本×（1+成本利润率）÷（1−适用税率）

=[（120+950 000÷10 000）×（1+15%）]÷（1−5%）

=260.26（元）

（2）单位乙产品价格

=（单位固定成本+单位变动成本）÷（1−适用税率）

=单位全部成本费用÷（1−适用税率）

=（220 000÷8 000+65）÷（1−5%）

=97.37（元）

（3）单位丙产品价格

=（目标利润总额+全部成本费用总额）÷[产品销量×（1−适用税率）]

=（280 000+540 000）÷[12 000×（1−5%）]

=71.93（元）

（4）

年度	广告费（万元）x	销售量（件）y	xy	x^2	y^2
2006	80	4 000	320 000	6 400	16 000 000
2007	87	4 300	374 100	7 569	18 490 000
2008	90	4 500	405 000	8 100	20 250 000
2009	95	4 600	437 000	9 025	21 160 000
$n=4$	$\sum x=352$	$\sum y=17\,400$	$\sum xy=1\,536\,100$	$\sum x^2=31\,094$	$\sum y^2=75\,900\,000$

根据公式，有：

$$b=\frac{n\sum xy-\sum x\sum y}{n\sum x^2-\left(\sum x\right)^2}=\frac{4\times1\,536\,100-352\times17\,400}{4\times31\,904-352^2}=41.53$$

$$a=\frac{\sum y-b\sum x}{n}=\frac{17\,400-41.5\times352}{4}=695.36$$

将a、b带入公式，得出结果，即2010年的甲产品预测销售量为：

$y=a+bx=695.36+41.53x=695.36+41.53\times100=4\,848$（件）

甲产品的销售额=260.26×4 848=1 261 740.48（元）=126.17（万元）

第十章
财务分析与评价

考情分析与考点提示

　　本章讲述的是财务分析与评价的相关内容，涉及上市公司基本财务分析以及企业综合绩效分析与评价。本章考查的内容主观题客观题具有涉及，有时候还会出现大分值的综合分析题，因此，在看书的时候需要全面掌握，同时注意与其他章节相结合的知识点。

　　从历年试题分布来看，主观题与客观题所占的比重相当。学习本章内容时，需要掌握财务分析的方法，盈利能力分析、偿债能力分析、营运能力分析、发展能力分析的指标与方法，收入、成本费用与利润分析的内容与方法；熟悉上市公司财务分析的内容与方法，企业综合分析与评价的内容与方法；了解财务分析的含义、内容与意义。

最近五年考试题型、分值分布

年份	单选	多选	判断	计算分析	综合题	合计
2013	2	2	1		10	15
2012	1	4	1			6
2011	2	2	1	10		15
2010	3	2	2			7
2009	2		1			3

　　说明：综合题涉及两章或两章以上内容的，所涉及的每一章均统计一次分数。

重点突破及真题解析

第一节 财务分析与评价的主要内容与方法

考点1　财务分析的意义和内容

　　财务分析是根据企业财务报表等信息资料，采用专门方法，系统分析和评价企业财务状况、经营成果以及未来发展趋势的过程。

　　财务分析以企业财务报告及其他相关资料为主要依据，对企业的财务状况和经营成果进行评价和剖析，反映企业在运营过程中的利弊得失和发展趋势，从而为改进企业财务管理工作和优化经济决策提供重要财务信息。

（一）财务分析的意义

财务分析具有如下意义：

（1）可以判断企业的财务实力。

（2）可以评价和考核企业的经营业绩，揭示财务活动存在的问题。

（3）可以挖掘企业潜力，寻求提高企业经营管理水平和经济效益的途径。

（4）可以评价企业的发展趋势。

（二）财务分析的内容

财务分析信息的需求者主要包括企业所有者、企业债权人、企业经营决策者和政府等。不同主体出于不同的利益考虑，对财务分析信息有着各自不同的要求。

（1）企业所有者作为投资人，关心其资本的保值和增值状况，因此较为重视企业获利能力指标，主要进行企业盈利能力分析。

（2）企业债权人因不能参与企业剩余收益分享，首先关注的是其投资的安全性，因此更重视企业偿债能力指标，主要进行企业偿债能力分析，同时也关注企业盈利能力分析。

（3）企业经营决策者必须对企业经营理财的各个方面，包括运营能力、偿债能力、获利能力及发展能力的全部信息予以详尽地了解和掌握，主要进行各方面综合分析，并关注企业财务风险和经营风险。

> **例10-1**（2012年判断题）在财务分析中，企业经营者应对企业财务状况进行全面的综合分析，并关注企业财务风险和经营风险。（　　　）
>
> 【参考答案】√
>
> 【解析】企业经营决策者必须对企业经营理财的各个方面，包括运营能力、偿债能力、获利能力及发展能力的全部信息予以详尽地了解和掌握，主要进行各方面综合分析，并关注企业财务风险和经营风险。

（4）政府兼具多重身份，既是宏观经济管理者，又是国有企业的所有者和重要的市场参与者，因此政府对企业财务分析的关注点因所具身份不同而异。

为了满足不同需求者的需求，财务分析一般应包括：偿债能力分析、营运能力分析、盈利能力分析、发展能力分析和现金流量分析等方面。

■ 考点2　财务分析的方法

（一）比较分析法

财务报表的比较分析法，是指对两个或两个以上的可比数据进行对比，找出企业财务状况、经营成果中的差异与问题。

据比较对象的不同，比较分析法分为趋势分析法、横向比较法和预算差异分析法。趋势分析法的比较对象是本企业的历史；横向比较法比较的对象是同类企业，比如行业平均水平或竞争对手；预算差异分析法的比较对象是预算数据。在财务分析中，最常用的比较分析法是趋势分析法。

趋势分析法，是通过对比两期或连续数期财务报告中的相同指标，确定其增减变动的方向、数额和幅度，来说明企业财务状况或经营成果变动趋势的一种方法。采用这种方法，可以分析引起变化的主要原因、变动的性质，并预测企业未来的发展趋势。

1. 重要财务指标的比较

这种方法是指将不同时期财务报告中的相同指标或比率进行纵向比较，直接观察其增减变动情况及变动幅度，考察其发展趋势，预测其发展前景。不同时期财务指标的比较主要有以下两种方法：

（1）定基动态比率，是以某一时期的数额为固定的基期数额而计算出来的动态比率。其计算公式为：

$$定基动态比率=\frac{分析期数额}{固定基期数额}\times100\%$$

（2）环比动态比率，是以每一分析期的数据与上期数据相比较计算出来的动态比率。其计算公式为：

$$环比动态比率=\frac{分析期数据}{前期数额}\times100\%$$

2. 会计报表的比较

这是指将连续数期的会计报表的金额并列起来，比较各指标不同期间的增减变动金额和幅度，据以判断企业财务状况和经营成果发展变化的一种方法。具体包括资产负债表比较、利润表比较和现金流量表比较等。

3. 会计报表项目构成的比较

这种方法是在会计报表比较的基础上发展而来的，是以会计报表中的某个总体指标作为100%，再计算出各组成项目占该总体指标的百分比，从而比较各个项目百分比的增减变动，以此来判断有关财务活动的变化趋势。

采用比较分析法时，应当注意以下问题：①用于对比的各个时期的指标，其计算口径必须保持一致；②应剔除偶发性项目的影响，使分析所利用的数据能反映正常的生产经营状况；③应运用例外原则对某项有显著变动的指标作重点分析，研究其产生的原因，以便采取对策，趋利避害。

（二）比率分析法

比率分析法是通过计算各种比率指标来确定财务活动变动程度的方法。比率指标的类型主要有构成比率、效率比率和相关比率三类。

1. 构成比率

构成比率又称结构比率，是某项财务指标的各组成部分数值占总体数值的百分比，反映部分与总体的关系。其计算公式为：

$$构成比率=\frac{某个组成部分数值}{总体数值}\times100\%$$

利用构成比率，可以考察总体中某个部分的形成和安排是否合理，以便协调各项财务活动。

2. 效率比率

效率比率，是某项财务活动中所费与所得的比率，反映投入与产出的关系。利用效率比率指标，可以进行得失比较，考察经营成果，评价经济效益。

例10-2（2010年判断题）财务分析中的效率指标，是某项财务活动中所费与所得之间的比率，反映投入与产出的关系。（　　）

【参考答案】√

【解析】本题考查的是第十章的相关内容。效率比率，是某项财务活动中所费与所得的比率，反映投入与产出的关系。因此，本题的说法正确。

3. 相关比率

相关比率，是以某个项目和与其有关但又不同的项目加以对比所得的比率，反映有关经济活动的相互关系。利用相关比率指标，可以考察企业相互关联的业务安排得是否合理，以保障经营活动顺畅进行。

采用比率分析法时，应当注意以下几点：①对比项目的相关性；②对比口径的一致性；③衡量标准的科学性。

（三）因素分析法

因素分析法是依据分析指标与其影响因素的关系，从数量上确定各因素对分析指标影响方向和影响程度的一种方法。

例10-3（2012年单选题）下列各项中，不属于财务分析中因素分析法特征的是（　　）。

A. 因素分解的关联性　　　　B. 顺序替代的连环性

C. 分析结果的准确性　　　　D. 因素替代的顺序性

【参考答案】C

【解析】采用因素分析法时，必须注意以下问题：①因素分解的关联性；②因素替代的顺序性；③顺序替代的连环性；④计算结果的假定性。

因素分析法具体有两种：连环替代法和差额分析法。

1. 连环替代法

连环替代法，是将分析指标分解为各个可以计量的因素，并根据各个因素之间的依存关系，顺次用各因素的比较值（通常为实际值）替代基准值（通常为标准值或计划值），据以测定各因素对分析指标的影响。

$$计划（标准）指标N_0=A_0\times B_0\times C_0 \quad 计划（标准）指标N_0=A_0\times B_0\times C_0 （1）$$
$$实际指标N_1=A_1\times B_1\times C_1 \quad 第一次替代N_2=A_1\times B_0\times C_0 （2）$$
$$第二次替代N_3=A_1\times B_1\times C_0 （3）$$

$$第三次替代实际指标 N_1 = A_1 \times B_1 \times C_1（4）$$
$$三因素影响合计：（N_2 - N_0）+（N_3 - N_2）+（N_1 - N_3）= N_1 - N_0$$

2. 差额分析法

差额分析法是连环替代法的一种简化形式，是利用各个因素的比较值与基准值之间的差额，来计算各因素对分析指标的影响。

$$A因素变动的影响 =（A_1 - A_0）\times B_0 \times C_0$$
$$B因素变动的影响 = A_1 \times（B_1 - B_0）\times C_0$$
$$C因素变动的影响 = A_1 \times B_1 \times（C_1 - C_0）$$

采用因素分析法时，必须注意以下问题：①因素分解的关联性；②因素替代的顺序性；③顺序替代的顺序性；④计算结果的假定性。

■ 考点3　财务分析的局限性

（一）资料来源的局限性

资料来源的局限性体现在以下五个方面：

（1）报表数据的时效性问题；

（2）报表数据的真实性问题；

（3）报表数据的可靠性问题；

（4）报表数据的可比性问题；

（5）报表数据的完整性问题。

（二）财务分析方法的局限性

对于比较分析法来说，在实际操作时，比较的双方必须具备可比性才有意义。对于因素分析法来说，在计算各因素对综合经济指标的影响额时，主观假定各因素的变化顺序而且规定每次只有一个因素发生变化，这些假定往往与事实不符。

例10-4（单选题）下列关于财务分析方法的局限性说法不正确的是（　　　　）。

A. 无论何种分析法均是对过去经济事项的反映，得出的分析结论是非常全面的

B. 因素分析法的一些假定往往与事实不符

C. 在某型情况下，使用比率分析法无法得出令人满意的结论

D. 比较分析法要求比较的双方必须具有可比性

【参考答案】A

【解析】在分析时，分析者往往只注重数据的比较，而忽略经营环境的变化，这样得出的分析结论是不全面的。因此，本题的最佳答案是A选项。

（三）财务分析指标的局限性

财务分析指标的局限性体现在以下四个方面：

（1）财务指标体系不严密；

（2）财务指标所反映的情况具有相对性；

（3）财务指标的评价标准不统一；

（4）财务指标的比较基础不统一。

考点4 财务评价

财务评价，是对企业财务状况和经营情况进行的总结、考核和评价。它以企业的财务报表和其他财务分析资料为依据，注重对企业财务分析指标的综合考核。

财务综合评价的方法有很多，包括杜邦分析法、沃尔评分法等。目前我国企业经营绩效评价主要使用的是功效系数法。功效系数法又叫功效函数法，它根据多目标规划原理，对每一项评价指标确定一个满意值和不允许值，以满意值为上限，以不允许值为下限，计算各指标实现满意值的程度，并以此确定各指标的分数，再经过加权平均进行综合，从而评价被研究对象的综合状况。

运用功效系数法进行经营业绩综合评价的一般步骤包括：选择业绩评价指标，确定各项业绩评价指标的标准值，确定各项业绩评价指标的权数，计算各类业绩评价指标得分，计算经营业绩综合评价分数，得出经营业绩综合评价分级。在这一过程中，正确选择评价指标特别重要。一般说来，指标选择要根据评价目的和要求，考虑分析评价的全面性、综合性。需要指出的是，《企业绩效评价操作细则（修订）》中提到的效绩评价体系，既包括财务评价指标，又包括了非财务指标，避免了单纯从财务方面评价绩效的片面性。

运用科学的财务绩效评价手段，实施财务绩效综合评价，不仅可以真实反映企业经营绩效状况，判断企业的财务管理水平，而且有利于适时揭示财务风险，引导企业持续、快速、健康地发展。

第二节 基本的财务报表分析

财务比率也称为财务指标，是通过财务报表数据的相对关系来揭示企业经营管理的各方面问题，是最主要的财务分析方法。基本的财务报表分析内容包括偿债能力分析、营运能力分析、盈利能力分析、发展能力分析和现金流量分析五个方面，以下分别加以介绍。

考点1 偿债能力分析

偿债能力是指企业偿还本身所欠债务的能力。对偿债能力进行分析有利于债权人进行正确的借贷决策；有利于投资者进行正确的投资决策；有利于企业经营者进行正确的经营决策；有利于正确评价企业的财务状况。

偿债能力的衡量方法有两种：一种是比较可供偿债资产与债务的存量，资产存量超过债务存量较多，则认为偿债能力较强；另一种是比较经营活动现金流量和偿债所需现金，如果产生的现金超过需要的现金较多，则认为偿债能力较强。

债务一般按到期时间分为短期债务和长期债务，偿债能力分析也由此分为短期偿债能力分析和长期偿债能力分析。

（一）短期偿债能力分析

企业在短期（一年或一个营业周期）需要偿还的负债主要指流动负债，因此短期偿债能力衡量的是对流动负债的清偿能力。

企业短期偿债能力的衡量指标主要有营运资金、流动比率、速动比率和现金比率。

1. 营运资金

营运资金是指流动资产超过流动负债的部分。其计算公式如下：

$$营运资金=流动资产-流动负债$$

计算营运资金使用的"流动资产"和"流动负债"，通常可以直接取自资产负债表。当流动资产大于流动负债时，营运资金为正，说明企业财务状况稳定，不能偿债的风险较小，反之，当流动资产小于流动负债时，营运资金为负，此时，企业部分非流动资产以流动负债作为资金来源，企业不能偿债的风险很大。因此，企业必须保持正的营运资金，以避免流动负债的偿付风险。

营运资金是绝对数，不便于不同企业之间的比较。

2. 流动比率

流动比率是企业流动资产与流动负债之比。其计算公式为：

$$流动比率=流动资产÷流动负债$$

流动比率表明每1元流动负债有多少流动资产作为保障，流动比率越大通常短期偿债能力越强。一般认为，生产企业合理的最低流动比率是2。

运用流动比率进行分析时，要注意以下几个问题：

（1）流动比率高不意味着短期偿债能力一定很强。

（2）计算出来的流动比率，只有和同行业平均流动比率、本企业历史流动比率进行比较，才能知道这个比率是高还是低。

3. 速动比率

速动比率是企业速动资产与流动负债之比，其计算公式为：

$$速动比率=速动资产÷流动负债$$

构成流动资产的各项目，流动性差别很大。其中货币资金、交易性金融资产和各种应收款项，可以在较短时间内变现，称为速动资产；另外的流动资产，包括存货、预付款项、一年内到期的非流动资产和其他流动资产等，属于非速动资产。

速动资产主要剔除了存货，原因是：①流动资产中存货的变现速度最慢；②部分存货可能已被抵押；③存货成本和市价可能存在差异。由于剔除了存货等变现能力较差的资产，速动比率比流动比率能更准确、可靠地评价企业资产的流动性及偿还短期债务的能力。

速动比率表明每1元流动负债有多少速动资产作为偿债保障。一般情况下，速动比率越大，短期偿债能力越强。

4.现金比率

现金资产包括货币资金和交易性金融资产等。现金资产与流动负债的比值称为现金比率。现金比率计算公式为：

$$现金比率=（货币资金+交易性金融资产）÷流动负债$$

现金比率剔除了应收账款对偿债能力的影响，最能反映企业直接偿付流动负债的能力，表明每1元流动负债有多少现金资产作为偿债保障。经验研究表明，0.2的现金比率就可以接受。而这一比率过高，就意味着企业过多资源占用在盈利能力较低的现金资产上从而影响企业盈利能力。

（二）长期偿债能力分析

长期偿债能力是指企业在较长的期间偿还债务的能力。企业在长期内，不仅需要偿还流动负债，还需偿还非流动负债，因此，长期偿债能力衡量的是对企业所有负债的清偿能力。企业对所有负债的清偿能力取决于其总资产水平，因此长期偿债能力比率考察的是企业资产、负债和所有者权益之间的关系。其财务指标主要有四项：资产负债率、产权比率、权益乘数和利息保障倍数。

1.资产负债率

资产负债率是企业负债总额与资产总额之比。其计算公式为：

$$资产负债率=（负债总额÷资产总额）×100\%$$

资产负债率反映总资产中有多大比例是通过负债取得的，可以衡量企业清算时资产对债权人权益的保障程度。这一比率越低，表明企业资产对负债的保障能力越高，企业的长期偿债能力越强。

对该指标进行分析时，应结合以下几个方面：①结合营业周期分析：营业周期短的企业，资产周转速度快，可以适当提高资产负债率；②结合资产构成分析：流动资产占的比率比较大的企业可以适当提高资产负债率；③结合企业经营状况分析：兴旺期间的企业可适当提高资产负债率；④结合客观经济环境分析：如利率和通货膨胀率水平。当利率提高时，会加大企业负债的实际利率水平，增加企业的偿债压力，这时企业应降低资产负债率；⑤结合资产质量和会计政策分析；⑥结合行业差异分析：不同行业资产负债率有较大差异。

2.产权比率

产权比率又称资本负债率，是负债总额与所有者权益之比，它是企业财务结构稳健与否的重要标志。其计算公式为：

$$产权比率=负债总额÷所有者权益×100\%$$

产权比率反映了由债务人提供的资本与所有者提供的资本的相对关系，即企业财务结构是否稳定；而且反映了债权人资本受股东权益保障的程度，或者是企业清算时对债权人利益的保障程度。一般来说，这一比率越低，表明企业长期偿债能力越强，债权人权益保障程度越高。

产权比率与资产负债率对评价偿债能力的作用基本一致，只是资产负债率侧重于分析债务偿付安全性的物质保障程度，产权比率则侧重于揭示财务结构的稳健程度以及自有资金对偿债风险的承受能力。

3. 权益乘数

权益乘数是总资产与股东权益的比值。其计算公式为：

$$权益乘数=总资产÷股东权益$$

权益乘数表明股东每投入1元钱可实际拥有和控制的金额。在企业存在负债的情况下，权益乘数大于1。企业负债比例越高，权益乘数越大。产权比率和权益乘数是资产负债率的另外两种表现形式，是常用的反映财务杠杆水平的指标。

4. 利息保障倍数

利息保障倍数是指企业息税前利润与全部利息费用之比，又称已获利息倍数，用以衡量偿付借款利息的能力。其计算公式为：

$$利息保障倍数=息税前利润÷全部利息费用$$
$$=（净利润+利润表中的利息费用+企业所得税）÷全部利息费用$$

公式中的分子"息税前利润"是指利润表中未扣除利息费用和企业所得税前的利润。公式中的分母"全部利息费用"是指本期发生的全部应付利息，不仅包括财务费用中的利息费用，还应包括计入固定资产成本的资本化利息。资本化利息虽然不在利润表中扣除，但仍然是要偿还的。利息保障倍数的重点是衡量企业支付利息的能力，没有足够大的息税前利润，利息的支付就会发生困难。

利息保障倍数反映支付利息的利润来源（息税前利润）与利息支出之间的关系，该比率越高，长期偿债能力越强。从长期看，利息保障倍数至少要大于1（国际公认标准为3），也就是说，息税前利润至少要大于利息费用，企业才具有负债的可能性。

（三）影响偿债能力的其他因素

影响偿债能力的其他因素包括：
（1）可动用的银行贷款指标或授信额度；
（2）资产质量；
（3）或有事项和承诺事项；
（4）经营租赁。

考点2　营运能力分析

营运能力主要指资产运用、循环的效率高低。一般而言，资金周转速度越快，说明企业的资金管理水平越高，资金利用效率越高，企业可以以较少的投入获得较多的收益。因此，营运能力指标是通过投入与产出（主要指收入）之间的关系反映。企业营运能力分析主要包括：流动资产营运能力分析、固定资产营运能力分析和总资产营运能力分析三个方面。

（一）流动资产营运能力比率分析

反映流动资产营运能力的指标主要有应收账款周转率、存货周转率和流动资产周转率。

1. 应收账款周转率
反映应收账款周转情况的比率有应收账款周转率（次数）和应收账款周转天数。

应收账款周转次数，是一定时期内商品或产品销售收入净额与应收账款平均余额的比值，表明一定时期内应收账款平均收回的次数。其计算公式为：

$$应收账款周转次数 = \frac{销售收入净额}{应收账款平均余额}$$

$$= \frac{销售收入净额}{(期初应收账款 + 期末应收账款)/2}$$

应收账款周转天数指应收账款周转一次（从销售开始到收回现金）所需要的时间，其计算公式为：

$$应收账款周转天数 = 计算期天数 \div 应收账款周转次数$$

$$= 计算期天数 \times 应收账款平均余额 \div 销售收入净额$$

通常，应收账款周转率越高、周转天数越短表明应收账款管理效率越高。

在计算和使用应收账款周转率指标时应注意的问题：①销售收入指扣除销售折扣和折让后的销售净额。②应收账款包括会计报表中"应收账款"和"应收票据"等全部赊销账款在内，因为应收票据是销售形成的应收款项的另一种形式。③应收账款应为未扣除坏账准备的金额。④应收账款期末余额的可靠性问题。

应收账款周转率反映了企业应收账款周转速度的快慢及应收账款管理效率的高低。在一定时期内周转次数多、周转天数少，表明：

（1）企业收账迅速，信用销售管理严格。

（2）应收账款流动性强，从而增强企业短期偿债能力。

（3）可以减少收账费用和坏账损失，相对增加企业流动资产的投资收益。

（4）通过比较应收账款周转天数及企业信用期限，可评价客户的信用程度，调整企业信用政策。

运用应收账款周转率指标评价企业应收账款管理效率时，应将计算出的指标与该企业前期、与行业平均水平或其他类似企业相比较来进行判断。

2. 存货周转率

在流动资产中，存货所占比重较大，存货的流动性将直接影响企业的流动比率。存货周转率的分析同样可以通过存货周转次数和存货周转天数反映。

存货周转率（次数）是指一定时期内企业销售成本与存货平均资金占用额的比率，是衡量和评价企业购入存货、投入生产、销售收回等各环节管理效率的综合性指标。其计算公式为：

$$存货周转次数 = 销售成本 \div 存货平均余额$$

$$存货平均余额 = (期初存货 + 期末存货) \div 2$$

式中销售成本的利润表中"营业成本"的数值。

存货周转天数是指存货周转一次（即存货取得到存货销售）所需要的时间。其计算公式为：

$$存货周转天数 = 计算期天数 \div 存货周转次数$$

$$= 计算期天数 \times 存货平均余额 \div 销售成本$$

一般来讲，存货周转速度越快，存货占用水平越低，流动性越强，存货转化为现金或应收账款的速度就越快，这样会增强企业的短期偿债能力及盈利能力。通过存货周转速度分析，有利于找出存货管理中存在的问题，尽可能降低资金占用水平。在具体分析时，应注意几点：①存货周转率的高低与企业的经营特点有密切联系，应注意行业的可比性。②该比率反映的是存货整体的周转情况，不能说明企业经营各环节的存货周转情况和管理水平。③应结合应收账款周转情况和信用政策进行分析。

3. 流动资产周转率

流动资产周转率是反映企业流动资产周转速度的指标。流动资产周转率（次数）是一定时期销售收入净额与企业流动资产平均占用额之间的比率。其计算公式为：

$$流动资产周转次数=销售收入净额÷流动资产平均余额$$
$$流动资产周转天数=计算期天数÷流动资产周转次数$$
$$=计算期天数×流动资产平均余额÷销售收入净额$$

式中：

$$流动资产平均余额=（期初流动资产+期末流动资产）÷2$$

在一定时期内，流动资产周转次数越多，表明以相同的流动资产完成的周转额越多，流动资产利用效果越好。流动资产周转天数越少，表明流动资产在经历生产销售各阶段所占用的时间越短，可相对节约流动资产，增强企业盈利能力。

（二）固定资产营运能力分析

反映固定资产营运能力的指标为固定资产周转率。固定资产周转率是指企业年销售收入净额与固定资产平均净额的比率。它是反映企业固定资产周转情况，从而衡量固定资产利用效率的一项指标。其计算公式为：

$$固定资产周转率=销售收入净额÷固定资产平均净值$$

式中：

$$固定资产平均净值=（期初固定资产净值+期末固定资产净值）÷2$$

固定资产周转率高，说明企业固定资产投资得当，结构合理，利用效率高；反之，如果固定资产周转率不高，则表明固定资产利用效率不高，提供的生产成果不多，企业的营运能力不强。

（三）总资产营运能力分析

反映总资产营运能力的指标是总资产周转率。总资产周转率是企业销售收入净额与企业资产平均总额的比率。其计算公式为：

$$总资产周转率=销售收入净额÷平均资产总额$$

如果企业各期资产总额比较稳定，波动不大，则：

$$平均总资产=（期初总资产+期末总资产）÷2$$

如果资金占用的波动性较大，企业应采用更详细的资料进行计算，如按照各月份的资金占用额计算，则：

$$月平均总资产=（月初总资产+月末总资产）÷2$$
$$季平均占用额=（1/2季初+第一月末+第二月末+1/2季末）÷3$$

年平均占用额=（1/2年初+第一季末+第二季末+第三季末+1/2年末）÷4

计算总资产周转率时分子分母在时间上应保持一致。

这一比率用来衡量企业资产整体的使用效率。总资产由各项资产组成，在销售收入既定的情况下，总资产周转率的驱动因素是各项资产。因此，对总资产周转情况的分析应结合各项资产的周转情况，以发现影响企业资产周转的主要因素。

例10-5（2013多选题）在一定时期内，应收账款周转次数多、周转天数少表明（　　）。

A. 收账速度快　　　　　　　　　　B. 信用管理政策宽松

C. 应收账款流动性强　　　　　　　D. 应收账款管理效率高

【参考答案】ACD

【解析】本题主要考核"第十章"的"营运能力分析"知识点。通常，应收账款周转率越高、周转天数越短表明应收账款管理效率越高。在一定时期内应收账款周转次数多、周转天数少表明：①企业收账迅速，信用销售管理严格；②应收账款流动性强，从而增强企业短期偿债能力；③可以减少收账费用和坏账损失，相对增加企业流动资产的投资收益；④通过比较应收账款周转天数及企业信用期限，可评价客户的信用程度，调整企业信用政策。

考点3　盈利能力分析

盈利能力就是企业获取利润、实现资金增值的能力。因此，盈利能力指标主要通过收入与利润之间的关系、资产与利润之间的关系反映。反映企业盈利能力的指标主要有销售毛利率、销售净利率、总资产净利率和净资产收益率。

（一）销售毛利率

销售毛利率是销售毛利与销售收入之比，其计算公式如下：

销售毛利率=销售毛利÷销售收入

其中：

销售毛利=销售收入–销售成本

销售毛利率反映产品每销售1元所包含的毛利润是多少，即销售收入扣除销售成本后还有多少剩余可用于各期费用和形成利润。销售毛利率越高，表明产品的营利能力越强。将销售毛利率与行业水平进行比较，可以反映企业产品的市场竞争地位。

（二）销售净利率

销售净利率是净利润与销售收入之比，其计算公式为：

销售净利率=净利润÷销售收入

销售净利率反映每1元销售收入最终赚取了多少利润，用于反映产品最终的盈利能力。在利润表上，从销售收入到净利润需要扣除销售成本、期间费用、税金等项目。因此，将销售净利率按利润的扣除项目进行分解可以识别影响销售净利率的主要因素。

（三）总资产净利率

总资产净利率指净利润与平均总资产的比率，反映每1元资产创造的净利润。其计算公式为：

$$总资产净利率=（净利润÷平均总资产）×100\%$$

总资产净利率衡量的是企业资产的盈利能力。总资产净利率越高，表明企业资产的利用效果越好。影响总资产净利率的因素是销售净利率和总资产周转率。

$$总资产净利率=\frac{净利润}{平均总资产}=\frac{净利润}{销售收入}×\frac{销售收入}{平均总资产}$$
$$=销售净利率×总资产周转率$$

因此，企业可以通过提高销售净利率、加速资产周转来提高总资产净利率。

（四）净资产收益率

净资产收益率又叫权益净利率或权益报酬率，是净利润与平均所有者权益的比值，表示每1元股东资本赚取的净利润，反映资本经营的盈利能力。其计算公式为：

$$净资产收益率=（净利润÷平均所有者权益）×100\%$$

该指标是企业盈利能力指标的核心，也是杜邦财务指标体系的核心，更是投资者关注的重点。一般来说，净资产收益率越高，股东和债权人的利益保障程度越高。如果企业的净资产收益率在一段时期内持续增长，说明资本盈利能力稳定上升。但净资产收益率不是一个越高越好的概念，分析时要注意企业的财务风险。

$$净资产收益率=\frac{净利润}{平均净资产}=\frac{净利润}{平均总资产}×\frac{平均总资产}{平均净资产}=资产净利率×权益乘数$$

通过对净资产收益率的分解可以发现，改善资产盈利能力和增加企业负债都可以提高净资产收益率。而如果不改善资产盈利能力，单纯通过加大举债提高权益乘数进而提高净资产收益率的做法则十分危险。因为，企业负债经营的前提是有足够的盈利能力保障偿还债务本息，单纯增加负债对净资产收益率的改善只具有短期效应，最终将因盈利能力无法涵盖增加的财务风险而使企业面临财务困境。因此，只有当企业净资产收益率上升同时财务风险没有明显加大，才能说明企业财务状况良好。

例10-6（2013年单选题）假定其他条件不变，下列各项经济业务中，会导致公司总资产净利率上升的是（　　）。

A. 收回应收账款　　　　　　　　　B. 用资本公积转增股本

C. 用银行存款购入生产设备　　　　D. 用银行存款归还银行借款

【参考答案】D

【解析】本题主要考核"第十章"的"盈利能力分析"知识点。总资产净利率指净利润与平均总资产的比率，反映每1元资产创造的净利润。其计算公式为：

总资产净利率=（净利润÷平均总资产）×100%

总资产净利率衡量的是企业资产的盈利能力。总资产净利率越高，表明企业资产的利用效果越好。影响总资产净利率的因素是销售净利率和总资产周转率。因此，企业可以通过提高销售净利率、加速资产周转来提高总资产净利率。选项D会使得银行存款下降，从而使得总资产净利率会升高，故选D。

考点4 发展能力分析

衡量企业发展能力的指标主要有：销售收入增长率、总资产增长率、营业利润增长率、资本保值增值率和资本积累率等。

（一）销售收入增长率

该指标反映的是相对化的销售收入增长情况，是衡量企业经营状况和市场占有能力、预测企业经营业务拓展趋势的重要指标。在实际分析时应考虑企业历年的销售水平、市场占有情况、行业未来发展及其他影响企业发展的潜在因素，或结合企业前三年的销售收入增长率进行趋势性分析判断。其计算公式为：

$$销售收入增长率=本年销售收入增长额÷上年销售收入×100\%$$

其中：

$$本年销售收入增长额=本年销售收入-上年销售收入$$

计算过程中，销售收入可以使用利润表中的"营业收入"数据。销售收入增长率大于零，表明企业本年销售收入有所增长。该指标值越高，表明企业销售收入的增长速度越快，企业市场前景越好。

（二）总资产增长率

总资产增长率是企业本年资产增长额同年初资产总额的比率，反映企业本期资产规模的增长情况。其计算公式为：

$$总资产增长率=本年资产增长额÷年初资产总额×100\%$$

其中：

$$本年资产增长额=年末资产总额-年初资产总额$$

总资产增长率越高，表明企业一定时期内资产经营规模扩张的速度越快。但在分析时，需要关注资产规模扩张的质和量的关系，以及企业的后续发展能力，避免盲目扩张。

（三）营业利润增长率

营业利润增长率是企业本年营业利润增长额与上年营业利润总额的比率，反映企业营业利润的增减变动情况。其计算公式为：

$$营业利润增长率=本年营业利润增长额÷上年营业利润总额×100\%$$

其中：

$$本年营业利润增长额=本年营业利润-上年营业利润$$

（四）资本保值增值率

资本保值增值率是指所有者权益的期末总额与期初总额之比。其计算公式为：

$$资本保值增值率=期末所有者权益÷期初所有者权益×100\%$$

如果企业盈利能力提高，利润增加，必然会使期末所有者权益大于期初所有者权益，所以该指标也是衡量企业盈利能力的重要指标。当然，这一指标的高低，除了受企业经营成果的影响外，还受企业利润分配政策和投入资本的影响。

（五）资本积累率

资本积累率是企业本年所有者权益增长额与年初所有者权益的比率，反映企业当年资本的积累能力。其计算公式为：

$$资本积累率=本年所有者权益增长额÷年初所有者权益×100\%$$

$$本年所有者权益增长额=年末所有者权益-年初所有者权益$$

资本积累率越高，表明企业的资本积累越多，应对风险、持续发展的能力越强。

例10-7（2013年单选题）某公司2012年初所有者权益为1.25亿元，2012年末所有者权益为1.50亿元。该公司2012年的资本积累率是（　　）。

A. 16.67%　　　　　B. 20.00%　　　　　C. 25.00%　　　　　D. 120.00%

【参考答案】B

【解析】本题主要考核"第十章"的"发展能力分析"知识点。资本积累率是企业本年所有者权益增长额与年初所有者权益的比率，反映企业当年资本的积累能力。其计算公式为：

$$资本积累率=本年所有者权益增长额÷年初所有者权益×100\%$$

$$本年所有者权益增长额=年末所有者权益-年初所有者权益$$

资本积累率越高，表明企业的资本积累越多，应对风险、持续发展的能力越强。

本题中，资本积累率=（1.5-1.25）÷1.25=20%，故选B。

考点5　现金流量分析

现金流量分析一般包括现金流量的结构分析、流动性分析、获取现金能力分析、财务弹性分析及收益质量分析。这里主要从获取现金能力及收益质量方面介绍现金流量比率。

（一）获取现金能力的分析

获取现金的能力可通过经营活动现金流量净额与投入资源之比来反映。投入资源可以是销售收入、资产总额、营运资金净额、净资产或普通股股数等。

1. 销售现金比率

销售现金比率是指企业经营活动现金流量净额与企业销售额的比值。其计算公式为：

$$销售现金比率=经营活动现金流量净额÷销售收入$$

该比率反映每元销售收入得到的现金流量净额，其数值越大越好。

2. 每股营业现金净流量

每股营业现金净流量是通过企业经营活动现金流量净额与普通股股数之比来反映的。其计算公式为：

$$每股营业现金净流量=经营活动现金流量净额÷普通股股数$$

该指标反映企业最大的分派股利能力，超过此限度，可能就要借款分红。

3. 全部资产现金回收率

全部资产现金回收率是通过企业经营活动现金流量净额与企业平均总资产之比来反映的，它说明企业全部资产产生现金的能力。其计算公式为：

$$全部资产现金回收率=经营活动现金流量净额÷平均总资产×100\%$$

（二）收益质量分析

收益质量是指会计收益与公司业绩之间的相关性。如果会计收益能如实反映公司业绩，则其收益质量高；反之，则收益质量不高。收益质量分析，主要包括净收益营运指数分析与现金营运指数分析。

1. 净收益营运指数

净收益营运指数是指经营净收益与净利润之比，其计算公式为：

$$净收益营运指数=经营净收益÷净利润$$

其中： $$经营净收益=净利润-非经营净收益$$

净收益营运指数越小，非经营收益所占比重越大，收益质量越差，因为非经营收益不反映公司的核心能力及正常的收益能力，可持续性较低。

2. 现金营运指数

现金营运指数反映企业经营活动现金流量净额与企业经营所得现金的比值，其计算公式为：

$$现金营运指数=经营活动现金流量净额÷经营所得现金$$

公式中，经营所得现金是经营净收益与非付现费用之和。

现金营运指数小于1，说明收益质量不够好。现金营运指数小于1，说明一部分收益尚未取得现金，停留在实物或债权形态，而实物或债权资产的风险大于现金，应收账款不一定能足额变现，存货也有贬值的风险，所以未收现的收益质量低于已收现的收益。其次，现金营运指数小于1，说明营运资金增加了，反映企业为取得同样的收益占用了更多的营运资金，取得收益的代价增加了，同样的收益代表着较差的业绩。

例10-8（2013年判断题）净收益营运指数是收益质量分析的重要指标，一般而言，净收益营运指数越小，表明企业收益质量越好。（　　　）

【参考答案】×

【解析】本题主要考核"第十章"的"收益质量"知识点。收益质量是指会计收益与公司业绩之间的相关性。如果会计收益能如实反映公司业绩，则其收益质量高；反之，则收益质量不高。收益质量分析，主要包括净收益营运指数分析与现金营运指数分析。净收益营运指数是指经营净收益与净利润之比，其计算公式为：

净收益营运指数=经营净收益÷净利润

其中：经营净收益=净利润-非经营净收益

净收益营运指数越小，非经营收益所占比重越大，收益质量越差，因为非经营收益不反映公司的核心能力及正常的收益能力，可持续性较低。

第三节 上市公司财务分析

考点1 上市公司特殊财务分析指标

（一）每股收益

每股收益是综合反映企业获利能力的重要指标，可以用来判断和评价管理层的经营业绩。

1. 基本每股收益

基本每股收益的计算公式为：

$$基本每股收益=\frac{归属于公司普通股股东的净利润}{发行在外的普通股加权平均数}$$

2. 稀释每股收益

企业存在稀释性潜在普通股的，应当计算稀释每股收益。潜在普通股主要包括：可转换公司债券、认股权证和股份期权等。

（1）可转换公司债券。对于可转换公司债券，计算稀释每股收益时，分子的调整项目为可转换公司债券当期已确认为费用的利息等的税后影响额；分母的调整项目为假定可转换公司债券当期期初或发行日转换为普通股的股数加权平均数。

（2）认股权证和股份期权。认股权证、股份期权等的行权价格低于当期普通股平均市场价格时，应当考虑其稀释性。

计算稀释每股收益时，作为分子的净利润金额一般不变；分母的调整项目为增加的普通股股数，同时还应考虑时间权数。

行权价格和拟行权时转换的普通股股数，按照有关认股权证合同和股份期权合约确定。公式中的当期普通股平均市场价格，通常按照每周或每月具有代表性的股票交易价格进行简单算术平均计算。在股票价格比较平稳的情况下，可以采用每周或每月股票的收盘价作为代表性价格；在股票价格波动较大的情况下，可以采用每周或每月股票最高价与最低价的平均值作为代表性价格。无论采用何种方法计算平均市场价格，一经确定，不得随意变更，除非有确凿证据表明原计算方法不再适用。当期发行认股权证或股份期权的，普通股平均市场价格应当自认股权证或股份期权的发行日起计算。

在分析每股收益指标时，应注意企业利用回购库存股的方式减少发行在外的普通股股数，使每股收益简单增加。另外，如果企业将盈利用于派发股票股利或配售股票，就会使企业流通在外的股票数量增加，这样将会大量稀释每股收益。在分析上市公司公布的信息时，投资者应注意区分公布的每股收益是按原始股股数还是按完全稀释后的股份计算规则计算的，以免受到误导。

对投资者来说，每股收益是一个综合性的盈利概念，能比较恰当地说明收益的增长或减少。人们一般将每股收益视为企业能否成功地达到其利润目标的计量标志，也可以将其看成一家企业管理效率、盈利能力和股利来源的标志。

每股收益这一财务指标在不同行业、不同规模的上市公司之间具有相当大的可比性，因而在各上市公司之间的业绩比较中被广泛地加以引用。此指标越大，盈利能力越好，股利分配来源越充足，资产增值能力越强。

（二）每股股利

每股股利是企业股利总额与企业流通股数的比值。其计算公式为：

$$每股股利=现金股利总额÷期末发行在外的普通股股数$$

反映每股股利和每股收益之间关系的一个重要指标是股利发放率，即每股股利分配额与当期的每股收益之比。

$$股利发放率=每股股利÷每股收益$$

股利发放率反映每1元净利润有多少用于普通股股东的现金股利发放，反映普通股股东的当期收益水平。借助于该指标，投资者可以了解一家上市公司的股利发放政策。

例10-9（2012年多选题）股利发放率是上市公司财务分析的重要指标，下列关于股利发放率的表述中，正确的有（　　　）。

A. 可以评价公司的股利分配政策　　　　B. 反映每股股利与每股收益之间的关系

C. 股利发放率越高，盈利能力越强　　　D. 是每股股利与每股净资产之间的比率

【参考答案】AB

【解析】反映每股股利和每股收益之间关系的一个重要指标是股利发放率，即每股股利分配额与当期的每股收益之比。借助于该指标，投资者可以了解一家上市公司的股利发放政策。

（三）市盈率

市盈率（P/E ratio）是股票每股市价与每股收益的比率，其计算公式如下：

$$市盈率=\frac{每股市价}{每股收益}$$

市盈率是股票市场上反映股票投资价值的重要指标，该比率的高低反映了市场上投资者对股票投资收益和投资风险的预期。一方面，市盈率越高，意味着投资者对股票的收益预期越看好，投资价值越大；反之，投资者对该股票评价越低。另一方面，市盈率越高，也说明获得一定的预期利润投资者需要支付更高的价格，因此投资于该股票的风险也越大；市盈率越低，说明投资于该股票的风险越小。

上市公司的市盈率是广大股票投资者进行中长期投资的重要决策指标。

影响企业股票市盈率的因素有：第一，上市公司盈利能力的成长性；第二，投资者所获取报酬率的稳定性；第三，市盈率也受到利率水平变动的影响。

以市盈率衡量股票投资价值存在一些缺陷：第一，股票价格的高低受很多因素影响，非理性因素的存在会使股票价格偏离其内在价值；第二，市盈率反映了投资者的投资预期，但由于市场不完全和信息不对称，投资者可能会对股票做出错误估计。因此，通常难以根据某一股票在某一时期的市盈率对其投资价值做出判断，应该进行不同期间以及同行业不同公司之间的比较或与行业平均市盈率进行比较，以判断股票的投资价值。

（四）每股净资产

每股净资产，又称每股账面价值，是指企业期末净资产与期末发行在外的普通股股数之间的比率。用公式表示为：

$$每股净资产 = \frac{期末净资产}{期末发行在外的普通股股数}$$

每股净资产显示了发行在外的每一普通股股份所能分配的企业账面净资产的价值。这里所说的账面净资产是指企业账面上的总资产减去负债后的余额，即股东权益总额。每股净资产指标反映了在会计期末每一股份在企业账面上到底值多少钱，它与股票面值、发行价值、市场价值乃至清算价值等往往有较大差距，是理论上股票的最低价值。

利用该指标进行横向和纵向对比，可以衡量上市公司股票的投资价值。

（五）市净率

市净率是每股市价与每股净资产的比率，是投资者用以衡量、分析个股是否具有投资价值的工具之一。市净率的计算公式如下：

$$市净率 = 每股市价 \div 每股净资产$$

净资产代表的是全体股东共同享有的权益，是股东拥有公司财产和公司投资价值最基本的体现，它可以用来反映企业的内在价值。一般来说，市净率较低的股票，投资价值较高；反之，则投资价值较低。但有时较低市净率反映的可能是投资者对公司前景的不良预期，而较高市净率则相反。因此，在判断某只股票的投资价值时，还要综合考虑当时的市场环境以及公司经营情况、资产质量和盈利能力等因素。

■ 考点2 管理层讨论与分析

管理层讨论与分析是上市公司定期报告中管理层对于本企业过去经营状况的评价分析以及对企业和未来发展趋势的前瞻性判断，是对企业财务报表中所描述的财务状况和经营成果的解释，是对经营中固有风险和不确定性的揭示，同时也是对企业未来发展前景的预期。

管理层讨论与分析是上市公司定期报告的重要组成部分。

管理层讨论与分析信息大多涉及"内部性"较强的定性型软信息，无法对其进行详细的强制规定和有效监控，因此，西方国家的披露原则是强制与自愿相结合，企业可以自主决定如何披露这类信息。我国也基本实行这种原则。

> **例10-10**（2012年多选题）我国上市公司"管理层讨论与分析"信息披露遵循的原则是（　　）。
>
> A. 资源原则　　　　　　　　　　　　B. 强制原则
>
> C. 不定期披露原则　　　　　　　　　D. 强制与自愿相结合原则
>
> **【参考答案】** D
>
> **【解析】** 管理层讨论与分析信息大多涉及"内部性"较强的定性型软信息，无法对其进行详细的强制规定和有效监控，因此，西方国家的披露原则是强制与自愿相结合，企业可以自主决定如何披露这类信息。我国也基本实行这种原则。所以选项D正确。

上市公司"管理层讨论与分析"主要包括两部分：报告期间经营业绩变动的解释与前瞻性信息。

（一）报告期间经营业绩变动的解释

报告期间经营业绩变动的解释包括以下几个方面：

（1）分析企业主营业务及其经营状况。

（2）概述企业报告期内总体经营情况，列示企业主营业务收入、主营业务利润、净利润的同比变动情况，说明引起变动的主要影响因素。

（3）说明报告期企业资产构成、销售费用、管理费用、财务费用、企业所得税等财务数据同比发生重大变动的情况及发生变化的主要影响因素。

（4）结合企业现金流量表相关数据，说明企业经营活动、投资活动和筹资活动产生的现金流量的构成情况，若相关数据发生重大变动，应当分析其主要影响因素。

（5）企业可以根据实际情况对企业设备利用情况、订单的获取情况、产品的销售或积压情况、主要技术人员变动情况等与企业经营相关的重要信息进行讨论和分析。

（6）企业主要控股企业及参股企业的经营情况及业绩分析。

（二）企业未来发展的前瞻性信息

（1）企业应当结合回顾的情况，分析所处行业的发展趋势及企业面临的市场竞争格局。

（2）企业应当向投资者提示管理层所关注的未来企业发展机遇和挑战，披露企业发展战略，以及拟开展的新业务、拟开发的新产品、拟投资的新项目等。

（3）企业应当披露为实现未来发展战略所需的资金需求及使用计划，以及资金来源情况，说明维持企业当前业务完成在建投资项目的资金需求，未来重大的资本支出计划等，包括未来已知的资本支出承诺、合同安排、时间安排等。同时，对企业资金来源的安排、资金成本及使用情况进行说明。

企业应当结合自身特点对所有风险因素（包括宏观政策风险、市场或业务经营风险、财务风险、技术风险等）进行风险揭示，披露的内容应当充分、准确、具体。同时企业可以根据实际情况，介绍已（或拟）采取的对策和措施，对策和措施应当内容具体，具备可操作性。

第四节　企业评价与考核

财务分析的最终目的在于全面、准确、客观地揭示与披露企业财务状况和经营情况，并借以对企业经济效益优劣作出合理的评价。只有将企业偿债能力、营运能力、投资收益实现能力以及发展趋势等各项分析指标有机地联系起来，作为一套完整的体系，相互配合使用，作出系统地综合评价，才能从总体意义上把握企业财务状况和经营情况的优劣。

综合分析的意义在于能够全面、正确地评价企业的财务状况和经营成果。除此之外，综合分析的结果在进行企业不同时期比较分析和不同企业之间比较分析时消除了时间上和空间上的差异，使之更具有可比性，有利于总结经验、吸取教训、发现差距、赶超先进。进而，从整体上、本质上反映和把握企业生产经营的财务状况和经营成果。

考点1　企业综合绩效分析的方法

企业综合绩效分析方法有很多，传统方法主要有杜邦分析法和沃尔评分法等。

（一）杜邦分析法

杜邦分析法，又称杜邦财务分析体系，简称杜邦体系，是利用各主要财务比率指标间的内在联系，对企业财务状况及经济效益进行综合系统分析评价的方法。该体系是以净资产收益率为起点，以总资产净利率和权益乘数为核心，重点揭示企业获利能力及权益乘数对净资产收益率的影响，以及各相关指标间的相互影响作用关系。因其最初由美国杜邦企业成功应用，故得名。

杜邦分析法将净资产收益率（权益净利率）分解如图10-1所示。其分析关系式为：

净资产收益率＝销售净利率×总资产周转率×权益乘数

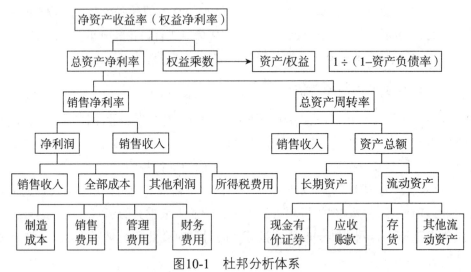

图10-1　杜邦分析体系

注：①本章销售净利率即营业净利率，销售收入即营业收入，销售费用即营业费用。

②上图中有关资产、负债与权益指标通常用平均值计算。

运用杜邦分析法需要抓住以下几点：

（1）净资产收益率是一个综合性最强的财务分析指标，是杜邦分析体系的起点。净资产收益率高低的决定因素主要有三个，即销售净利率、总资产周转率和权益乘数。

例10-11（2010年单选题）在上市公司杜邦财务分析体系中，最具有综合性的财务指标是（　　）。

A. 营业净利率　　　　　B. 净资产收益率　　　　　C. 总资产净利率　　　　　D. 总资产周转率

【参考答案】B

【解析】本题考查的是第十章的相关内容。净资产收益率是一个综合性最强的财务分析指标，是杜邦分析体系的起点。因此，本题的最佳答案是B选项。

（2）销售净利率反映了企业净利润与销售收入的关系，它的高低取决于销售收入与成本总额的高低。

要向提高销售净利率，一是要扩大销售收入，二是要降低成本费用。

（3）影响总资产周转率的一个重要因素是资产总额。

资产总额由流动资产与长期资产组成，它们的结构合理与否将直接影响资产的周转速度。

（4）权益乘数主要受资产负债率指标的影响。

资产负债率越高，权益乘数就越高，说明企业的负债程度比较高，给企业带来了较多的杠杆利益，同时，也带来了较大的风险。

（二）沃尔评分法

企业财务综合分析的先驱者之一是亚历山大·沃尔。他在20世纪初出版的《信用晴雨表研究》和《财务报表比率分析》中提出了信用能力指数的概念，他把若干个财务比率用线性关系结合起来，以此来评价企业的信用水平，被称为沃尔评分法。他选择了七种财务比率，分别给定了其在总评价中所占的比重，总和为100分；然后，确定标准比率，并与实际比率相比较，评出每项指标的得分，求出总评分。

沃尔评分法从理论上讲，有一个弱点，就是未能证明为什么要选择这七个指标，而不是更多些或更少些，或者选择别的财务比率，以及未能证明每个指标所占比重的合理性。沃尔的分析法从技术上讲有一个问题，就是当某一个指标严重异常时，会对综合指数产生不合逻辑的重大影响。这个缺陷是由相对比率与比重相"乘"而引起的。财务比率提高一倍，其综合指数增加100%；而财务比率缩小一倍，其综合指数只减少50%。

现代社会与沃尔的时代相比，已有很大的变化。一般认为企业财务评价的内容首先是盈利能力，其次是偿债能力，再次是成长能力，它们之间大致可按5：3：2的比重来分配。盈利能力的主要指标是总资产报酬率、销售净利率和净资产收益率，这三个指标可按2：2：1的比重来安排。偿债能力有四个常用指标（自有资本比率、流动比率、应收账款周转率、存货周转率）。成长能力有三个常用指标（都是本年增量与上年实际量的比值，即销售增长率、净利增长率、总资产增长率）。

考点2 综合绩效评价

综合绩效评价是综合分析的一种，一般是站在企业所有者（投资人）的角度进行的。

综合绩效评价，是指运用数理统计和运筹学的方法，通过建立综合评价指标体系，对照相应的评价标准，定量分析与定性分析相结合，对企业一定经营期间的盈利能力、资产质量、债务风险以及经营增长等经营业绩和努力程度等各方面进行的综合评判。

科学地评价企业绩效，可以为出资人行使经营者的选择权提供重要依据；可以有效地加强对企业经营者的监管和约束；可以为有效激励企业经营者提供可靠依据；还可以为政府有关部门、债权人、企业职工等利益相关方提供有效的信息支持。

（一）综合绩效评价的内容

企业综合绩效评价由财务绩效定量评价和管理绩效定性评价两部分组成。

1. 财务绩效定量评价

财务绩效定量评价是指对企业一定期间的盈利能力、资产质量、债务风险和经营增长四个方面进行定量对比分析和评判。

（1）企业盈利能力分析与评判主要通过资本及资产报酬水平、成本费用控制水平和经营现金流量状况等方面的财务指标，综合反映企业的投入产出水平以及盈利质量和现金保障状况。

（2）企业资产质量分析与评判主要通过资产周转速度、资产运行状态、资产结构以及资产有效性等方面的财务指标，综合反映企业所占用经济资源的利用效率、资产管理水平与资产的安全性。

（3）企业债务风险分析与评判主要通过债务负担水平、资产负债结构、或有负债情况、现金偿债能力等方面的财务指标，综合反映企业的债务水平、偿债能力及其面临的债务风险。

（4）企业经营增长分析与评判主要通过销售增长、资本积累、效益变化以及技术投入等方面的财务指标，综合反映企业的经营增长水平及发展后劲。

2. 管理绩效定性评价

管理绩效定性评价是指在企业财务绩效定量评价的基础上，通过采取专家评议的方式，对企业一定期间的经营管理水平进行定性分析与综合评判。

管理绩效定性评价指标包括企业发展战略的确立与执行、经营决策、发展创新、风险控制、基础管理、人力资源、行业影响、社会贡献等方面。

（二）综合绩效评价指标

企业综合绩效评价指标由22个财务绩效定量评价指标和8个管理绩效定性评价指标组成。

1. 财务绩效定量评价指标

财务绩效定量评价指标由反映企业盈利能力、资产质量状况、债务风险状况和经营增长状况等四方面的基本指标和修正指标构成。

其中，基本指标反映企业一定期间财务绩效的主要方面，并得出财务绩效定量评价的基本结果。修正指标是根据财务指标的差异性和互补性，对基本指标的评价结果作进一步的补充和矫正。

例10-12（2010年单选题）下列综合绩效评价指标中，属于财务绩效定量评价指标的是（　　　）。

A. 获利能力评价指标　　　　　　　　　B. 战略管理评价指标

C. 经营决策评价指标　　　　　　　　　D. 风险控制评价指标

【参考答案】A

【解析】本题考查的是第十章的相关内容。财务绩效定量评价指标由反映企业盈利能力、资产质量状况、债务风险状况和经营增长状况等四方面的基本指标和修正指标构成。选项B、C、D均属于管理业绩定性评价指标。因此，本题的最佳答案是A选项。

（1）企业盈利能力状况以净资产收益率、总资产报酬率两个基本指标和销售（营业）利润率、利润现金保障倍数、成本费用利润率、资本收益率四个修正指标进行评价，主要反映企业一定经营期间的投入产出水平和盈利质量。

（2）企业资产质量状况以总资产周转率、应收账款周转率两个基本指标和不良资产比率、流动资产周转率、资产现金回收率三个修正指标进行评价，主要反映企业所占用经济资源的利用效率、资产管理水平与资产的安全性。

（3）企业债务风险状况以资产负债率、已获利息倍数两个基本指标和速动比率、现金流动负债比率、带息负债比率、或有负债比率四个修正指标进行评价，主要反映企业的债务负担水平、偿债能力及其面临的债务风险。

（4）企业经营增长状况以销售（营业）增长率、资本保值增值率两个基本指标和销售（营业）利润增长率、总资产增长率、技术投入比率三个修正指标，主要反映企业的经营增长水平、资本增值状况及发展后劲。

2.管理绩效定性评价指标

企业管理绩效定性评价指标包括战略管理、发展创新、经营决策、风险控制、基础管理、人力资源、行业影响、社会贡献等八个方面的指标，主要反映企业在一定经营期间所采取的各项管理措施及其管理成效。

（1）战略管理评价主要反映企业所制定战略规划的科学性，战略规划是否符合企业实际，员工对战略规划的认知程度，战略规划的保障措施及其执行力，以及战略规划的实施效果等方面的情况。

（2）发展创新评价主要反映企业在经营管理创新、工艺革新、技术改造、新产品开发、品牌培育、市场拓展、专利申请及核心技术研发等方面的措施及成效。

（3）经营决策评价主要反映企业在决策管理、决策程序、决策方法、决策执行、决策监督、责任追究等方面采取的措施及实施效果，重点反映企业是否存在重大经营决策失误。

（4）风险控制评价主要反映企业在财务风险、市场风险、技术风险、管理风险、信用风险和道德风险等方面的管理与控制措施及效果，包括风险控制标准、风险评估程序、风险防范与化解措施等。

（5）基础管理评价主要反映企业在制度建设、内部控制、重大事项管理、信息化建设、标准化管理等方面的情况，包括财务管理、对外投资、采购与销售、存货管理、质量管理、安全管理、法律事务等。

（6）人力资源评价主要反映企业人才结构、人才培养、人才引进、人才储备、人事调配、员工绩效管理、分配与激励、企业文化建设、员工工作热情等方面的情况。

（7）行业影响评价主要反映企业主管业务的市场占有率、对国民经济及区域经济的影响与带动力、主要产品的市场认可程度、是否具有核心竞争能力以及产业引导能力等方面的情况。

（8）社会贡献评价主要反映企业在资源节约、环境保护、吸纳就业、工资福利、安全生产、上缴税收、商业诚信、和谐社会建设等方面的贡献程度和社会责任的履行情况。

（三）企业综合绩效评价标准

综合绩效评价标准分为财务绩效定量评价标准和管理绩效定性评价标准。

1.财务绩效定量评价标准

财务绩效定量评价标准包括国内行业标准和国际行业标准。国内行业标准根据国内企业年度财务和经营管理统计数据，运用数理统计方法，分年度、分行业、分规模统一测算。国际行业标准根据居于行业国际领先地位的大型企业相关财务指标实际值，或者根据同类型企业组相关财务指标的先进值，在剔除会计核算差异后统一测算。其中，财务绩效定量评价标准的行业分类，按照国家统一颁布的国民经济行业分类标准结合企业实际情况进行划分。

财务绩效定量评价标准按照不同行业、不同规模及指标类别，划分为优秀（A）、良好（B）、平均（C）、较低（D）、较差（E）五个档次，对应五档评价标准的标准系数分别为1.0、0.8、0.6、0.4、0.2，较差（E）以下为0。

2. 管理绩效定性评价标准

管理绩效定性评价标准分为优（A）、良（B）、中（C）、低（D）、差（E）五个档次。对应五档评价标准的标准系数分别为1.0、0.8、0.6、0.4、0.2，差（E）以下为0。

管理绩效定性评价标准具有行业普遍性和一般性，在进行评价时，应当根据不同行业的经营特点，灵活把握个别指标的标准尺度。对于定性评价标准没有列示，但对被评价企业经营绩效产生重要影响的因素，在评价时也应予考虑。

（四）企业综合绩效评价工作程序

1. 财务绩效评价工作程序

财务绩效定量评价工作具体包括提取评价基础数据、基础数据调整、评价计分、形成评价结果等内容。

例10-13（多选题）财务绩效评价工作的程序包括（　　　）。

A. 提取评价基础数据　　　　　　　　B. 基础数据调整

C. 评价计分　　　　　　　　　　　　D. 形成评价结果

【参考答案】ABCD

【解析】财务绩效定量评价工作具体包括提取评价基础数据、基础数据调整、评价计分、形成评价结果等内容。因此，本题的最佳答案是ABCD选项。

2. 管理绩效评价工作程序

管理绩效定性评价工作具体包括收集整理绩效评价资料、聘请咨询专家、召开专家评议会、形成定性评价结论等内容。

（五）企业综合绩效评价计分方法

1. 财务绩效评价计分

（1）基本指标计分。财务绩效定量评价基本指标计分是按照功效系数法计分原理，将评价指标实际值对照行业评价标准值，按照规定的计分公式计算各项基本指标得分。其计算公式为：

$$基本指标总得分 = \sum 单项基本指标得分$$

$$单项基本指标得分 = 本档基础分 + 调整分$$

$$本档基础分 = 指标权数 \times 本档标准系数$$

$$调整分 = 功效系数 \times （上档基础分 - 本档基础分）$$

$$上档基础分=指标权数×本档标准系数$$

$$功效系数=\frac{实际值-本档标准值}{上档标准值-本档标准值}$$

本档标准值是指上下两档标准值居于较低等级一档。

（2）修正指标的计分。财务绩效定量评价修正指标的计分是在基本指标计分结果的基础上，运用功效系数法原理，分别计算盈利能力、资产质量、债务风险和经营增长四个部分的综合修正系数，再据此计算出修正后的分数。其计算公式为：

$$修正后总得分=\sum 各部分修正后得分$$

$$各部分修正后得分=各部分基本指标分数×该部分综合修正系数$$

$$某部分综合修正系数=\sum 该部分各修正指数加权修正系数$$

$$某指标加权修正系数=\frac{修正指标权数}{该部分权数}×该指标单项修正系数$$

某指标单项修正系数 = 1.0+（本档标准系数+功效系数×0.2-该部分基本指标分析系数）

（单项修正系数控制修正幅度为0.7～1.3）

$$某部分基本指标分析系数=该部分基本指标得分÷该部分权数$$

在计算修正指标单项修正系数过程中，对于一些特殊情况应进行调整。

① 如果修正指标单项修正系数过程中，对于一些特殊情况应进行调整：

$$单项修正系数=1.2+本档标准系数-该部分基本指标分析系数$$

② 如果修正指标实际值处于较差值以下，其单项修正系数的计算公式如下：

$$单项修正系数=1.0-该部分基本指标分析系数$$

③ 如果资产负债率≥100%，指标得0分；其他情况按照规定的公式计分。

④ 如果盈余现金保障利润分子为正数，分母为负数，单项修正系数确定为1.1；如果分子为负数，分母为正数，单项修正系数确定为0.9；如果分子分母同为负数，单项修正系数确定为0.8。

⑤ 如果不良资产比率≥100%或分母为负数，单项修正系数确定为0.8。

⑥ 对于销售（营业）利润增长率指标，如果上年主营业务利润为负数，本年为正数，单项修正系数为1.1；如果上年主营业务利润为零，本年为正数，或者上年为负数本年为零，单项修正系数确定为1.0。

⑦ 如果个别指标难以确定行业标准，该指标单项修正系数确定为1.0。

2. 管理绩效评价计分

管理绩效定性评价指标的计分一般通过专家评议打分形式完成，聘请的专家应不少于7名；评议专家应当在充分了解企业管理绩效状况的基础上，对照评价参考标准，采取综合分析判断法，对企业管理绩效指标做出分析评议，评判各项指标所处的水平档次，并直接给出评价分数。计分公式为：

$$管理绩效定性评价指标分数=\sum 单项指标分数$$

$$单项指标分数=\sum \frac{每位专家给定的单项指标分数}{专家人数}$$

3. 综合绩效评价计分

在得出财务绩效定量评价分数和管理绩效定性评价分数后，应当按照规定的权重，耦合形成综合绩效评价分数。其计算公式为：

企业综合绩效评价分数 = 财务绩效定量评价分数×70%+管理绩效定性评价分数×30%

在得出评价分数以后，应当计算年度之间的绩效改进度，以反映企业年度之间经营绩效的变化状况。计算公式为：

$$绩效改进度 = \frac{本期绩效评价分数}{基期绩效评价分数}$$

绩效改进度大于1，说明经营绩效上升；绩效改进度小于1，说明经营绩效下滑。

（六）企业综合绩效评价结果与评价报告

评价结果

企业综合绩效评价结果以评价得分、评价类型和评价级别表示。

评价类型是根据评价分数对企业综合绩效所划分的水平档次，用文字和字母表示，分为优（A）、良（B）、中（C）、低（D）、差（E）五种类型。

评价级别是对每种类型再划分级次，以体现同一评价类型的不同差异，采用在字母后标注"+、−"号的方式表示。

企业综合绩效评价结果以85、70、50、40分作为类型判定的分数线。

（1）评价得分达到85分以上（含85分）的评价类型为优（A），在此基础上划分为三个级别，分别为：A++≥95分；95分＞A+≥90分；90分＞A≥85分。

（2）评价得分达到70分以上（含70分）不足85分的评价类型为良（B），在此基础上划分为三个级别，分别为：85分＞B+≥80分；80分＞B≥75分，75分＞B−≥70分。

（3）评价得分达到50分以上（含50分）不足70分的评价类型为中（C），在此基础上划分为两个级别，分别为：70分＞C≥60分；60分＞C−≥50分。

（4）评价得分在40分以上（含40分）不足50分的评价类型为低（D）。

（5）评价得分在40分以下的评价类型为差（E）。

本章同步训练

一、单项选择题

1. 下列选项中，属于采用比率分析法时应注意的问题是（　　　）。

A. 指标的计算口径必须一致　　　　　　B. 衡量标准的科学性

C. 剔除偶发性项目的影响　　　　　　　D. 运用例外原则

2. 下列关于比率分析法的说法，错误的是（　　）。

A. 针对多个指标进行分析 　　　　　　　　B. 综合程度低

C. 建立在以历史数据为基础的财务报表之上 　D. 在某些情况下无法得出令人满意的结论

3. 应用因素分析法进行财务分析时，应注意的问题不包括（　　）。

A. 计算口径的一致性 　　　　　　　　　　B. 因素分解的关联性

C. 因素替代的顺序性 　　　　　　　　　　D. 顺序替代的连环性

4. 某公司2010年初发行在外的普通股股数为100万股，2010年4月1日增发15万股，9月1日回购12万股。2010年年末股东权益为1 232万元，则每股净资产为（　　）元/股。

A. 11.96 　　　　　B. 12 　　　　　C. 10.53 　　　　　D. 10.71

5. 某上市公司2009年净利润为3 000万元，2009年初普通股股数为3 000万股，2009年4月1日增发1 000万股普通股，该公司2009年基本每股收益为（　　）元。

A. 1 　　　　　B. 0.75 　　　　　C. 0.8 　　　　　D. 0.5

6. 人们一般将其视为企业能否成功地达到其利润目标的计量标志的是（　　）。

A. 每股收益 　　　　　　　　　　　　　　B. 每股净资产

C. 每股股利 　　　　　　　　　　　　　　D. 市盈率

7. 下列有关稀释每股收益的说法不正确的是（　　）。

A. 潜在的普通股主要包括：可转换公司债券、认股权证和股份期权等

B. 对于认股权证、股份期权等的行权价格低于当期普通股平均市场价格时，应当考虑其稀释性

C. 对于可转换公司债券，计算稀释每股收益时，分母的调整项目为假定可转换公司债券当期期初或发行日转换为普通股的股数加权平均数

D. 对于可转换公司债券，计算稀释每股收益时，分子的调整项目为可转换公司债券当期已确认为费用的利息等的影响额

8. 净资产收益率在杜邦分析体系中是个综合性最强、最具有代表性的指标。通过对系统的分析可知，提高净资产收益率的途径不包括（　　）。

A. 加强销售管理，提高销售净利率 　　　　B. 加强资产管理，提高其利用率和周转率

C. 加强负债管理，提高其利用率和周转率 　D. 加强负债管理，提高产权比率

9. 在杜邦财务分析体系中，起点指标是（　　）。

A. 净资产收益率 　　B. 总资产净利率 　　C. 总资产周转率 　　D. 销售净利率

10. （　　）反映了企业净利润与销售收入的关系，它的高低取决于销售收入与成本总额的高低。

A. 权益乘数 　　　　B. 销售净利率 　　　　C. 净资产收益率 　　　　D. 产权比率

二、多项选择题

1. 下列关于财务分析的说法正确的有（　　）。

A. 以企业财务报告为主要依据

B. 对企业的财务状况和经营成果进行评价和剖析

C. 反映企业在运营过程中的利弊得失和发展趋势

D. 为改进企业财务管理工作和优化经济决策提供重要的财务信息

2. 企业经营决策者是代理股东经营管理企业，在企业生产经营中需要掌握和了解的指标包括（　　　）。

A. 运营能力指标 　　　　　　　　　　　　　B. 偿债能力指标

C. 获利能力指标 　　　　　　　　　　　　　D. 发展能力指标

3. 采用比较分析法时，应当注意（　　　）。

A. 所对比指标的计算口径必须一致

B. 应剔除偶发性项目的影响

C. 应运用例外原则对某项有显著变动的指标做重点分析

D. 对比项目的相关性

4. 属于财务分析的局限性表现在（　　　）。

A. 资料来源的局限性 　　　　　　　　　　　B. 分析方法的局限性

C. 分析对象的局限性 　　　　　　　　　　　D. 分析指标的局限性

5. 财务分析的局限性中，资料来源的局限性体现在（　　　）。

A. 报表数据的时效性问题 　　　　　　　　　B. 报表数据的真实性问题

C. 报表数据的可比性问题 　　　　　　　　　D. 报表数据的完整性问题

6. 财务分析的局限性中，财务分析指标的局限性有（　　　）。

A. 财务指标体系不严密 　　　　　　　　　　B. 财务指标所反映的情况具有相对性

C. 财务指标的评价标准不统一 　　　　　　　D. 财务指标的计算口径不一致

7. 下列说法不正确的有（　　　）。

A. 减少利息支出可以降低息税前利润 　　　　B. 每股利润和每股收益是同义词

C. 市盈率=每股收益÷每股市价 　　　　　　　D. 可转换债券属于稀释性潜在普通股

8. 下列说法不正确的是（　　　）。

A. 一般认为，净资产收益率越高，表明投资收益的能力越强

B. 基本每股收益=归属于公司普通股股东的净利润÷发行在外的普通股股数

C. 每股股利=股利总额÷流通股的加权平均数

D. 上市公司的市盈率一直是广大股票投资者进行中长期投资的重要决策指标

9. 上市公司特殊财务分析指标包括（　　　）。

A. 每股收益 　　　　　　　　　　　　　　　B. 每股股利

C. 市盈率 　　　　　　　　　　　　　　　　D. 每股净资产

10. 上市公司"管理层讨论与分析"主要包括（　　　）。

A. 报告期间管理业绩变动的解释 　　　　　　B. 报告期间经营业绩变动的解释

C. 企业未来发展的前瞻性信息 　　　　　　　D. 内部信息的揭示

三、判断题

1. 比率指标的计算一般都是建立在以预算数据为基础的财务报表之上的，这使比率指标提供的信息与决策之间的相关性大打折扣。（　　　）

2. 财务报表是按照会计准则编制的，所以能准确地反映企业的客观实际。（   ）

3. 市盈率越高，说明企业未来成长的潜力越大，投资于该股票的风险越小。（   ）

4. 上市公司的市盈率一直是广大股票投资者进行中长期投资的重要决策指标。（   ）

5. 认股权证、股份期权等的行权价格高于当期普通股平均市场价格时，应当考虑其稀释性。（   ）

6. 要求上市公司编制并披露管理层讨论与分析的目的在于，使公众投资则能够有机会了解管理层自身对企业财务状况与经营成本的分析与评价。（   ）

7. 管理层讨论与分析是上市公司定期报告的重要组成部分。（   ）

8. 资产净利率是一个综合性最强的财务分析指标，是杜邦分析体系的起点。（   ）

9. 净资产收益率反映了企业所有者投入资本的获利能力，说明了企业筹资、投资、资产营运等各项财务及其管理活动的效率。（   ）

10. 由于净资产收益率等于资产净利率乘以权益乘数。因此，企业的负债程度越高，净资产收益率就越大。（   ）

四、计算分析题

1. 甲公司2009年净利润4 760万元，发放现金股利290万元，发放负债股利580万元。公司适用的企业所得税税率为25%。其他资料如下：

资料1：2009年年初股东权益合计为10 000万元，其中股本4 000万元（全部是普通股，每股面值1元，全部发行在外）；

资料2：2009年3月1日新发行2 400万股普通股，发行价格为5元，不考虑发行费用；

资料3：2009年12月1日按照4元的价格回购600万股普通股；

资料4：2009年年初按面值的110%发行总额为880万元的可转换公司债券，票面利率为4%，每100元面值债券可转换为90股普通股；

资料5：2009年年末每股市价为40元。

要求：

（1）计算2009年末的基本每股收益；

（2）计算2009年末稀释每股收益；

（3）计算2009年的每股股利；

（4）计算2009年末每股净资产；

（5）计算2009年年末市净率。

2.（2007年真题）某企业2006年末产权比率为80%，流动资产占总资产的40%。有关负债的资料如下：

资料一：该企业资产负债表中的负债项目如表10-1所示。

表10-1 资产负债表　　　　　　　　　　　单位：万元

负债项目	金额
流动负债：	
短期借款	2 000
应付账款	3 000
预收账款	2 500

（续表）

负债项目	金额
其他应付款	4 500
一年内到期的长期负债	4 000
流动负债合计	16 000
非流动负债：	
长期借款	12 000
应付债券	20 000
非流动负债合计	32 000
负债总计	48 000

资料二：该企业报表附注中的或有负债信息如下：已贴现承兑汇票500万元，对外担保2 000万元，未决诉讼200万元，其他或有负债300万元。

要求计算下列指标：

（1）所有者权益总额。

（2）流动资产和流动比率。

（3）资产负债率。

（4）或有负债金额和或有负债比率。

（5）带息负债金额和带息负债比率。

3. 某公司2009年末资产负债率为0.6，股东权益总额为400万元，销售收入为1 000万元，预计支付股利总额为60万元，股利支付率为60%，2008年末总资产净利率为9%，销售净利率为12%，权益乘数为2。全部财务比率用年末数据计算。

要求：

（1）计算2008年末总资产周转率；

（2）计算2009年末销售净利率、总资产周转率、权益乘数；

（3）运用连环替代法，通过总资产净利率、权益乘数两项因素对2008年和2009年的净资产收益率变动情况进行计算分析。

本章同步训练答案与解析

一、单项选择题

1.【参考答案】C

【答案解析】衡量标准的科学性是使用比率分析法应注意的问题。采用比较分析法时，应注意的问题包括：

（1）用于进行对比指标的计算口径必须一致；

（2）应剔除偶发性项目的影响，使作为分析的数据能反映正常的经营状况；

（3）应运用例外原则对某项有显著变动的指标做重点分析。

采用比率分析法时，应当注意以下几点：

（1）对比项目的相关性；

（2）对比口径的一致性；

（3）衡量标准的科学性。

2.【参考答案】A

【答案解析】比率分析是针对单个指标进行分析，综合程度低，在某些情况下无法得出令人满意的结论；比率指标的计算一般都是建立在以历史数据为基础的财务报表之上的，这使比率指标提供的信息与决策直接的相关性大打折扣。

3.【参考答案】A

【答案解析】因素分析法是依据分析指标与其影响因素的关系，从数量上确定各因素对分析指标影响方向和影响程度的一种方法，其应注意的问题包括：因素分解的关联性、因素替代的顺序性、顺序替代的连环性、计算结果的假定性。

4.【参考答案】A

【答案解析】年末普通股股数=100+15−12=103（万股），每股净资产=1 232÷103=11.96（元/股）。

5.【参考答案】C

【答案解析】基本每股收益=3 000÷[3 000+1 000×（9÷12）]=0.8（元）

6.【参考答案】A

【答案解析】人们一般将每股收益视为企业能否成功地达到其利润目标的计量标志，也可以将其看成一家企业管理效率，盈利能力和股利来源的标志，本题应该选A。

7.【参考答案】D

【答案解析】对于可转换公司债券，计算稀释每股收益时，分子的调整项目为可转换公司债券当期已确认为费用的利息等的税后影响额，所以D不正确，没有强调是税后影响额。

8.【参考答案】C

【答案解析】净资产收益率=销售净利率×资产周转率×权益乘数。

9.【参考答案】A

【答案解析】杜邦财务分析体系，是利用各主要财务比率指标间的内在联系，对企业财务状况及经济效益进行综合系统分析评价的方法。该体系是以净资产收益率为起点，以资产净利率和权益乘数为核心。

10.【参考答案】B

【答案解析】销售净利率反映了企业净利润与销售收入的关系，它的高低取决于销售收入与成本总额的高低，本题应该选B。

二、多项选择题

1.【参考答案】BCD

【答案解析】选项A的正确说法应该是：财务分析以企业财务报告及其他相关资料为主要依据。

2.【参考答案】ABCD

【答案解析】企业经营决策者必须对企业经营理财的各个方面，包括运营能力、偿债能力、获利能力及发展能力的全部信息予以详尽的了解和掌握。

3.【参考答案】ABC

【答案解析】采用比较分析法时，应当注意以下问题：第一，所对比指标的计算口径必须一致；第二，应剔除偶发性项目的影响；第三，应运用例外原则对某项有显著变动的指标做重点分析。对比项目的相关性属于比率分析法应当注意的问题。

4.【参考答案】ABD

【答案解析】财务分析的局限性主要表现为资料来源的局限性、分析方法的局限性和分析指标的局限性。

5.【参考答案】ABCD

【答案解析】资料来源的局限性体现在报表数据的时效性问题、真实性问题、可靠性问题、可比性问题和完整性问题。

6.【参考答案】ABCD

【答案解析】题干中ABCD的四个选项正好是财务分析指标的四个局限性。

7.【参考答案】AC

【答案解析】息税前利润是由经营活动产生的，它不受利息的影响，由于息税前利润=利润总额+利息，因此会产生利润总额与利息此消彼长的现象，利息增加，利润总额减少，利息减少，利润总额增加，但是息税前利润保持不变，所以，选项A不正确。每股收益也称每股利润，由此可知，选项B正确。市盈率=每股市价÷每股收益。选项C不正确；稀释性潜在普通股，是指假设当前转换为普通股会减少每股收益的潜在普通股，主要包括可转换债券、认股权证和股票期权等。所以，选项D正确。

8.【参考答案】BC

【答案解析】选项B的错误在于分母，分母应该是"发行在外的普通股加权平均数"，选项C的分母应该是"流通股股数"。

9.【参考答案】ABCD

【答案解析】上市公司特殊财务分析指标包括：每股收益、每股股利、市盈率、每股净资产。

10.【参考答案】BC

【答案解析】上市公司"管理层讨论与分析"主要包括两部分：报告期间经营业绩变动的解释与企业未来发展的前瞻性信息。

三、判断题

1.【参考答案】×

【答案解析】比率指标的计算一般都是建立在以历史数据为基础的财务报表之上的，这使比率指标提供的信息与决策之间的相关性大打折扣。

2.【参考答案】×

【答案解析】财务报表虽然是按照会计准则编制的，但不一定能准确地反映企业的客观实际。

3.【参考答案】×

【答案解析】市盈率越高，意味着企业未来成长的潜力越大，也即投资者对该股票的评价越高，反之，投资者对该股票评价越低。另一方面，市盈率越高，说明投资于该股票的风险越大，市盈率越低，说明投资于该股票的风险越小。

4.【参考答案】√

【答案解析】上市公司的市盈率一直是广大股票投资者进行中长期投资的重要决策指标。

5.【参考答案】×

【答案解析】认股权证、股份期权等的行权价格低于当期普通股平均市场价格时，应当考虑其稀释性。

6.【参考答案】×

【答案解析】要求上市公司编制并披露管理层讨论与分析的目的在于，使公众投资则能够有机会了解管理层自身对企业财务状况与经营成本的分析与评价，以及企业未来一定期间内的计划。

7.【参考答案】√

【答案解析】管理层讨论与分析是上市公司定期报告的重要组成部分，这些信息在财务报表及附注中并没有得到充分揭示，对投资者的投资决策却相当重要。

8.【参考答案】×

【答案解析】净资产收益率是一个综合性最强的财务分析指标，是杜邦分析体系的起点，所以原题说法错误。

9.【参考答案】√

【答案解析】净资产收益率反映了企业所有者投入资本的获利能力，说明了企业筹资、投资、资产营运等各项财务及其管理活动的效率。

10.【参考答案】×

【答案解析】净资产收益率=资产净利率×权益乘数=资产净利率÷（1-资产负债率）。只有在总资产净利率不变且大于0的前提下，"企业的负债程度越高，净资产收益率就越大"这个说法才正确。

四、计算分析题

1.【参考答案】

（1）2009年年初的发行在外普通股股数=4 000÷1=4 000（万股）

2009年发行在外普通股加权平均数=4 000+2 400×10÷12-600×1÷12=5 950（万股）

基本每股收益=4 760÷5 950=0.8（元）

（2）稀释的每股收益：

可转换债券的总面值=880÷110%=800（万元）

增加的普通股股数=800÷100×90=720（万股）

净利润的增加=800×4%×（1-25%）=24（万元）

普通股加权平均数=5 950+720=6 670（万股）

稀释的每股收益=（4 760+24）÷6 670=0.72（元）

（3）2009年年末的普通股股数=4 000+2 400-600=5 800（万股）

2009年每股股利=290÷5 800=0.05（元）

（4）2009年年末的股东权益=10 000+2 400×5-4×600+（4 760-290-580）=23 490（万元）

2009年年末的每股净资产=23 490÷5 800=4.05（元）

（5）2009年年末市净率=40÷4.05=9.88

2.【参考答案】本题考查的是第八章的相关内容。

（1）因为产权比率=负债总额÷所有者权益总额=80%

所以，所有者权益总额=负债总额÷80%=48 000÷80%=60 000（万元）

（2）流动资产占总资产的比率=流动资产÷总资产=40%

所以，流动资产=总资产×40%=（48 000+60 000）×40%=43 200（万元）

流动比率=流动资产÷流动负债×100%=43 200÷16 000×100%=270%

（3）资产负债率=负债总额÷资产总额=48 000÷（48 000+60 000）×100%=44.44%

（4）或有负债金额=500+2 000+200+300=3 000（万元）

或有负债比率=3 000÷60 000×100%=5%

（5）带息负债金额=2 000+4 000+12 000+20 000=38 000（万元）

带息负债比率=38 000÷48 000×100%=79.17%

3.【参考答案】

（1）2008年总资产周转率=2008年总资产净利率÷2008年销售净利率=9%÷12%=0.75

（2）2009年末权益乘数=1÷（1-0.6）=2.5

2009年末的资产总额=400×2.5=1 000（万元）

2009年净利润=60÷60%=100（万元）

2009年销售净利率=100÷1 000=10%

2009年总资产周转率=1 000÷1 000=1

（3）2008年净资产收益率=2008年总资产净利率×2008年权益乘数=9%×2=18%

2009年净资产收益率=2009年销售净利率×2009年总资产周转率×2009年权益乘数=10%×1×2.5=25%

2009年总资产净利率=2009年销售净利率×2009年总资产周转率=10%×1=10%

2009年净资产收益率变动=25%-18%=7%

总资产净利率变动对净资产收益率的影响=10%×2-9%×2=2%

权益乘数变动对净资产收益率的影响=10%×2.5-10%×2=5%

与2008年相比，2009年净资产收益率增长7%，主要原因是由于权益乘数变动带来的影响。